U0030795

是

邏輯，

還是

鬼扯？

Truth,
Knowledge,
or Just Plain Bull
How to Tell the Difference

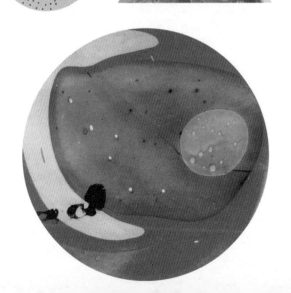

〈哲學人系列總序〉

蘇格拉底與桑提婆的和解

關永中

「蘇格拉底（Socrates）的老婆叫什麼名字？」魯汶一位老師竟然拿它做口試題目！

我愣住了。只好搶白一句：「這究竟跟哲學有什麼關連？」

所獲得的回應是：「總有一天你會明白我的用意！」

這事就此不了了之，我也沒有把它放在心上；直至有一天讀到威廉・魏施德（Wilhelm Weischedel）《通往哲學的後門階梯》（*Die philosophische Hintertreppe*）（台北：究竟，2002），四十三頁至四十五頁有關蘇格拉底與其妻桑提婆（Xanthippe）之間的摩擦時，才悟出其中要領：

世人只重視蘇格拉底之盛名，卻從來不曾為桑提婆著想過。一般輿論都指責她為悍婦，卻毫不介意蘇氏如何寡情地把髮妻趕離刑場！（"*Phaedo*" 60a）

兩個善良的靈魂；

一對不合的配偶。

夫妻心性發展不同步，那真是一件憾事！

說句公道話，桑提婆雖然脾氣大一些，到底不失為一位賢妻良母。她平日克勤克儉、任勞任怨，一手把孩子們帶大，並且還獨力支撐起家計。反之，蘇格拉底可曾盡過半點為人夫、為人父的責任！

站在蘇氏立場，我們固然會聆聽到這樣的心聲：妳何必苦苦糾

纏，不讓我去與志同道合的人探討眞理！

　　站在桑提婆觀點，我們何嘗不體會到這樣的埋怨：你何苦不務正業、棄家不顧、終日遊手好閒，只管喋喋不休地與人空談！

　　當然，從另一角度看，如果蘇格拉底就此返家同聚天倫，蘇格拉底還會再是蘇格拉底嗎？柏拉圖（Plato）還能完成他的《對話錄》（*Dialogues*）嗎？後他而來的亞里士多德（Aristotle）還能獲得造就嗎？試想西哲史缺少了蘇氏、柏氏、亞氏，那將會是怎樣的局面！

　　誠然，凡走上哲學不歸路的人，就有很高機率與親友產生張力；類似的劇碼在歷史上層出不窮：

　　——佛陀拋妻棄子，只爲了悟道。

　　——瑪利亞說：「我兒，爲什麼這樣對待我們？看，你的父親和我一直痛苦的找你。」耶穌說：「你們爲什麼尋找我？豈不知我應當以我父的事爲念嗎？」（路加福音 2:48-49）

　　——尼采（Friedrich Nietzsche）想到其家人，就指桑罵槐地說：「蘇格拉底找到一個他需要的妻子⋯⋯事實上，是桑提婆不斷將他驅趕到他那獨特的職業裡去。」

　　——齊克果（Soren Kierkegaard）拒絕了他曾苦苦追到手、而又在他面前下跪求饒的未婚妻雷琪娜（Regina Olsen）。

　　時至今日，相似的事件還繼續在你、我及親友身上複製。你不是耳熟能詳地聆聽到以下的評語嗎？

　　——你何苦放棄一份穩定的職業，而去追尋那些虛無飄渺的學問？

　　——醫科大門爲你開啓你不進去，卻到哲學系鬼混！

　　——你畢業後有何出路？誰會聘用一個專事批判的哲學家？

　　其實故事的情節是可以有較圓滿的結局！桑提婆的抱怨，是可以轉變成唐吉訶德（Don Quixote）侍從的一句：「我喜歡上他！」關鍵只在於是否有溝通的管道，讓彼此明悉對方的立場，藉此達到互相諒解。如果我們無法一下子化解親友們的心結，至少也可以透

過剖白一己的使命來讓對方思索，藉此達成破冰的第一步。換句話說，目前的當務之急有三：

一、讓鄰人明瞭哲學家的任務

二、讓哲學人自己穩住陣腳

三、讓志同道合者凝聚力量

一、讓鄰人明瞭哲學家的任務——沒有人與生俱來就懂得哲學，甚至好學不倦之士也不一定與哲學投緣，一般市井之輩更毫不在意什麼叫哲學。不過，人生在世，早晚會遇到瓶頸，它叫我們不得不放慢生活的步伐來沉思宇宙人生；西哲稱之為對萬事萬物之驚異，國人稱之為憂患意識。人尤在困惑與挫敗中需要明智的導師指引。哲人就在向世人指點迷津上凸顯其重要性。他擔任先知角色，向世界宣示究極真理；而萬代都不缺乏他們的蹤影，只是他們的智慧在經歷歲月的洗禮後，已沉澱在文本中漸漸被人淡忘，而須等待我們重新挖掘。誠然，我們若能重溫歷代哲人的智慧，用現代人能瞭悟的語言來翻譯及詮釋，將更能融入古聖先賢之對談，從中獲得開悟。有前人的思考作借鏡，我們可以有更穩健的基礎去探尋更博大、更精深的奧理，並與親友們切磋。在這裡，我們所欲強調的是：我們極端地需要提供更多有價值的哲學經典來與同胞分享，藉此製造對談的機緣來讓鄰人明瞭哲學家的思想與任務，好讓更多的人有機會瞥見真理的光輝。

二、讓哲學人自己穩住陣腳——退一步說，先知的呼聲不一定受廣大的群眾所歡迎；我們的努力不一定獲得滿意的回應。可以預期的是：不是所有人都有慧根去聆聽湛深的哲理；萬一別人把我們的剖白當作耳邊風時，那該怎麼辦？聞說有一位宣教士在鬧市中宣道，路過的行人都沒有停下來聽講。於是有人問他說：「既然沒有人聽你的道理，你又何必繼續宣講？」宣教士的回答是：「至少它還能警醒著我去堅持自己的信仰。」類比地，哲學家在吐露其哲思的當兒，除了向他人傳遞真理的訊息外，尚且為自己穩住陣腳，以

免被世俗所同化。誠然,當我們在傳述歷代名家之學,或討論著名典籍,或提出個人見解之時,即使獲取不到理想的迴響,也至少能保住自己的信念,能提醒自己去與古聖先賢精神遙契,以融入眞理的康莊大道。爲此,我們需要不斷地進修、研討與沉思,以求充實自己。如此一來,更多的哲學作品有一再接受翻譯、詮釋與研讀的必要;更多的有志之士有投身哲學反思與提供研究心得的需求;更多的邂逅、對談、溝通、講授有進行的價值。

三、讓志同道合者凝聚力量——哲學的探討、典籍的交流、名著的詮釋與重譯,可導致關懷哲學的同道彼此拉近距離,直至凝聚在一起,形成一股向心力,共同向著智慧之途邁進。的確,當更多志同道合的人心靈聯繫一致,將會共同綻放出龐大的光與力,就如同各家各戶都點燃起明燈之際,周遭的環境就會被照亮,在旁的人也會被感染而沾得其益。只要點燈的人超出於熄燈的人,則世界將會是光輝燦爛的。誠然,有志追尋眞理者不在少數:其中有渴望眞道而苦無門路者,有尋得門徑卻苦無良師帶領者,有獲得良師益友指引而礙於環境的桎梏者,有時機成熟而正在邁向眞光且一日千里地進步者。他們很可能就在你、我的身旁,只是暫時沒有人振臂一呼而無從被召集在一起而已。假如我們能提供更多研討哲理的機緣、出版更多有價值的典籍、刷新更多重要的翻譯、開啓更多被忽略的文本,則一股清流將被引發,世人將深受其衝擊,以致「若缺江河,沛然莫之能禦」!

欣聞商周出版提出「哲學人」系列出書計畫,內含哲學家原典翻譯、哲人傳記介紹、哲學專題論述、國內外學者研究心得等,藉此凸顯哲學智慧的明燈,讓我們能向著眞理之光邁進,達致向世人傳達眞道,給同道凝聚向心力,使哲學人自我激勵而穩走「正知」、「正行」、「正果」。世人早已對粗俗的言論感到厭煩,此時我們更需要有哲學的先知出而傳播喜訊,讓蘇格拉底與桑提婆之間的疏離可以獲得彌補。誠然,如果蘇氏有足夠的管道與時間去與桑提婆溝

通，桑提婆也不至於對蘇氏如此地不諒解。類比地，如果我們有足夠的人力物力去推出更多寶貴的哲學典籍以作溝通工具，使之更普遍化地流傳於市面，讓普羅大眾都可以人手一卷，則很多心結都可以冰釋、很多融通都可以促進、很多隔閡都可以掃除、很多疑慮都可以釐清；到時東方可與西方邂逅、靜觀可與思辯連貫、古典可與當代融通、歐陸可與英美對談、主婦可與哲人默契、桑提婆可與蘇格拉底和解。我們展望著一個大團圓的遠景，而商周「哲學人」至少已經踏出了珍貴的第一步，我們為此而感到慶幸與期待。

　　　　　　　　　　　　　　　本文作者為台灣大學哲學系退休教授

〈專文推薦〉
當《愛麗絲夢遊仙境》成為現實

邱建碩

　　當面對充滿光怪陸離現象與混亂脫序的社會，你會產生不知所措的無力感嗎？你希望能夠擺脫困惑，積極地面對你的人生嗎？伯納‧派頓（Bernard M. Patten）博士認為，我們所處的處境與《愛麗絲夢遊仙境》（*Alice's Adventures in Wonderland*）中愛麗絲的處境十分類似，故事中的世界是混亂且不合邏輯的，現實的社會也是。能夠帶領我們走出一切混沌的明燈是人類特有的理性思考，它除了能讓我們活得更好、更自由，並對於實現真正開放自由的社會有極大助益。《是邏輯，還是鬼扯？》（*Truth, Knowledge, or Just Plain Bull*）正是作者為此目的所寫的邏輯書，而它確實是一本可以幫助我們在紛雜社會現象中找尋真理的實用邏輯書。但就如作者所言：「沒有附上理由的斷言是不可採信的。」因此我們也必須具體說出如此斷言的理由，否則這一切就將是毫無根據的空談而已。

　　首先，本書作者企圖重現追尋真理的歷來思想家們的典範，真理追求需要的不僅是熱情，還要有高度的自我批判性與懷疑精神。他稱自己為「偽學者」，用以展現他對尋求真理的困難性的體認，追尋真理者是必須具有懷疑精神的，因為「從不懷疑的人容易出錯」且「對於自以為是的人要保持懷疑」。所以即使他在書中提出甚多有參考價值的思考原則，他仍不忘提出像「所有原則都是暫定的，包括這個原則」這樣具有高度自我批判性的原則，我們可以說作者是一位自我要求甚為嚴格的思想家。

　　其次，作者認爲本書的重點並非陳述他自己的意見，而是希望喚醒讀者原本傾向於懶惰的心靈，並且引領讀者進入理性思考的世界，他認爲理性思考雖然是艱辛的，甚至會招來麻煩，但從長期而言，清楚思考通常是有利的，因爲它可以幫助我們看到隱藏在事情背後的眞相。這也使得讀者在初接觸《是邏輯，還是鬼扯？》這本書時，或許會覺得它不太好讀而心生放棄，它的不好讀是因爲它的文字充滿了挑戰，這些對我們習以爲常的觀念的挑戰，使得我們無法快速前進，但這些挑戰將使我們的心靈活躍起來，而隨著對本書文字與思維方式的熟悉，讀者的思考也將不知不覺地進步，一旦讀者能自我覺察到這一點時，將會獲得無可比擬的喜悅與成就感。在面對因個人利益而企圖影響你的個人或團體時，若能應用本書介紹的思考方法，將可以使你在現實生活中避害趨利。此外，作者在各章的末尾安排了複習題，幫助讀者檢視閱讀後的收穫。但他並非希望讀者能夠熟記他所教導的一切，而是期盼讀者能夠以他的言語爲出發點，自己踏上追尋眞理的道路。像「如果你認爲自己是對的，就打個勾」這樣在複習題中重複出現的語句，正表明了作者除希望讀者能夠表達自己的意見外，也期待讀者能夠明瞭這個意見也僅是個人意見，也是需要受到檢視與批判的。

　　第三，作者在本書中給予了許多的忠告，有的是針對個人思想盲點的改善，有的則是針對造成大眾困擾的社會問題的因應。在本書中你將不只看到這些忠告，也會看到這些忠告何以成立的理由，更能進一步地嘗試自行尋求改善思想盲點與因應社會問題之道。在本書第七章就針對詐術這個常見的社會問題進行剖析，當然人性的貪婪面無疑是詐術得以成功的重要因素，但若僅將欲望簡單地等同於貪婪，而主張克制欲望來防止詐術的成功，又忽視了欲望也是人類社會進步的重要原因。作者積極地解析了詐術的結構與功能，他以爲詐術行爲可分成六大組成部分：勸誘、誘因、誘餌、調包、壓力和遲滯。作者不僅詳細討論了幾個常見詐術的類型與詐騙者實際

的伎倆，並且以問題的形式希望讀者親自解析詐術，提出「詐騙了
什麼？」、「用什麼勸誘？」、「誘因是什麼？」、「誰是誘餌？」、
「什麼被調包？」、「壓力是什麼？」、「遲滯了什麼？」等問題，希
望提供讀者一個有效的程序，進而洞悉詐騙者的可能伎倆並避免被
騙。還有在討論團體迷思這一章中，指出團體迷思之所以產生的四
大要素：保持團體和諧的凝聚力、孤立、高度壓力以及強勢的領
袖。團體迷思不僅出現在極端的宗教活動中，即使在美國政府的最
高決策核心中也會發生。他以豬玀灣事件為例，揭示出團體迷思與
團體中個人的聰明程度無關，只要身處滿足團體迷思四大要素的團
體之中，就有可能發生團體迷思。團體迷思將會使我們對現實判斷
錯誤，而依此判斷所行的作為，仍將無情地反映在現實之上，作者
警告我們「越偏離現實的思考，結果會越悲慘」。

　　批判並非本書的唯一主軸，在〈讀我〉這一章中，作者實際提
出了他自己的知識理論版本——齊一場論。作者認為推論不僅是要有
效的（如果前提皆真，則結論不可能為假）、健全的（既是有效的，
且前提必須為真），而且還必須是證據相關的，這顯現出他對於以邏
輯來處理現實問題的根本期望與解決方式。這個理論將推論視為一
種證據形式，因此正確地理解所有證據，是達到真理的基礎。證據
不僅是關於事實，而真正能夠支持結論成立的證據必須與結論相關
且適當，如果證據缺乏實質的相關性或適當性，結論就無法得到支
持。說證據是相關的，即是說它必須直接與結論關聯、與情感無關
並且在經驗上是可信的，這是關於證據的必要性；而說證據是適當
的，則它在數量、種類與重要性這三方面都必須滿足，這是關於證
據的充分性。簡單地說，唯有在證據是必要且充分的前提下，結論
才能得到完全的支持。而〈愛麗絲的邏輯〉這一章，則是作者對本
書傳達的主要觀點所進行的一場大試煉，他的分析涉及了邏輯學、
語言哲學、符號學等領域，或許並非現實性的，但對於喜歡挑戰思
維限度的人而言，確實是一個很好的示範。

　　這本書是一個極佳的工具，它確實拉近了邏輯思考與現實之間的距離，不論是對於想要一窺邏輯門徑的人，或者是學過邏輯但對無法應用邏輯於生活而感到遺憾的人，甚至是喜愛接受思想挑戰的人，閱讀本書都將會有極大收穫。

本文作者為輔仁大學哲學系助理教授

是邏輯，還是鬼扯？

簡單的眞理不簡單

本章將告訴你，你爲何需要瞭解什麼是「清楚思考」。清楚思考這個觀念雖然罕見但卻重要，它能幫你辨別專家、僞專家與騙子說法的不同，也能讓你免於陷入荒謬與遭到欺騙。一旦開始運用清楚思考，你將發現它是個令人愉快的活動。進行清楚而客觀的思考，能讓你明白發現**眞理**（truth）*的方法。本書能幫助你精通最具力量的人類活動——理性思考，它是人類獨有的印記，使你做出睿智的選擇，讓你達成眞正的個人自由，最終也有助於實現自由且開放的社會。因此，你將瞭解清楚思考不僅是有用的技術，也是智者的明燈，可以指引你活得更好。

邏輯與清楚思考有什麼用？

「**邏輯**（logic）沒愛情一半重要，」王爾德（Oscar Wilde）說道：「但它能證明事情。」

它能證明什麼？

它能證明人們是不是在跟你鬼扯。

那又怎樣？

能聽出人們是不是在跟你鬼扯是很重要的。

是嗎？

這樣你就能知道實話是什麼。

實話？

沒錯，實話。

據說有個偉人說過：「你們必曉得眞理，眞理必叫你們得以自由。」有人認爲這句話很重要，所以將它刻在維吉尼亞州蘭利的美國中央情報局總部入口。

爲什麼？這個叫做耶穌的偉人的意思又是什麼？

---

*　以特明字體表示的字詞，其定義請參見書末的「名詞解釋」。

　　耶穌的意思是說，我們應該擺脫限制我們自由的文字與鋼鐵枷鎖，因為它們要求我們聽命權威，不管是電視名嘴，教會、政府或公司主管，報紙，還是任何人事物。唯有思考以及正確地思考，我們才能認識眞理。

　　清楚思考能保護我們。

　　以投資為例。身為安隆（Enron）的投資者或員工，難道你不想在公司破產前知道內幕？在這種情況下，眞理可以派上用場。與安隆有關的事實，會讓你出脫持股。事實能讓你看緊荷包，阻止你把錢交給騙徒。

　　清楚思考使我們洞悉現實，避免陷入危險。

　　眞理還能讓你洞悉現實，也就是事物的眞貌，而不是事物的理想面貌。事實上，這就是所謂的眞理：眞理指的是實際存在之物，而不是不存在之物。

　　現實是存在的。因為現實存在，我們必須以現實的角度處理現實事物。

　　如果我從德州明湖開車往南走，不到一小時，我將看到一大片鹹水。這片汪洋的存在是客觀事實：早在人類還沒在裡頭游泳之前，就有這片海洋。[1]當人類放棄地球，遷移到其他星球時，它可能還在那裡。就算美國國會或總統否認它的存在，它的波浪仍將繼續沖刷海岸，魚兒仍將在當中嬉戲，鵜鶘仍繼續潛水吃魚。

　　這些客觀事實為什麼存在，我不知道。我猜你也不知道。我們需要知道的，就是有些事物並非因為人類的思想、期望或努力而存在。這些事物是現實的，它們就在那裡，獨立於我們的思想或喜好之外。它們的存在就像墨西哥灣一樣，是眞實的。

　　由於現實就在那裡，我們必須實際地面對它，否則它將實際地（與無情地）對待我們。

　　沒錯，這是你我都會遇到的問題，也是我們存在的關鍵，因為現實會猛烈地報復我們。現實有一種卑劣的習性，它找到我們，接

著迫使我們面對種種棘手的事實。雖然很慘，但這是實情：若我們沒有正確處理現實，它會糾纏並懲罰我們。這是自然的本質，也是現實的實際之處。

不相信？聽不懂？不同意？心想：「那又如何？」

一廂情願的思考行不通！

一廂情願的思考是行不通的，還可能帶來危險。

容我說明一下：我想揮舞雙臂飛到月球上，有時我還希望能下場啤酒雨。但這些事不會發生。想飛行，我必須搭乘飛船、直昇機或飛機等科技發明，而這些科技建立在現實上。如果我試圖實踐幻想，揮舞雙臂從大樓一躍而下，我會受重傷。想喝啤酒，我必須到超商或酒吧購買，或是向朋友或鄰居討個幾瓶。恐怕到死，我都等不到下啤酒雨的那天。

嗯，阻礙就在這兒。2

一廂情願的思考，會讓人覺得快樂。但若要在真實世界付諸實行，就不免有窒礙難行之處：輕者帶來不便，重者有生命危險。

當理性退位，一廂情願的思考掌權，會發生什麼事？假設你駕著飛機，你暫時將目光從面前的美麗景致移開，瞅了一眼油表。糟了！燃料快用完了。該怎麼辦？

問題來了，該怎麼辦？我們一生中總會遇到幾次極為重要的問題。對此，我們通常有許多答案與選擇，有些好，有些不好。

有些選擇有用，有些沒用；有些能讓你安然無恙，有些卻會帶來災禍。該選擇哪一種？怎麼知道自己做了正確選擇？怎麼知道自己是對的？怎麼知道自己是以現實為根據，做出安全的選擇？

想想其中一種選擇：假定油表是錯的，繼續飛行。這種思路假定飛機還有燃料，只是油表出了問題，所以什麼都不用擔心。

這種思路有什麼問題？因此而採取的行動是否妥當？放下這本

書，暫時思索一下：這為什麼行不通？

　　因為油表很可能是正確的。因此，你很可能就要耗盡油料。因為飛行需要燃料，一旦燃料用盡，飛機就會從高空墜落地面，屆時免不了人員傷亡，而這將會發生在你身上。

　　我希望你不會墜機。若果真如此，至少還有一點值得安慰：飛機不會爆炸，也不會起火，因為飛機上已沒有燃料。

　　另一種選擇：完全不去在意燃料的問題。否認它的存在，忘了這件事；只要凝視無際的蔚藍天頂，看著白雲漂浮而過。這種作法又叫鴕鳥心態，就是眼不見為淨。鴕鳥遭遇危險時，會將頭埋在沙裡。牠以為問題解決了，因為再也看不見問題。然而，問題仍糾纏著牠，不會因為牠不想見它而遠離。現實不會只因為牠要它走開就走開；問題會留在原地，通常還會造成麻煩，有時甚至會吃了牠。如果確實有危險，牠最好是逃跑、直接對抗，或是採取任何可行的作法，就是不能把頭埋在沙裡。

　　當你選擇忽視危險時，它並不會離開；通常它只會繼續帶來麻煩，而且是越來越多的麻煩。這是為什麼考量與察覺現實如此重要的緣故。

　　第三種選擇：假定油表是正確的，並假定飛機不需要燃料也能飛行。或者，假定你的飛機很特殊，消耗燃料的方式不同於其他飛機。不管是什麼情況，持續飛行只會再次對自己或他人、向現在或未來證明，飛機**確實**需要燃料才能飛行。同時也再次證明，當飛機燃料用盡時，無論它是什麼機型或由誰駕駛，都會墜落。

　　是的，這就是現實原則。這就是規範現實情況的法則，沒有方法可以迴避，無例外可循，不管對你或對別人都是一樣。你要不就是知道規則，要不就是一無所知。但如果你不知道現實原則，或者如果你明知故犯，麻煩將不招自來。當你用盡燃料，你會墜機。

　　第四種選擇：做合理的事。基於現實而採取行動。降落，加油，保住小命，第二天繼續飛行。

　　讓我們進一步類比飛行的例子，將它應用在你的私人生活上，看能得出什麼啓示？意想不到的狀況、自欺，以及其他阻礙，是否會限制你的能力，使你在日常生活中遭遇複雜局勢時，無法充分理解與適當反應？如果不會，那我們就不用研究清楚思考、邏輯或科學，也不用讀這本書。

　　聰明地、合理地與現實地處理問題。 不要因爲不知如何處理現實，毀了自己的人生。別因一廂情願的思考，錯失成功的良機。採取合理的作法，直接而理性地處理問題。瞭解眞理與現實情況，並依照實際情況予以處理。採取合理的行動，提出合理且可能的計畫。這是處理不合理、不合預期且不可預料事物的最好方式，因爲它們總是會卑劣地忽然出現在你面前。用飛機來做類比，給了我們明顯的答案，這是我以它爲例的緣故。要解決燃料不足的問題，並不需要什麼複雜的思考：不是落地加油，就是等著引擎熄火。

　　飛機需要燃料，正如人類需要食物。

　　燃料問題可以適用在人類身上。你不吃，就得死。

　　色諾芬（Xenophon）在《長征記》（*Anabasis*）中說，對於讓希臘大軍癱在路邊的飢餓病，唯一的療法是食物。只要他們吃飽，飢餓的病症便不藥而癒，大軍也能順利開拔。如果吃不飽，士兵將會衰弱憔悴，最後不免一死。色諾芬的結論如下：沒有食物，飢餓將成爲致命病症。這一點到現在依然沒有改變。

　　燃料問題與飢餓問題的解決方式類似，因爲它們有著類似的問題。引擎需要燃料，正如人的身體需要食物。

沒有簡單的答案這回事！

　　最貼近現實的問題，不像燃料或食物問題那麼簡單。

　　相信我，我希望有簡單的答案可以回應其他我們必須面對並解決的問題。如果有簡單的答案，那麼我們就能從麻煩中脫身，去玩

要、游泳、看書或看電影。遺憾的是，現實並非如此，而且絕大多數情況都沒有簡單的解決方式。

綜上所述，當我們試圖找出任何問題的解決之道時，必須先牢記一項重要原則。現在就記下這項原則，它可以讓你終生受用：

原則：簡單答案？算了吧！簡單的答案通常並不存在，因為簡單的難題幾乎不存在。我們必須面對的重要問題，大多都相當複雜。

不只是簡單答案不存在，隨著文明演進，我們必須處理的爭議也漸趨複雜，答案當然也隨之更加複雜。

這種現象不一定是壞事，它或許能激勵我們發揮創意。如果我們解決了所有難題，人類的精神將會萎縮、死亡。不過不用擔心。我們與我們周遭的事物，也就是人類的創造與人類對現實的理解，只會越來越複雜（即使不一定更有深度），並且成為我們擴大力量的基礎，只要我們能持續理性地思考與行動，並面對與解決眼前的問題。

教訓：因為簡單答案不存在，所以簡單答案很可能是錯的。

因此，不要不加思索地接受**任何**簡單答案，尤其是回答複雜問題的簡單答案。

最近，投資人付出了慘重代價才得到這個教訓：凡是容易口耳相傳並群起效尤的股市賺錢法，往往過於簡單而無法持續。斯賓諾莎（Spinoza）在《倫理學》（*Ethics*）末尾做的結論除了適用於哲學，也適用於華爾街：「一切完美事物，不僅罕見而且困難。」以此推論出：

教訓：複雜的問題難以回答。

試試看這個問題：「目的是否證成手段？」它的答案會是什麼，思考一下。有答案嗎？要怎麼回答？是或否？

這個問題明顯需要仔細分析。很顯然地，有些目的可能證成某些手段，而非另一些手段。用一般的話講，就好像問道：「我要買的這部車值這個價嗎？」

答案是什麼？這部車值得我買？該怎麼回答，思考一下。有答案嗎？答案是什麼？你真的答得出來嗎？你不知道該怎麼回答。何以如此？

你不知道該怎麼回答，因為答案取決於車子、當時的狀況，以及相關人士。我沒有告訴你我考慮買什麼車，也沒告訴你價格，甚至也沒透露我的財務狀況。少了這些訊息，要得出明智的答案是不可能的。簡單的答案是不可能的，因為複雜的問題沒有簡單答案。

沒有簡單的答案？

胡說八道！

人們認為可能有簡單答案。人們想相信有簡單答案。但這種執念，正是人們一再受騙的原因。人們陷入圈套，要不是沒抓到重點，就是未能做該做的事，或是做出錯誤或不必要的舉動。

世貿中心恐怖攻擊事件，引發一連串針對複雜的恐怖主義問題所做的簡單解釋。美國發生九一一攻擊事件之後數小時，詐騙集團就開始利用這個機會發國難財。類似的重大事件引發善心人士的善舉，卻也吸引歹徒做出不法勾當。對歹徒來說，這是欺騙大眾的大好良機。詐騙集團打電話給數千個民眾，要求他們提供信用卡號與社會安全號碼，因為世貿中心的倒塌使得這些資料遭到毀損。打電話的人聲音聽來相當文雅、可信、專業，而且他們說的內容都相當合理，但如果你能停下來思考十五秒鐘，一切將大不相同。為什麼有人急著要這些資料？難道金融機構沒有在其他地方保存資料複本，以防緊急狀況發生？為什麼是紐約的騙子打電話給你，而不是跟你往來數十年的地方銀行行員？

發生緊急情況時，還會有哪些詭計與詐欺出現呢？

假的基金會為罹難者、消防隊員與警察家屬募款。假的軍事單位要求樂捐。有人誆騙民眾購買戰爭公債以及購買國旗分送學童與軍人等等。有人利用人們害怕失去生命財產而騙人買假保險。有人勸誘人們購買黃金，或是購置逃生設備，像是防毒面具與武器。以遏止恐怖主義當幌子的假組織，也讓不少人受騙上當。虛構的企業創投也滿天飛：「紐約市需要某某產品，所以我們推薦您委託我們投資某某公司。」

這些以悲劇之名行詐騙之實的手法，往往訴諸悲憫、愛國心、恐懼、報復、貪婪等情感。這些詐騙手法宣稱它們能以簡單的方式解決複雜的問題。騙子利用人們希望立刻採取行動的心情，即使理由很愚蠢，甚至毋需理由，或甚至我們知道或應該知道理由是錯的、無關的或不適當的。

這些詐騙手法之所以成功，是因為絕大多數人都不思考。就算他們能思考，他們思考的方式也不對；就算他們能正確思考，他們也不願正確思考，因為這麼做太花腦力；而且就算他們能正確思考，他們通常也不按照思考得出的結論來行動。

這是令人難過的事實：大多數人寧願沉溺於無知之中。面對複雜問題，大多數人寧可要一個簡單而無負擔的答案。大多數人擁抱簡單的解決方式，即使他們內心深處知道它很可能是錯的。

恐怖主義是複雜的問題，不可能有簡單的答案。450美元的防毒面具，無法解決恐怖主義的問題。然而就在九一一攻擊後第二天，紐約乃至於休士頓便賣出了數百套防毒面具。這實在令人遺憾，然而更令人遺憾的是，許多人買到的並不是防毒面具，而是像玩具一般的假防毒面具。聽起來相當諷刺，假的防毒面具，成了解決複雜問題的假答案。

為什麼簡單答案吸引這麼多人犯錯？

簡單答案吸引我們，有幾個原因。謹慎而遲疑的人，不會給人

留下什麼印象。穩建的**陳述**（statement）與詳盡的解釋，似乎表示軟弱與優柔寡斷。大膽而直率的主張（即使是錯的），代表了力量與活力。因此，人們重視簡單與化約的說法，但卻輕忽複雜而精細的答案。

原則：異常自滿且從不懷疑的人，容易出錯。

教訓：對於自以為是的人，要保持戒心。

無論如何，清楚思考利多於弊

因此，以上所述都是人的問題：大多數人不知道如何思考。而那些知道如何思考的人卻往往不思考，因為思考太費神了。更重要的是，那些思考的人不一定心情愉快，因為他們當中有不少人不是被關進牢裡，就是遭到公開羞辱、解雇與迫害，再不然就是因為思想走在時代前端而遭到懲罰，例如蘇格拉底（Socrates）、耶穌、伽利略（Galileo），或是揭發安隆弊端的華特金絲（Sherron S. Watkins）。這幾位偉大人物不僅深思熟慮，還試圖將思考的結果告訴他人。但許多人在得知他們思考的結果之後，反而採取敵視他們的立場，甚至訴諸暴力。蘇格拉底被迫喝下毒藥。耶穌被釘上十字架。伽利略被逐出比薩，並因主張地球繞日說而被捕。有些揭發安隆弊案的員工遭到解雇，而且未能領到分文遣散費。

結論：思考可能是危險的。

是的，思考可能是危險的：對思考的人來說是如此，對被思考的人、組織、機構與觀念來說也是如此。思考挑戰既有秩序的權力，也質疑傳統信念。

無怪乎思想家總是守口如瓶。真正的思想家很快學會別給自己添麻煩，別問令人困窘的問題，不要招來憎恨，否則可能會讓自己

處境艱難，或是引起暴動；思想家知道，一旦開始認真思考，這些事情都可能發生。

人類對思想的畏懼遠超過世上其他事物——不僅超過毀滅，甚至超過死亡。思想是顛覆與革命的、破壞與恐怖的；思想無情地對待特權、既有體制與安逸習慣；思想是無政府與無法無天的，它無視權威，對識途老馬嗤之以鼻。思想往地獄深處窺視，面無懼色。思想看見人類這種微不足道的生物被深不可測的沉默重重包裹；但它仍傲視一切，宛如宇宙主宰般屹立不搖。

—— 羅素（Bertrand Russell）[3]

羅素的意思是什麼？他的意思其實已經很清楚。不過，我更喜歡羅素說的另一句話：「許多人寧願死，也不願思考——事實上，他們確實如此。」

原則：短期而言，清楚思考或許招來麻煩。長期而言，清楚思考通常是有利的。*

　　說了這麼多，應該懂了吧：思考會惹來麻煩，但也創造了奇蹟。狂妄之徒可能搖身一變，成了開路先鋒。天才一開始總是以少數異議份子的姿態出現，許多傑出的政治家早年總是在監獄中渡過，但他們終究成了普羅米修斯般的人物，充滿了智慧與知識。

　　我離題了。現在，讓我們回到大眾喜愛以簡單答案解決複雜問題的原因上。要理解與解釋複雜命題相當困難；要向心不在焉又愚蠢的人解釋複雜議題更是困難。在向他人表述自己的思想時，絕大多數真正的思想家都曾遭遇到麻煩，問題不在於他們是拙劣的溝通者（雖然當中有些確實如此），而是因為對方基於各種理由不願接納他們的想法。

　　面對現實吧，眞理的學問是人類所能獲致的最高成就。人類最值得自豪的，就是能選擇一個有價值的主題，並徹底瞭解其中的事實與變化。然而，如果人類有能力將自己的發現如實地傳達給他人知道，那麼人類早已開化。因此，眞正的學者始終無法開化人類，眞正的學問通常無法言傳。

原則：像我們這樣的僞學者，控制了世界的未來。

　　大多數人都是僞學者，不是眞正的學者，我也不例外。儘管我們這些僞學者控制了教會、國家、教育、傳媒與經濟，還有我們自己與世界的未來，我們依然無法解決麻煩。

　　令人慶幸的是，雖然眞正的學問目前未獲重視，但僞學問仍能滿足需要，協助我們在這個不完美的世界中繼續生存。僞學問能滿足需要，因爲它已足以應付問題，而這正是我們必須致力改善僞學問的原因。

　　因此，問題不只出在一般大眾身上，也出在我們身上。人類有時是自身命運的主宰，有時則否。要是我們受制於人，那麼，錯不在我們的命運，而在我們自己。是的，我們容易偷懶、從眾、失焦、遽下判斷與結論；我們甘願屈居人下，經常自作自受。

　　是的，懶惰、盲從，以及不願接受任何新奇或不同的事物，這些習性不僅阻礙進步，也扼殺思考。直到大禍臨頭，我們才會醒悟過來，開始思考，但通常爲時已晚。

原則：大多數人傾向選擇簡單的方式。

　　大多數人在面對問題時，非但不去想出能處理或解決問題的方法，反而在戰鬥開始前就棄械投降。他們選擇順從。選擇順從，就只能受苦，日子也許不是今天，也許也不是明天，但很快就會降

臨。不要讓自己淪落到這種地步。

原則：大多數不正確、無邏輯、虛假、錯誤、不合理、有瑕疵的思考，源於心靈的懶惰。

從這個原則推論出：

教訓：避免心靈懶惰。努力思考。

要治好心靈懶惰，就從現在起強迫自己思考。現在就逼自己讀這本書，因為你知道，儘管讀書很辛苦，但終究會帶來好處，而且可能是很大的好處。

持續思考。努力不懈地改善自己的思考。

這麼做並不容易，尤其是一開始。但是你要持續下去，經過一段時間後，你會發現思考是件有趣的事；你將可掌握個中訣竅，正如你學會開車或使用刀叉的訣竅；你將樂在其中，特別是它帶給你的自由，正如你從開車所經歷到的樂趣與自由，也正如你從使用刀叉飲食所感受到的便利；你將跟我一樣，有能力反駁人們所說的一切，並興致盎然地指出他們視為聖牛的觀念不過是堆垃圾。

啊！聖牛！我喜愛聖牛。聖牛可以做成頂級漢堡，肯定是人間美味！

思考就跟其他事物一樣，是門藝術。為了思考得更好，你必須忍受地獄般的磨練，特別是在一開始。之後，你將發現越是磨練，越是思考，就越容易得到成果，而成果也越豐碩。思考的樂趣與成果，能克服惰於思考的心靈習性。

除了向別人炫耀的快樂外，你也會發現正確思考能讓你遠離麻煩，讓你更有效率，而且可以助你飛黃騰達。你將會驚訝於思考竟然如此有用，能為你的生活與事業帶來巨大利益。然而遺憾的是，

思考之所以能讓你擁有優勢，原因在於你周圍的人不思考。他們只是空虛而混亂地在心靈迷霧中遊蕩著，希望憑藉運氣就能一路走到目的地。他們將自己的命運交給機會或任人左右，而非掌控在自己手上。

當心電視與大眾媒體！

最後要提出一個警告：當心電視與大眾媒體。它們是你的敵人，是清楚思考的敵人，通常也是任何思考的敵人。

原則：電視與大眾媒體容易讓人變笨。

何以如此？

會出現在那裡的觀念，絕大多數都很簡單，因此很容易出錯，而且還會把宣傳與希望混在一起，讓人更加不知所措。之所以會出現這種悲哀的情況，理由很明顯：簡單的觀念容易記住、容易解釋，也容易傳布──這正是電視機前的觀眾想要而且也需要的。

我們將美國社會描述成一個自由進取、個人主義與理想主義的社會，但實際上，這不過是空話。我們創造的是一種集中管理的工業文化，具有科層化的本質，背後的動力來源則是物質主義，至於人道關懷只是一種不起眼的點綴。美國電視主要的所有者、經營者與控制者（透過廣告營收）是大財團，也就是美國企業，它們慣於誇大自己的產品品質，有時還大言不慚地宣稱自己的企業體質相當健全，像是世界通訊（WorldCom）、戴納基（Dynergy）、阿德菲亞（Adelphia）、泰科（Tyco）、CMS能源（CMS Energy）、信賴能源（Reliant Resources）、安隆，以及環球電訊（Global Crossing）。

所以注意了！

不管是老師、廣告商、大企業或政客，這些想要影響你的人，

往往會根據聽眾的智力高低，調整他們的說話內容。而聽眾數量越多，智力就越低。這是為什麼新聞必須切割成一連串聲動片段，化約成最簡單的元素，然後再將它們編織成新聞標題與口號，設計成輕薄短小、容易理解的資訊，而且通常是錯誤的資訊。

傑佛遜（Thomas Jefferson）曾說，比起讀報紙的人，不讀報紙的人知道得更多，他們的腦子裡不會塞滿錯誤資訊。不難想見傑佛遜會如何批評電視。馬克吐溫（Mark Twain）所見略同，他認為真正令人痛苦的，不是他已知的事，而是所有他已知的事都是不真實的。傑佛遜與馬克吐溫應該會同意佛陀的說法，後者在四聖諦中表達了同樣的觀念：人生充滿痛苦，痛苦必有原因，痛苦起因於誤解（佛陀認為錯誤的訊息導致錯誤的觀念）。

這就是問題所在。如何解決？此時就需要清楚的思考。

清楚的思考比其他工具更能清楚地告訴你，什麼可能為真，而什麼可能為偽。清楚思考是一種能協助我們正確思考的工具。清楚思考甚至提供了能解讀隱藏訊息的工具，使我們能獲致真理。清楚思考告訴你，哪些訊息是垃圾。

我希望這本談論清楚思考與實用邏輯的書，可以讓人們認識廣受忽略的理性思考技藝，並使人們走上通往更安全、幸福的生活的道路。我希望它能給予人們認識真理的工具。我希望它能讓人們的心靈更愉悅。我希望人們在閱讀本書的過程中，能跟我一樣，從學習如何思考中得到樂趣。

文明越來越像是清楚思考與災難之間的競賽。如果我們不立即將彎曲的思考扳正，我們將會墜毀。如果我們不開始正確地思考，接下來只能祈求老天幫忙。

複習

　　把時間花在複習上一點也不浪費。神經學家發現，複習可以讓先前被活化的神經元網路再度活化的機率提高，以此固定我們的記憶。反覆再活化使大腦產生實際的結構變化，因而能促進回憶。神經元一起作用的同時，彼此之間也連結起來。

　　因此（至此你應該有能力以上述說法為前提，導出屬於自己的結論）。

練習

1. 重新閱讀本章所有重點，讀完之後打個勾 □。
2. 大聲複誦本章所有重點，複誦之後打個勾 □。比起默念，大聲念出來更能固定記憶。比同一天讀兩次，隔幾天再讀更能固定記憶。複誦的次數越多，就越能固定記憶；不過次數也不要太多，四次就夠了。不要讓自己覺得在做一件苦差事。
3. 說明為什麼邏輯沒有愛情一半重要。如果你認為自己是對的，就打個勾 □。提示：答案不在本書中，而是在你心中。本書引用王爾德的話，只是為了主張邏輯沒有愛情一半重要，卻沒有解釋為什麼，當然更沒有加以證明。嚴格來說，未經證明的主張，也就是沒有證據支持的主張，是非理性的。之後我們將會說明原因。
4. 解釋為什麼等待下啤酒雨是浪費時間。如果你認為自己是對的，就打個勾 □。
5. 什麼因素使得複雜問題不該有簡單答案？如果你認為自己是對的，就打個勾 □。

6. 造成絕大多數不正確、無邏輯、虛假、錯誤、有瑕疵的思考的原因是什麼？如果你認為自己是對的，就打個勾 □。

7. 重新閱讀本章相關部分，檢查你對上述問題的回答。如果你絕大部分都答對了，可在此停留片刻，獎勵自己一下。簡單的鼓勵，有助於固定記憶。嘉勉良好的工作表現，可以促進大腦有效運作。

8. 把本章學到的東西應用在日常生活上。心理學家告訴我們，除非我們能立即將剛學到的思考策略運用在工作上，否則我們不可能把它們當成畢生工具，並以批判的角度思考所見所聞。試著從今天的報紙或今天人們告訴你的事情中，找出至少三個過度簡化的例子。解釋它們哪裡過度簡化，以及它們如何顯現人們內心深處的惰性。看你能不能找出它們過度簡化的原因。媒體之所以欺騙我們，通常是因為它們自欺；有時則是因為它們想將自己的產品販售給我們，也就是新聞。由於「最暢銷」的新聞都是壞消息，因此它們充斥在報紙、廣播與電視。為了支持這個論點，你可以跑一趟圖書館，查閱去年的報紙，甚至是前年的報紙。從後見之明來看這些舊聞，你會發現報紙的頭條，不過是那些恐慌而缺乏資訊的人在錯估形勢下捏造出來的噱頭。你看到多少「本日恐懼」？人類滅亡的最新原因是什麼？你有多常聽到這類說法？全球暖化？還是全球冷卻？愛滋病？臭氧層破洞？Y2K？Y2K+1？幫派犯罪與毒品氾濫？白宮性醜聞？這些日常生活中經常出現的憂慮是否真的重要？可嘆的是，在這個重視聳動片段的時代裡，思考成為一種失傳的技藝，而靈魂受苦之時，注意力也隨之萎縮。當你在查閱的過程中，發現至少三個有瑕疵的過度簡化時，就打上三個勾 □□□。

　　現在，在進入下一章之前，先為自己找個舒服的地方休息一下，我們接下來將討論過度概括這個思考錯誤。

第一章

過度概括

　　本章介紹概括以及過度概括（overgeneralization）。讀者要做好花費時間來熟悉這項概念的心理準備，否則乾脆現在就闔上書本。如果你對於自己未來的目標與自己想成為什麼樣的人沒有興趣，現在就應該停止讀下去。你不可能讀完這本書，因為你讀錯書了，去看電視吧！

　　但如果你用心鑽研，等到讀完這一章之後，你就能擁有歸納與演繹邏輯的知識，並瞭解這兩種思考方法在獲致真理上的角色。此外，你將發現概括知識（不同於特定知識）是暫定的（tentative）。更重要的是，你將瞭解概括知識**為什麼**是暫定的。

概括與過度概括有何不同？

　　概括知識是暫定的，因為它立基於對經驗的概括。原則上，下一個經驗很可能出乎你意料之外，使你（與我們每個人）不得不對先前得出的概括結論感到懷疑。

　　瞭解概括的本質有助於發現真理。前面提過，所謂真理，指的是實際存在之物。如果你知道真理，你就能知道什麼為真與什麼為偽，而這是讓我們在真實世界裡安身立命的資訊鑰匙。記住，如果你想生存與富足，面對現實是唯一的道路。

原則：概括是好的；過度概括是不好的。

　　概括幫助我們面對真理與現實，因為它給予我們描述事物本質的簡短規則。過度概括損害我們面對真理與現實的能力，因為它給予我們無法描述事物本質的簡短規則。因此，概括是好的，因為它導向真理；過度概括是不好的，因為它遠離真理。

　　然而，我們要談的是什麼？什麼是概括？什麼是過度概括？概括與過度概括如何產生，為什麼？

定義：當我們從特定觀察建構出通則時，概括於焉而生。

　　產生合理概括的方法如下：在經過一連串的觀察後，從觀察到的特定事件推測，以得出能描述過去、現在或未來的所有觀察的通則。所有或幾乎所有科學法則或定律，都是藉由這種方式推導出來的。信不信由你，所有科學推論都是先進行特定觀察，再建構能解釋所有觀察的通則。所有正確的科學理論，不管是有關時間、引力或其他概念，都是以此為基礎，這是最可行的知識哲學。這個取向又稱**實證主義**（positivism）取向，它的首倡者是波普（Karl Popper）與孔德（Auguste Comte）等人。

　　因此，科學理論是一種能描述與整理我們已經進行與正要進行的觀察的模型。好的理論能根據少數簡單的假設，精確描述大範圍的現象。好的理論能做出可受測試的明確預測。如果預測與觀察吻合，理論就通過測試，不過要注意一點，就是理論不可能被證明為絕對正確與永遠正確，因為它的基礎是經驗。我們無法保證下一次經驗不會不同於前一次觀察。如果新的觀察與預測不吻合，理論即被證明為不正確，人們必須拋棄理論並建構更能解釋不論新舊的所有觀察的新理論。

原則：真實的概括知識以現實為基礎。

　　根本言之，所有**正確**的概括知識，都以現實為基礎。因此，所有正確的概括知識，都必須接受真實觀察的反覆測試與確認，所以沒有任何一種概括知識是絕對的。用來推導概括知識的方法，在本質上便使得任何概括知識無法絕對為真，或是可以被認知為絕對為真。所有概括知識都是暫定的，而且必定總是被視為暫定、臨時與不確定的。我們無法逃避這項事實。不確定性源自於產生概括知識的方法，因此不確定性無法克服。

即便是作為科學之母的數學，也不免受到推論「證明」（原本以為完美無瑕，之後卻發現有缺陷）的荼毒。自然科學學者永不休止地修正前人的誤判與錯誤概念，科學進步就是這樣產生的。

垃圾科學、歪曲科學以及偽科學，都不是以現實為基礎。

科學的暫定本質是一回事，它的歪曲本質則是另一回事。必須牢記的是，科學方法會被濫用，而且也已經被濫用。十九世紀，頭蓋骨的尺寸被當成非洲人與美洲原住民低等的證據；而在過去一世紀，雅利亞種族優越論則以歪曲的人類學為根據。

我們應該明白，專制政權會如何徵召阿諛者為其所用，其中當然包括科學家；儘管他們應該與詩人一樣，站在思想自由、真理與正義的一邊，但他們卻沒這麼做。事實上，卡菲爾人（Kaffir）、愛斯基摩人與玻里尼西亞人平均的腦容量與頭蓋骨尺寸均大於白人。因此，許多無知白人提出的**論證**（argument），亦即從腦容量可推知人種優劣，是無法成立的。在後文，我們將利用「雅利安」與「種族」的科學定義，來顯示雅利安種族為何並不存在。

相對於概括知識，特定知識能絕對為真，被絕對地認知為真，以及被辯護為絕對為真。

概括知識可以是暫時的，而且通常如此。特定知識則可以是且通常是絕對為真並被認知為絕對為真，其為真不受時空限制。大西庇阿（Scipio Africanus）於公元前 202 年在札馬戰役（Battle of Zama）中擊敗迦太基人，並因此結束第二次布匿戰爭（Second Punic War），這項陳述絕對為真。而這項陳述之所以為真，是因為它是實際發生的非語言事實。二十世紀，數百萬人死於愛滋病。海水是鹹的。水是濕的。6 乘以 5 等於 30。世貿中心倒塌了。這些陳述都是殊相（particular）──為真的殊相。它們在推理上無可爭論。它們現在為真，未來也為真。這些事實在各自的領域中具有重要性。佛洛斯特（Robert Frost）說道：「事實是勞動者所知最甜美的夢。」[1]

但是這些特定真理，並非我們想要與需要的唯一真理。我們還

需要其他眞理、相關眞理、概括眞理、新奇眞理或有趣眞理；它們雖有爭議，卻仍是我們所需要的。

這些我們需要的眞理的爭議，在於當我們從各種殊相推導出概括陳述時，必須假設實際上並未經驗到的證據。這在邏輯上稱爲「信仰的跳躍」（leap of faith）。就科學意義來說，「信仰的跳躍」是從特定資料推測出通則。

用「信仰的跳躍」來稱呼這個歸納邏輯的基本科學假定，實在不太恰當，因爲人們會誤以爲它類似或等同於大多數宗教所說的「信仰」。就我的理解，宗教信仰並不以實驗、觀察或特定自然現象的分析爲基礎，相反地，它仰賴啓示，宣稱能與神衹進行直接或間接的超自然溝通。宗教信仰的基礎不在事實或理性，天主教教父特土良（Tertullian）在《護教論》（*Apologeticus*）中總結宗教信仰的立場：「我相信，因爲它荒謬。」

從特定到概括的過程稱爲歸納，相關的邏輯形式是**歸納**（indcutive）邏輯。歸納邏輯，是從已觀察的特定事件推測出涵蓋所有相關觀察的通則的過程。

牛頓（Isaac Newton）運用歸納邏輯得出萬有引力定律。牛頓看到蘋果從樹上掉落，並且研究各種物體掉落的速度，因而認定物體不可能往上掉落。牛頓告訴我們，有一股他稱爲萬有引力的力量讓這些物體掉落。此外，透過實驗與測量，牛頓發現所有物體都以一致的重力加速度（9.8 m/s^2）向下掉落。對所有物體來說，重力加速度都相同，不管是垂直掉落或是水平擲出。

牛頓還下結論說，萬有引力讓水往低處流，使地球、太陽與星辰連成一氣，並使月球和其他行星的衛星保持在軌道上。在《自然哲學的數學原理》（*Philosophiae Naturalis Principia Mathematica*）中，牛頓顯示一切對地心引力所做的觀察，都能以單一的萬有引力定律加以解釋，這種吸引其他天體的力量可描述爲 $F = \frac{Gm_1m_2}{r^2}$，其中 G 是萬有引力常數，m_1 是物體一的質量，m_2 是物體二的質量，

而 r 是物體一與物體二之間的距離。

值得注意的是，牛頓是以推測法得出結論，也就是從實際進行與測量的特定觀察，推測到他無法實際親身測量的事件與事物。由於牛頓無法測量過去、現在、未來所有天體的引力，他必須從特定觀察進行**概括**（generalize），認定所有天體都如同地球上的物體遵循相同的萬有引力定律。牛頓無法藉由這種概括來預測所有未來的天體測量，因為它們尚未進行測量，結果亦無從知曉。牛頓的概括因此可能受到否證，只要有人能找出一件例外，萬有引力定律就會被證明為偽。

這是為什麼所有歸納推論都是假設與暫定的：只要有一個矛盾，概括就需要修改。換言之，如果我能顯示兩個彼此吸引的物體不具質量，或具質量的物體不彼此吸引，我就能證明牛頓是錯的。

如果我證明牛頓是錯的，他的萬有引力理論就必須修改，因為他提出的概括無法確切描述現實。有關歸納邏輯在面對實驗證據時的問題，稍後會做討論。現在，先看以下原則：

原則：找到例外，就能證明概括有誤。

以此導出：

教訓：要證明概括有誤，必須找到概括的例外。一旦找到例外，概括就為偽。要根據這一點來行動。

愛因斯坦（Albert Einstein）找到牛頓萬有引力定律的一個例外，因而證明牛頓有誤。根據愛因斯坦的說法，引力不是力，它與時空的幾何學有關，在遭遇物質或能量時，時空會扭曲或彎曲，如同床墊在重壓下凹陷一樣。

愛因斯坦在 1919 年提出證明。他預測光子將宛如受太陽引力吸

引一樣朝太陽轉彎，而由於光子確實如他所言轉彎，因此牛頓的萬有引力定律必須修正。而這個修正現在稱爲廣義相對論。

　　不要感到沮喪。即便是牛頓本人也不會感到沮喪。他何必難過？搞不好牛頓還會爲愛因斯坦的修正而感到高興，因爲這正展現了理性光輝。廣義相對論預測了實驗結果，比牛頓的理論更能反映實在的本質。愛因斯坦的預測，精采地表現了牛頓喜愛的純粹思想力量。而就算牛頓不喜愛也不要緊，因爲無論他的個人偏好爲何，事實是不會變的。這是現實，光經過太陽時，就是會轉彎。這也是科學能夠進展的原因，我們的知識就是這樣不斷修正與擴展。

原則：好的概括，會涵蓋所有例子。

原則：所有科學原則都屬暫定，一旦出現新資料，就必須修正。

　　以此導出：

教訓：若擁有最堅實的現實基礎的科學原則是暫定的，則所有概括原則都是暫定的。

　　若能倒背字母，就應該能順背字母。若能做困難的事，就應該能做簡單的事。若最精煉、嚴謹的概括知識是暫定的，則較不精煉、嚴謹的概括知識更是暫定的。因此，我們必須在任何概括中找出例外，以改進我們對現實的理解，也因此更接近眞理。

原則：所有概括原則都是暫定的，無論科學、宗教、政治等等。所有概括陳述，都要反覆接受現實的測試。因此，沒有概括眞理是絕對的。

以此導出:

教訓:在知識運用上,**所有**與**絕不**是過度概括的詞語。說出**所有**與**絕不**的人通常要自負風險。

等一下!若所有原則都是暫定的,則以上原則也是暫定的。

被你發現了,不要那樣看我,這不是我的錯。邏輯學家早就提出跟你一樣的看法,這是個問題。

然而,真是這樣嗎?

我並未主張這個原則是概括原則的例外。事實上,我認為這個原則也必須接受否證的測試,但我目前想不出否證它的方式,或許未來有人可以。因此,除非被證明有誤,這個原則必定成立:

原則:所有原則都是暫定的,包括這個原則。

現在,利用這個原則來思考下面這個問題:戴眼鏡的女人都抽菸嗎?你要如何解決這個問題?你要如何回答這個問題,並確定自己是對的?

思考這類陳述時,把這類陳述轉變成實然陳述(又稱**假說**)會有幫助,然後再試著證明實然陳述為偽。問題因此變成:你如何證明以下陳述為真或偽?

戴眼鏡的女人絕不抽菸。

或者,抽菸的女人絕不戴眼鏡。

當我還年輕時,我相信戴眼鏡的女人不抽菸,而抽菸的女人絕不戴眼鏡。我是基於一連串觀察得到的事實(我看過的抽菸女人沒有一個戴眼鏡,而戴眼鏡的女人沒有一個抽菸),做出這個概括結論。該怎麼否證我的假說?也就是說,你如何證明我是錯的?

先停下來,花兩分鐘想想這個問題。看看你是否真能證明我的

假說爲僞？

好了，你想出什麼了嗎？懂了，還是不懂？

了解自己，這一點相當重要。「認識你自己」是德爾菲阿波羅神廟牆上寫的格言。蘇格拉底也認爲，所有知識的起點，就是認識你自己。看過《駭客任務》（The Matrix）的人都知道，同一句格言寫在老婦人廚房牆上。這句話爲什麼重要？認識你自己，部分是指知道自己知道什麼與不知道什麼。蘇格拉底對學生提出的問題，有一部分是爲了讓學生認識自己。於是有了蘇格拉底悖論：蘇格拉底說，他比其他人知道得多，因爲他知道自己無知。其他人一無所知，卻自以爲無所不知。因此，蘇格拉底較有智慧。

另一個例子：當科學家進行實驗，結果如其預期，他感到高興。但當實驗結果不如預期，他更感到高興。

什麼？當實驗出了問題，科學家反而高興？爲什麼？

第二次實驗暴露了無知，也開啓了進步及發現不同新事物的可能。這是科學家的任務：發現新知識，而不只是確認已發現之物。所有進步，都仰賴發現新事物。

所以，如果你想出上述問題的答案，那很棒。如果你沒找到，那更棒，因爲這表示你現在知道自己的無知，顯示你會進步，或是至少有進步的可能。它也表示你必須改善你的思考力，若能更深入地研究與應用，有可能更上層樓。

現在，讓我們回到戴眼鏡的女人與抽菸的問題。

這個假說明顯錯誤。你的答案是什麼？戴眼鏡的女人抽菸嗎？還是不抽？你如何證明這一點。

一種答案如下：只要找到一個戴眼鏡且吸菸的女人，就能證明我的理論爲僞。事實上，在某一天，我在公園裡看到有個女人正在溜狗，她停下來，點了根菸。由於她戴著眼鏡又抽著菸，我的科學理論於是出現例外。理論被證明爲僞。之後不久，我看到許多人違反了原先我認爲不可違反的規則，表示這些例子並不罕見。

一旦概括被證明為偽，許多類似的例子經常隨之出現。

　　為什麼當一個例外被挖掘出來，其他許多例外幾乎會在同時間浮上檯面，這一點我們不得而知。但這是個相當普遍的現象，甚至在科學研究中也是一樣。這可能與人類看待現實的方式有關。我們也許在深層的潛意識中具有一種偏見，使我們看見自己希望看見的事物，而對自己不願看見的事物視而不見。一旦規則被證明有誤，我們往往如重見光明般發現其他許多例外。我們的眼睛因此變得雪亮，我們對現實的知識也往前邁進一大步。這個過程可能痛苦，尤其我們的自我可能受傷。這個過程說明，當我們努力得出堅實結論，區別表象與現實、真實與虛假時，我們勢將面對極為複雜的處境。

　　一旦假帳問題浮上檯面，其他許多問題也將被揭穿。一旦安隆的一些假帳問題被暴露出來，其他許多假帳問題也將一一浮現，不僅是安隆，也包括其他許多公司。投資者會對問題更有警覺，或是更仔細閱讀現金流量表等相關資料。

　　美國證券交易委員會不僅開始調查安隆，也調查其他同性質的公司，如環球電訊與英克隆（ImClone）。證券交易委員會發現詐欺早就像瘟疫一樣蔓延開來。國會展開特別調查，彷彿國會事前完全不知道有做假帳的事，而在許多例子裡，國會也確實如此。現在，美國似乎即將陷入全面爆發的假帳疫情中。

　　這裡的重點，在於一小塊真理的小發現，通常會開啟大真理或甚至許多真理的大發現。就美國的眾多企業來說，苦澀的事實是許多貪腐正如火如荼地進行中。

　　然而談這些有什麼意義？我們為什麼要花這麼多時間與精力討論概括？重點是什麼？重點是一旦確立通則，就能將通則運用在特定狀況，做出正確的預測，或是得到正確的現實結論。這是一種有用的指引，能幫助我們判斷應採取什麼行動。此外，對於從概括到特定的**演繹**過程所產生的預測，人們可加以**檢證**（證明為真）或**否**

證（證明為偽）。檢證傾向於證實通則，而否證則絕對反駁通則。在科學哲學中，這個過程稱為假設演繹法。不少哲學家發現，無論你找到多少肯定例，你都無法決定性地證明任何開放、普遍的命題或概括。這使培根（Francis Bacon）得出如下結論：「否定例具有更大的力量。」赫胥黎（T. H. Huxley）可能帶著幾分諷刺地補充說道：「科學的大悲劇，就是以醜陋的事實殺害美麗的假說。」[2]因此，科學是而且也必須是不斷奮戰與探索的過程。

我們可以舉在導論提到的飛機燃料問題為例。

所有飛機都需要燃料（通則）。我的飛機燃料不足（特定處境）。因此，我必須為飛機加油（以現實為基礎的結論，源於且基於通則對特定例子的適用）。（值得注意的是，這種適用具有防止災難的預防效果。）

演繹是從概括到特定（也就是將通則適用於眼前的特定處境上），這種過程稱為演繹邏輯。演繹邏輯是歸納邏輯的反面，因為演繹邏輯從概括到特定，而歸納邏輯從特定到概括。

如果我仍根據我對抽菸與戴眼鏡女人的錯誤信仰進行思考，我將做出這樣的結論，凡是戴眼鏡的女人都不抽菸，而一些不戴眼鏡的女人可能抽菸。結論源自概括：凡是戴眼鏡的女人都不抽菸。

原則：演繹是從概括到特定。

原則：演繹邏輯是將通則適用於特定處境的過程。

原則：歸納是從特定到概括。

原則：歸納邏輯是從特定例子的分析得出通則的過程。

技術語詞：先驗等於演繹；後驗等於歸納。因此，先驗推論從概括

到特定，而後驗推論從特定到概括。

　　讓我們稍做練習，以確保這些概念深植於我們的腦海之中。它們是相當簡單的基礎概念，但如果你精通它們，你將比絕大多數人更加瞭解我們知識的基礎。

　　思考以下的案例研究。歐美兩地幾乎同時發現左多巴（L-DOPA）在帕金森氏症生成上的重要性。美國研究團隊在以左多巴治療帕金森氏症患者後發現，他們的病情獲得大幅改善。研究團隊因此假設，帕金森氏症患者腦中可能缺乏左多巴。那麼，美國研究團隊是使用哪種類型的推論而得出結論？

　　歸納或後驗推論。美國研究團隊從特定觀察得出左多巴與帕金森氏症關係的概括結論。

　　另一個案例研究：奧國研究團隊測量死亡的帕金森氏症患者大腦的左多巴含量，在與死於其他病症的患者大腦相較後，他們發現前者的左多巴含量不足。那麼，奧國研究團隊是使用哪種類型的推論而得出結論？

　　歸納或後驗推論。奧國研究團隊從特定觀察得出左多巴與帕金森氏症關係的概括結論。

　　然後，美國研究團隊認為，下一個帕金森氏症患者應該用左多巴治療。他們預測該名病患也會改善。這裡用的是哪一種推論？

　　演繹或先驗推論。美國研究團隊把以先前研究為基礎的概括，適用在特定病人身上而得出結論。

　　然後，奧國研究團隊認為，下一個帕金森氏症患者的大腦在測量時應該也會顯示左多巴不足的現象。這裡用的是哪一種推論？

　　演繹或先驗推論。奧國研究團隊把以先前研究為基礎的概括，適用在特定病人的大腦上而得出結論。

　　牛會思考嗎？如果牛會思考，牠是否會先以**邏輯歸納**（logical induction）思考，再緊跟著以**邏輯演繹**（logical deduction）思考？

　　歸納與演繹以及歸納邏輯與演繹邏輯的區別相當重要。因此，讓我們試著以另一個導出概括（「動物似乎能思考」）以及演繹（「牛似乎先以邏輯歸納思考，再以邏輯演繹思考」）的特定例子來理解這些區別。

　　剛抵達設有電子柵欄的牧場的牛，不免碰觸電網好幾回。之後，牠們會離鐵絲網遠遠的。由於每次牛進入新牧場時總會碰觸電子柵欄，我們覺得這樣應該可以概括出牛的行為。我們甚至可能下結論說，牛在使用歸納邏輯後又使用演繹邏輯。牛歸納出的結論，是碰觸柵欄是不好的，因為碰了會痛；而牛演繹出的結論，是既然碰觸柵欄是不好的，下次牠們碰觸柵欄時就會痛。事實上，如果牛不想餘生飽受電擊之苦，牠們會調整自己的行為，不去碰觸柵欄。

　　雖然我們不知道牛如何思考（如果牠們會思考的話），但牠們的行動卻酷似經過一番理性推論，我們可以將它陳述如下：「每次我碰到那個該死的柵欄，我就遭受電擊。如果我不想餘生一直遭受電擊，我就該停止碰觸柵欄。我從『每次我碰觸柵欄，就遭電擊』的特定觀察，導出『**碰觸柵欄總是會痛。疼痛是可以避免的，只要不碰觸柵欄，就不會遭電擊**』的通則。偶爾，我碰觸柵欄只是為了測試通則是否合理，而當我這麼做時，我早已預期自己會被電擊。」

　　確實，牛與其他動物具有某種本能，或者還能將意識中的兩種物件成對聯想在一起，牠們因此能修正行為，也許還能做出概括。

成對聯想是神經心理學的機制，也是思想的基礎。

　　對牛來說，一旦兩種物件被有意識地聯想在一起，則每次看到其中一樣物件，往往會想起另一樣。這是聯想思維的基本神經心理學元素，而且它與大腦的功能有關。大腦由數十億個稱為神經元的反應單位組成。某個物件（例如電子柵欄）活化一群神經元，而另一個物件（例如疼痛）活化另一群神經元。當兩個物件共用的已活化神經元達到相當數量時，共用的神經元將在兩個神經網路中放電，使得這兩個物件被憶起。反覆的活化壓抑抑制性連結而促進興

奮性連結，因而改變再活化的機率。反覆的再再活化（re-reactivation）將導致大腦結構的實際變化，使聯想更加堅實。這是基礎的神經心理學機制，也是長期記憶的根本。這種機制解釋了為什麼完全習得的任務如此難以抹滅：完全習得的聯想，其記憶並不存在於固定領域，而是散漫地儲存於神經元網路結構與神經元連結（突觸）之中。

聯想既是意識思想帶來的賜福，也是禍害。

兩個物件一旦被意識聯想在一起，則看到其中一個，就會想起另一個。這是個不管在過去、現在與未來都很重要的機制，它能幫助動物學習如何存活。問題是物件的聯結不必然反映現實處境，因為兩個物件的聯結可能出於偶然，而非因果關係。換言之，心理聯想也許並不能反映真實世界的實際聯結。在我們的心靈生活中，我們要同時應付世界（現實）與世界的表徵（我們內在心靈的世界觀點，而這個觀點可能符合現實，但也可能不符合現實）。

意識中的成對物件（例如電子柵欄與電擊）對牧場牛群可能已經夠用，但人類面對的是更為複雜的處境，因此成對聯想並不足夠。

隨著外在真實世界的處境越趨複雜，要正確詮釋某種聯想重要或不重要，還需要其他的方法。這些確保真實世界與真實世界的知覺間有正確及基於現實的符應（真理判斷與真理保存）的方法，既多元又多樣，包括清楚思考規則、形式與非形式邏輯規則、符號邏輯、定律、常識、科學方法等等。

在檢視過清楚思考與歪曲思考的特定例子之後，我們可藉由歸納來得出一般理論，好組織與解釋上述這些規則與程序。第九章的齊一場論（uniform field theory）將會討論這個一般理論；目前，我們只要知道牛和人都有相同的成對聯想心理機制就行了，不過，人的能力比牛更強，因為人可以測試自己聯想的真值，藉以更可靠地理解現實。而這種更強的能力，部分與語言及正確使用和控制語言

有關。

人類語言反映人類思想的基本元素。

你在學校也許聽過這種說法，簡單句是完整思想的表現。這句陳述的真偽取決於「思想」與「完整」的定義。依我的觀點，一個句子反映兩個物件的連接，因而表現兩個思想的聯結。例如，「蘇格拉底是禿子」，這句話實際連結兩個思想：蘇格拉底的概念與禿的概念。所以，句子可說是基本聯想機制的單純反映，而大腦正是藉由這個機制將物件連結起來。以神經心理學的術語來說，連結起來的物件稱為觀念、概念、思想等等；以語言學的術語來說，稱為主詞與述詞；以邏輯學的術語來說，稱為指稱（reference）與描述詞。不管我們選擇哪種名字稱呼它們，它們都反映了相同的基本聯想思想機制。語言的基礎元素反映了意識思想的基礎元素，這一點並非出於偶然，因為語言既是思想的工具，也是思想的產物，而語言又直接與大腦運作的基礎方式有關。

原則：聯想不足以理解複雜的人類處境。更深入的考量與清楚的思考，通常能完全理解現實與真理。

牛或許不是藉由嚴謹的邏輯或連貫的思考得出結論（也就是牠們賴以行動的規則），但牠們懂得連接兩個物件，只要知覺其中一件，便能想起另一件。以牛的例子來說，連接的陳述會是：柵欄＋電擊＝電擊＋柵欄，電擊讓牛想起柵欄，而柵欄讓牛想起電擊。有了充足的提醒物，特別是能造成疼痛的事物，兩個物件的連接，就能藉由不斷刺激兩個物件共同使用的神經突觸而固定在牛的腦子裡。（我認為這個說法可信。但是在我們能實際與動物說話，並確認牠們能否思考與如何思考之前，誰也無法知道真偽。）

結論：牛群似乎能透過聯想物件而進行思考，這個過程近似於歸納與演繹邏輯。

　　貓會思考嗎？若答案是肯定的，則貓的思考方式是否與牛相同？

　　呵，這還真是個古怪的問題。凡是養貓的人，都知道貓有著自己的認知風格。貓不可能以牛的角度看世界。但廣義而言，這兩個物種的思想與行為的確在某些面向上完全相同。

　　以我的貓為例。牠叫 PJ 派頓，牠不懂英文，也沒興趣學英文，但當我大喊「吃飯了」，牠就連忙跑來。

　　從我最初連喊三次「吃飯了」開始，牠的小腦袋瓜便建構起一般推論。牠知道每次我喊「吃飯了」，我就會餵牠，而牠相信每次我說這些字，表示食物即將出現。雖然我們不知道貓如何思考（如果牠們會的話），但 PJ 的行為像極了理性推論。牠的歸納邏輯或許就像這樣：「每次那個傻子喊『吃飯了』，他就會打開罐頭，把食物放在我的碟子裡。因此，下次他喊『吃飯了』，他一定會打開罐頭，把食物放在我的碟子裡。」結論：貓會思考。

　　結論：牛藉由在意識中聯想物件而進行思考。牛似乎是以歸納形成假說，再用演繹將假說適用在特定處境中。貓也是如此。

　　提到貓，就讓我想到達爾文（Charles Darwin）。達爾文在多次觀察之後，認為所有藍眼白貓都是聾的。這是個不可思議的概括，得自於數百次的觀察結果，他根據每件已知的例子斷定，藍眼白貓就是聽不到聲音。如果達爾文滿足於他自己的觀察結果以及其他相關的觀察結果，我們頂多只能說許多藍眼白貓是聾的。然而達爾文卻自信滿滿地提出超越他自身經驗的說法，認為他發現的狀況對所有的藍眼白貓都為真，適用於過去、現在與未來的藍眼白貓。

　　結論：從科學家、牛與貓的例子，我們可推測所有的動物似乎都藉由在意識中聯想物件來進行思考。動物似乎先歸納出通則，再以演繹將通則適用於特定處境。

　　值得注意的是，不管是達爾文的發現，還是其他所謂的科學概括，只要找出一件例外，就能加以推翻。達爾文說所有的藍眼白貓

都是聾的，要反駁他，只需找出一隻能聽見聲音的藍眼白貓。不過到目前為止，還沒發現這樣的貓。

科學的暫定性質，是一般大眾對新的醫學研究報告感到困惑的主因，因為它們的結論往往不同於之前的研究。去年，荷爾蒙替代療法對女性有益，但今年則否。二十年前，乳房根除術是外科對乳癌的標準治療；現在，乳房腫瘤切除術被認為是較佳的作法。去年，醫學權威熱衷推廣乳房攝影術，但今年則否，因為新的研究顯示過去的研究是錯的。

科學家不同於一般大眾，他們喜歡自己建立的法則遭到質疑與否定，他們也知道一切進步都必須仰賴這個程序。因此，科學是以相當冷靜的態度看待自己的法則。如果法則被證明有誤，就該確立新法則，好取代舊法則。新法則是能更精確告訴我們真實處境與真理的概括。

這種思考方式不僅適用於科學對重力的理解以及藍眼聾貓，也適用在我們的個人生活上。

我曾經說過，我在年輕時相信，戴眼鏡的女人絕對不抽菸。這個想法已證明為偽。現在我知道，自己原本認為是真實的事物並不真實，而抽菸與戴眼鏡兩者或許一點關係也沒有。我對「眼鏡」與「不抽菸」的聯想並未反映現實。這是失敗的個人概括。然而，我是否還有其他不知有誤的錯誤觀念呢？

馬克吐溫曾說：「真正造成傷害的，不是我不知道的事，而是所有我已知的事都是不真實的。」

你不知道的事會造成傷害。不過，你以為自己了解但實際上卻錯誤的觀念，造成的傷害更大。

「天鵝都是白的」，若能找到一隻黑天鵝，就能證明這句話為偽。幾年前，科學家仍認為天鵝都是白的。但當有人在俄國發現黑天鵝時，這個概括就不攻自破。

光速並非恆定，而是隨時間而變。人們原本認為光速是常數，

直到近來對 72 個類星體放射的光線所做的研究顯示，年代久遠的光似乎要比新近產生的光速度稍慢一些。如果這個研究結果為真，則光速為常數這個科學法則將被證明為誤。如果這個觀察是正確的，將證明光速隨時間而變化。何以如此，原因不明，然而知道光速隨時間而變，也許更能幫助我們理解光與時間的本質。光與時間是我們必須清楚了解的兩件事物。即便是傻瓜，只要身上有錶，就能告訴你現在是什麼時間。但誰能告訴你時間是什麼？我們能測量時間，愛因斯坦告訴我們，時間不過是另一種形式的空間，但論其究竟，我們根本不知道時間是什麼。

傻子都知道怎麼開燈。但誰能解釋為什麼光會照射，或者更確切地說，為什麼電磁波（即所謂的光）會出現？我們能看見光，也能利用光，但我們真的不知道光是什麼。

對事物的真實本質，科學家可能一無所知。

物理學家告訴我們，自然界有四種力：強力、弱力、電磁力與重力。他們能測量這些力，並預測這些力如何彼此作用。但物理學家無法確實知道這些力究竟是什麼。值得讚揚的是，物理學家承認自己的無知。事實上，沒有人知道重力或光（電磁波）是什麼。科學傾向於以套套邏輯或循環推論來解釋它不了解的事物，這使得科學表面上看來比實際上更聰明；科學家能成功地操縱他們根本不了解的事物，這使得科學表面上看來比實際上更令人印象深刻。我總是能認出哪些人不是科學家，因為這些人對科學的印象過於深刻。真正的科學家知道自己的局限，他們知道自己實際上所知甚少。然而，如此微薄的知識，就足以讓科學家做出許多貢獻。電話是電力與磁力微不足道的應用，但應用的結果卻非微不足道。如果科學家能運用微薄的知識做出許多貢獻，那麼如果他們知道很多知識，貢獻又會有多大！想到這裡，就覺得未來充滿光明。

並非所有的科學家都知道自己所知甚少。

當然也有科學家不知道自己所知甚少。我就遇過這種人，一個

南非開普敦大學的天文學教授，名叫庫爾茲（Don Kurtz）。他在郵輪伊麗莎白女王二號上發表演說。

乘客中有個年長的婦女問他，是什麼結合了眾星系。庫爾茲告訴她：「是重力。」

「但什麼是重力呢？」她反問。

庫爾茲對她的完全無知感到吃驚，他說：「女士，重力就跟我們的地心引力一樣。這股力量可以結合眾星系。」

庫爾茲自信滿滿地解釋循環推論，彷彿他百分之百相信這件事。然而我希望他知道根本沒有人知道重力是什麼，也希望他承認自己的解釋有多麼不足。相同的基本科學無知也適用在時間、物質與能量上。當然我們能測量這些事物，但大體而言，我們並不真的知道自己測量的是什麼。

難道這不令人著迷嗎？

事物並不因為是科學的，或是被如此稱呼，就表示它是正確的。

除了科學以外，大概沒有其他地方，可以讓你從瑣碎事實的集合中得出這麼一大堆的玄想。這是科學的一個主要限制：人們（通常不是科學家）往往高估科學知識，因此也往往高估科學賦予的力量與控制。過度信賴科學與科學方法的結果，就是科學主義。

如果連面對簡單具體的物理事物（也就是可用科學來解釋的事物，如重力），我們都感到困難，則面對像愛、憐憫、忠誠等非物理事物時又該如何？我們不該自滿於已有的成果或已知的事物，因為在知識炫麗的表象背後，隱藏著比海洋還深邃、比世界還寬廣的無知。

庫爾茲的回答證明，老婦人相當清楚自己目前對重力的全然無知，而庫爾茲這位天文學家卻渾然不知自己目前對重力的理解完全是出於想像的知識。比較正確而誠實的回答應該是：「女士，其實我不知道重力是什麼。沒有人知道。」

原則：所有科學進步都代表對先前觀念的推翻，以證據為基礎，代之以更能解釋事物的新觀念。科學改進我們對現實所抱持的觀點，以此增進我們對物理世界的控制。雖然對現實的控制是真實的，但對控制的解釋卻可能是錯誤的。事實上，解釋通常是套套邏輯，只是不斷複述那些用來導出科學原則的經驗資料而已。

以此導出：

教訓：鑑於目前科學無知的程度，當我們緊抱的科學定律被推翻時，我們也毋需驚訝。事實上，我們應該預期科學定律會隨著我們的理解日漸改善與細緻而被推翻。

又到了動腦筋的時候，以下的投資建議是真或偽：分散投資，好極大化你的獲利，並極小化你的損失。

投資顧問經常推銷這個觀念。但它對嗎？如何證明它為真？如果我們無法證明它為真，又怎麼證明它為偽？讓我們休息兩分鐘想想這個問題：如何證明分散投資的定律為真或偽？

這個習題的解答很簡單，理由有二。

首先，我們已經知道以簡單觀念說明複雜主題很容易出錯。所以我們可以運用演繹邏輯將這個概括適用在這個特定處境上。既然投資是個複雜的主題，分散投資這個簡單建議一定是錯的，因為它將複雜問題過度簡化，它不可能適用於所有處境與所有投資者。

你想起相關的推論類型了嗎？如果你說這是演繹法，那就對了。這是演繹，因為你以「複雜問題沒有簡單答案」這個概括為前提。然後，你將這個概括適用在分散投資的陳述上。

除了從一般角度打擊上述投資原則，我們是否也可以從特定角度進行打擊？

回想一下，為了證明概括有誤，我們只需找出一個與概括相反

的特定例子，也就是說，我們只需顯示有人因集中投資而獲利，就足以證明規則錯誤。要判斷概括在什麼樣的狀況下能夠成立，至少還需要一些限制、修正與更詳細的說明。這些限制是有用的，因為它能協助我們決定在特定處境下所該採取的正確投資方式。

所以，我們必須顯示某人確實因集中投資而賺了錢。比爾·蓋茲（Bill Gates）集中投資一家公司，即他擁有的微軟，結果賺進數十億美金；之後，蓋茲分散投資，結果賠錢。索羅斯（George Soros）在 1992 年對單一通貨（英鎊）下了巨額賭注（100 億美金），結果賺進 10 億美金；之後，當索羅斯不再集中投資，轉而從事避險與分散投資時，反而賠錢。

結論：重點不是分散或集中投資，而是誰在正確時間做出正確投資。集中或分散投資，與獲利並無關聯。有鑑於此，我們應該將精力集中在研究個人投資上，看看什麼作法才是合理而符合期望的，而不該關注分散或集中投資的問題。如果我們分散投資，我們不該因此誤信自己的投資會安全無虞；另一方面，我們也不該假定自己會因集中投資而一定獲利。

重點應該已經很清楚，就是集中或分散投資，與獲利沒有太大關係。兩種策略都未能真正達到目的，因為獲利的關鍵其實很複雜。獲利主要與在正確時間擁有正確事物有關。的確，分散投資的觀念不可能在所有時間、所有處境下都管用。如果完全管用，則投資將變得極為簡單，凡是分散投資的人都會獲利，而且不到幾個月的時間，就能擁有全世界。

原則：大多數投資建議都是鬼扯。

如果要用簡單幾句話來評論投資顧問，我只能很遺憾地說，就算不是絕大多數，但確實有許多自吹自擂的投資顧問不過是騙子，雖然他們保證會指點投資者一條明路。這些人用各種假話騙你，要

弄著投資產業長久以來慣用的伎倆，可悲的是，這些詐騙手法至今仍然管用。投資顧問的話語，不過是不實資訊與虛假推論，若聽信這些謊言，勢必造成災難。需要我舉最近的例子嗎？

我希望這是真的：只要在下星期二買某個明牌股，只要我遵照第四台投顧老師的神奇技術規則，一個星期後我就會成為大富翁。

這些當然都不是真的，而且借用洛伯（G. M. Loeb）的說法，「每次只要有人找到通往華爾街的鑰匙，就有混蛋把鎖換掉」。[3]

現在你應該學到這個無情而險惡的真理：投資獲利沒有簡單法門，因為它並不容易。若真是如此，該怎麼做才能投資獲利？除了推薦敵人的投資邏輯著作，《用韻律和韻腳找出現代投資珍珠》（*Investment Pearls for Modern Times Expressed in Meter and in Rhymes*），我的建議如下：既然我們絕大多數人都不懂投資或企業，那麼還不如仰賴懂的人。為自己找個優秀、誠實、專業的交易員，這個交易員必須認識那些剛從哈佛、史丹佛或哥倫比亞等名校畢業不久的年輕商管碩士，而這些碩士至少要研究產業或公司達兩年之久，並且與他們推薦的公司沒有利益瓜葛，同時他們是以小心謹慎的態度在給予建議。一旦他們提出建議，則應研究有沒有支持他們結論的理由與證據。如果證據相關且充分，則照他們的建議投資。

現在，讓我們回到原先的重點，我們已經證明，分散投資的觀念不僅是過度概括，也是錯誤思考。分散投資這種過度概括的觀念，使我們脫離現實處境而導致錯誤，也隱藏了真理並阻礙我們做出正確行動。如同其他過度概括，簡化給予我們虛假的現實觀念，而這正是我們要極力避免的。

任何過度概括都是思考錯誤。

以此導出：

教訓：概括技術是思考的核心，但從某個意義來看，概括也牽涉過

度簡化。因此，概括是兩面刃。正當使用概括，將會結出豐碩的思想果實；濫用則導致災難。小心別被過度概括騙了。

　　更多的例子：日常生活經常出現過度概括，但只需一點小常識就能輕易識破。想想看，「所有神經學家都是蠢蛋」這句陳述是否為真？如何證明它為偽？

　　神經學家是處理大腦、脊髓、神經與肌肉方面疾病的醫學專家。他們通常已經完成高中與大學學業，而且應該有醫學院學歷。神經學家至少要實習一年，並且在自己的專業領域住院實習三年。此外還要通過領域內的無數書面與實務考試，最後取得執照才能執業。能夠通過這些考驗的人是蠢蛋的可能性有多大？

　　答案：微乎其微。

　　因此，**所有**神經學家都是蠢蛋的可能性有多大？也許少數人是，我同意。或許絕大多數人是。但是「所有」？絕無可能。這點相當重要。**所有**是個簡單的詞語，但意義卻很重大。如果我們能從帶有**所有**一詞的陳述中找到一個例外，則該陳述就可證明為偽。只需找到一個不笨的神經學家，我們就證明了「所有神經學家都是蠢蛋」這句陳述為偽。

原則：任何觀點、陳述或斷言只要用上了**所有**一詞就難以主張，因為它過於極端。因此，任何使用了**所有**、**每一**、**每個**、**一直**、**絕不**、**絕對**等總括性詞語的論證，只要一個相反例子就能將它駁倒。

　　以此導出：

教訓：除非得到證明，否則任何總括性陳述均應視為偽。

當心政治人物的鬼話！

當交易員在電話中冷靜地告訴你，他推薦的股票下禮拜絕對可以漲四成時，你可以**絕對**確定他的陳述為偽。當美國總統說，「我向各位保證，我們一定能抓到賓拉登（Osama bin Laden）」，你可以很確定該陳述為偽，因為沒有人能絕對確定地預測未來，即便是權傾一時的美國總統也是一樣。

維拉（Pancho Villa）是墨西哥盜匪與游擊隊領袖，後來成了人民英雄，他在墨西哥與美國西南部對美國公民發動血腥攻擊。美國總統威爾遜（Woodrow Wilson）向民眾宣示，維拉將會被逮捕與處決。他隨即派出軍隊前往墨西哥執行這項任務，但並未抓到維拉，他的宣示因此證明是錯的。隨後的歷史事件也證明威爾遜說謊。

等等！

威爾遜是說謊者？這要看**說謊者**與**說謊**的定義。如果「謊言」的定義是「某人刻意為了欺騙而編造某虛假陳述，儘管他明知其為偽」，那麼，威爾遜就沒有說謊。美國總統不太可能故意欺騙大眾，不過欺騙的情形確實曾出現，而且還是最近的事。因此，在嚴格定義下，威爾遜或許沒有說謊，只是說錯話。或許某個謹慎的軍方人士曾告訴他，反維拉的行動可行。這或許讓威爾遜產生一廂情願的思考，因而將推測後的想法告訴民眾：維拉將被逮捕。或許小布希（George Bush）總統也是一樣，才會對賓拉登做出類似的陳述。

原則：安撫人心的說法，絕大多數都是假的。

然而，為什麼民眾不嚴正質疑這些明顯錯誤的訊息？簡單，這些都是安撫人心的話。民眾有聽這些話的情感需求，政治人物希望滿足這種需求。這些安撫人心的說法是假的，它們不為真，也不可能為真。如果你想活在夢幻世界裡，那麼你應該相信它們。我認為

傳達安撫人心的訊息給民眾是錯誤的，因為它們一方面承諾太多，另方面又傳達太少。最終，真相必會大白，屆時我們與總統必須面對現實。

承諾少一點，傳達多一點，不會比較好嗎？

不管錯誤的理由是什麼，拍胸脯保證本來就是錯的。之所以錯誤，是因為不管是總統還是其他人，都不可能精確預測未來。威爾遜總統極為聰明，他應該知道對特定例子做出總括性的保證是不可能的，因此他的作法是錯的。

原則：總統是人，所以一樣會出現不完美的思考。

以此導出：

教訓：留意總統與政治人物的話語。他們的陳述，特別是對未來事件（經濟將會復甦、美國人現在不再受到恐怖威脅、伊拉克擁有大規模毀滅性武器等等）所做的總括性保證，很有可能是錯的，而且錯得離譜。

再舉一個例子。

以越戰為例。以嚴厲的眼光回顧歷史，絕大多數人，包括當時的國防部長麥克納馬拉（Robert McNamara），都會承認越戰是個錯誤。美國何以會犯這個錯誤？越戰又是如何發生的？

很簡單。

首先，詹森（Lyndon Johnson）總統自欺地相信越南很重要。他覺得一旦越南落入共黨之手，整個東南亞都將淪陷。這個理論稱為**骨牌效應**，意思是說各國就像一枚接一枚排好且處於準穩平衡（metastable equilibrium）的骨牌。一旦一枚骨牌倒了，其他骨牌也會跟著倒。（我們將在第四章討論這個思考錯在哪裡。）簡單地說，

骨牌理論是一種思考錯誤，因為國家不是骨牌。就算國家是骨牌，它們也非一枚接一枚排好，當然也非處於準穩平衡。嚴格來說，國家絕對不會倒在任何地方，也沒有地方讓它們倒下。它們的政府或許會倒，但國家本身總是存在。此外，當某個國家的政府倒台或更迭，周邊國家不一定跟著改變。如果周邊國家跟著改變，它們不一定朝同一個方向改變。如果都朝同一個方向改變，我們早就擁有一個單一的世界政府。

越戰以虛假的推論為依據。

這一點很重要。我將說明正確思考如何避免越戰造成的數萬人死亡與數十億美元損失。

一旦詹森總統欺騙自己有關越南的事，他緊跟著欺騙了媒體，而媒體又欺騙了大眾。這才是真正的骨牌效應。一旦戰爭開打，似乎就無法停止，美國的軍事機器也開始過熱，毫不考慮地往稻田中傾倒數十億加侖的落葉劑，將草帽市場炸為平地。1,600 萬越南人死亡，不過那些亞洲人不是重點，重點是 58,000 名美軍陣亡，他們是美國人。

詹森總統說過，如果不打越戰，越南將成為共產國家。詹森錯在對未來做了過度概括。如果他說，「如果不打越戰，越南也許會、也許不會成為共產國家」，這樣的說法屬於可能的推測，而非對未來做出信誓旦旦的過度概括，如此便留下討論的空間：人們也許可以理性地討論，將所有人力、物力、國力投入於可能發生、也可能不發生的未來事件是否合理。此外，詹森的推論缺陷更是嚴重，他相信，如果越南成為共產國家，接下來將輪到柬埔寨，然後是全東南亞，最後是全世界。這種想法本身沒什麼問題，真正出問題的，是詹森以絕對確定的語氣來陳述不可能預知的未來事件。

真正打過越戰的士兵（包括我在內）在被問起越戰經驗時，通常說不出話來。他們所看到與所經歷的，不只超乎想像，連筆墨也難以形容。有些電影，如《勇士們》（*We Were Soldiers*），鮮明翔實地

說明除非有非常好的理由，否則任何國家都不該輕啓戰端。骨牌理論這種錯誤思考不是個好理由。

每枝造好的槍，每艘下水的戰艦，每枚發射的火箭，最終猶如對饑餓無食者與寒冷無衣者的竊取。兵戎相見不只虛耗金錢，也讓勞動者的汗水、科學家的才智、下一代的希望化爲烏有……這絕非人類該有的生活方式。在戰雲密布下，只見人性高掛在鐵十字架上。
　　　　　　　　　　　　　　── 艾森豪（Dwight D. Eisenhower）[4]

艾森豪說得一點也沒錯，戰爭極爲負面，這就是戰爭殘酷的現實。而這樣的殘酷現實就落在身處越南的我們頭上，以及所有美國人身上。我們因此爲自己的錯誤思考與未能理解現實處境付出代價。在嚴厲地審視歷史後，我們看見自己輸掉越戰。此外，我們也發現越南淪陷了，但東南亞仍屹立不搖。由此可證，骨牌理論是錯的。事實上，越戰結束後，就連越南也沒有成爲全然的共產國家；現在，越南是美國的貿易夥伴，並且跟世界上絕大多數國家一樣採行混合式經濟。

原則：未來是偶然的，而非已確定的。因此，未來無法預測，精確預測當然更不可能。

　　以此導出：

教訓：提防任何對未來事件所做的絕對預測。預測總會有錯。

　　當然，像下一次日蝕的發生時間，或是 2026 年 8 月 12 日下午四點水星的所在位置，這些都是可做出相對準確預測的事物。月球與太陽的引力，造成潮汐與潮流，而每年印製的潮汐表與潮流表預

測了每日的潮汐與潮流運動，絕大多數船員知道，這樣的資訊大致精確，但有時會有誤差。即便是潮汐表，也會因起風、各地反常的天氣或其他無法理解的因素而出錯。如果我們連潮汐都無法預測，又如何能確定如果某個國家成為共產國家，它的鄰國也會跟著成為共產國家？我們如何確定降低利率可以刺激景氣？我們如何確定全球自由貿易可以導致全面繁榮？我們如何確定？談到這裡，你應該瞭解這個赤裸裸的真理：我們什麼也無法確定。

有個管用的通則是這麼說的：一件事物能被精確地加以預測，往往是因為預測或被預測的事物，與人類利益沒什麼太大的關係。行星的位置與潮汐，幾乎沒有人會在意。我們會比較在意重要的人類問題，像是人類不確定的存在。我想知道未來某一天的道瓊指數會是幾點？哪家公司的股票會是較佳的投資標的？我的孫女嫁不嫁得出去？我想知道重要的事，然而遺憾的是，這些事通常無法精確得知。未來終究尚未到來，能確定的只有今日。

小布希總統可以提出的較合理且可信的陳述如下：「我們將盡最大的努力逮捕或殺死賓拉登，但我們無法預測何時或是我們能否成功。」

不管是在電視還是報紙上，這樣的陳述都很難引起共鳴，它聽來相當無趣而不明確。但它卻比較接近真理，而且我相信它更接近小布希總統話裡實際的意思。

原則：對未來做總括性的保證，或是對任何事做總括性的保證，很容易出錯。

以此導出：

教訓：不要相信任何總括性的保證。不要遵照總括性的保證行事。

附帶一提，很多人搞得一頭霧水，因為他們無法區別「所有」與「一些」的差別。如果有人告訴我，沒有人喜歡高爾（Al Gore），我可以證明他是錯的，我會說：「我喜歡高爾，而我是人。」

對**沒有人**一詞的濫用，乃是陳述可以輕易遭到反駁的原因。許多陳述，特別是廣告，表面上說的是「所有」，其實真正的意思是「一些」。廣告詞「健力士好處多」，意思是說這種黑啤酒總是能為你帶來好處。但如果你正嘗試減重，如果啤酒壞掉，或是如果你在喝了七品脫後打算開車，則該陳述為偽。如果你把健力士當成汽油加到車子油箱裡，或把它當成養髮劑，則健力士不可能帶給你任何好處。

避免非黑即白的思考錯誤

諺語通常只有一半的真實性，因此須視情況而定。「欲速則不達」在某些狀況下是不錯的建議，但對於想打破 60 公尺世界紀錄的奧運選手來說則不管用。然而，也的確有能適用於任何情況的合理諺語。例如，還沒開始的小說永遠不會結束，這句話不管在什麼狀況下都是自明且為真，因為任何事物都必須先有開始，才會有結束。又或者是歐幾里德（Euclid）的公理：與相同事物相等的各事物彼此相等。這種說法應該沒有問題，如果第一件事物相等於第二件，而第三件事物相等於第二件，則這三件事物彼此相等。在小說寫作建議、邏輯以及幾何學領域，有些事物絕對為真。正因如此，教育者往往在青少年教育中過分強調這些科目。在教育上，幾何學與數學還有另一個優點，就是通常會有明確、單一而且簡潔扼要的解答，但這會使學童產生幻覺，讓他們以為類似狀況也會出現在未來的人生中。

回想當初自己在學校裡的時光。你的好奇心為自己招來多少麻煩？愛問問題的小孩有什麼下場？你是否曾聽到老師這麼說：「我

們沒有時間回答所有的問題。我們必須按進度把課上完。」蘇格拉底總是不斷提出問題，最後被迫喝下毒藥。

我不知道你的經驗如何，我自己在學校裡可是出了名的好奇學生。我很快就瞭解答案遠比問題重要得多，教育制度不喜歡模稜兩可，也不鼓勵學生提問。真正受嘉許的是「正確答案」，然而令人遺憾的是，所謂的正解，不過是老師給的答案，更令人扼腕的是，老師通常錯誤地相信有正確解答，而且是只有一個正確解答。

想要順利讀完中學、大學乃至於研究所，取悅權威、壓抑疑問與遵守規則等祕訣必不可少。「不要質疑，跟著教條做就對了」，這種態度為社會訓練了一批生產線工人與官僚，但它是否讓你做好充分準備以面對生活中嚴酷的現實？它是否讓我們的社會做好充分準備以面對未來？

最值得質疑的是，面對問題時，只能在兩個可能解答中選擇一個，或是認定只有一個原因。我認為這種錯誤思考的部分原因出在過度概括的錯誤上。古爾德（Stephen Jay Gould）在《人類不可測量》（*The Mismeasure of Man*）中稱這種錯誤為「二分法」，用來表示我們傾向於以二分法（聰明與愚笨、黑與白、好與壞等等）來說明複雜而連續的現實。不過，為了便於理解，讓我們稱這種錯誤為「非黑即白的思考」。

原則：非黑即白的思考是錯的，因為它過度簡化複雜的處境。

以此導出：

教訓：避免非黑即白的思考。

如果有人告訴你，一個複雜的問題只有兩種作法或兩種可能的解決方式，不要相信他。如果有人告訴你，只有一種作法，那他一

定是錯的。非黑即白的思考通常是錯的，它使我們忽略處境的複雜，並減損我們想出其他解決方式的能力。

就算不是全部，但至少有些納粹黨人認為，如果殺光猶太人，德國的麻煩就解決了。他們認為猶太人是德國所有問題的禍首。任何能思考的人，都能輕易看出這是不成立的。不管是猶太人還是其他種族、宗教、政治團體，都不可能為德國、世界或任何地方的所有問題負責。猶太人或其他團體或許要為某些時刻的某些問題負責，但也應拿出與特定問題或事例有關的證據來加以佐證。附帶一提，證據的定義，是指任何能指出真理的指標。證據有許多種，但最好的莫過於具體可見而能使人確信為真的證據。既然沒有證據顯示猶太人要為德國所有問題負責，那麼這個想法就是錯的。此外，這個想法過度概括了猶太人，因為它假定每個猶太人都一樣，這明顯是錯誤的。猶太人因人而異，就跟我們一樣。

無論如何，全面性的概括，例如非此即彼的陳述，具有一種誘惑力，因為它們常包含一定程度的真理，但卻非完整的真理，完整的真理需要考慮事實與證據，並且要花費心力思考複雜的議題，而不是只思考過度簡化的部分事實或證據。

原則：正確評估複雜議題與問題的關鍵，在於分析證據。

證據是什麼？簡單五個字加上問號，其意義不可小覷。每當你聽到有人以便捷的方式解答一般性的問題時，如果你想成為理性的人，記得問自己證據是什麼？證明事物為真的證據是什麼？如何確定證據是什麼？這類問題往往暴露出問題的複雜性與解答的簡化性。這類問題可以幫助我們瞭解，在採取有益的行動或避免無益的行動之前，我們需要更進一步地思考與理解問題。

例如「收起棍子，寵壞孩子」的問題。我有個被寵壞的孫女，但我還是愛她。她被寵壞了，那又怎樣？幾乎沒有證據顯示，比起

遭到忽視的孩子，被寵壞的孩子更容易犯罪。被寵壞的孩子通常覺得自己受到關愛並感到幸福，這樣的孩子長大後應該也會有個幸福的人生。我就是個例子。

事實上，比起被寵壞的孩子，被忽視的孩子在長大後可能更容易惹麻煩。然而在此我不舉出實例，因為我們的興趣不在於事實本身，而在於隱藏於陳述背後的推論過程。

有些孩子對善意沒有反應，對恐懼才有反應；以暴制暴，往往是對付實際上膽小如鼠的霸凌的好辦法。然而，主張施行一視同仁的體罰總是有效，等於是忽略了有些孩子（特別是男孩）對於體罰無動於衷，事實上，它反而會鼓勵或訓練他們做出相同的行為。

重點在於，沒有任何一種懲罰可以完全適用於所有處境與所有惡棍。少年犯罪有許多樣態，就像洗髮精一樣種類繁複。我們頂多只能說棍子適合用在某些孩子身上。然而，這種限定範圍的陳述往往缺乏吸引力，尤其無法引起獨斷主義者的興趣，後者認為人們即使面對啟人疑竇的證據，也要有相信的勇氣。

有時候，過度概括可以是一種贏得辯論的詭計。

你的陳述可能被對方簡化與延伸，因此變得荒謬而無法成立。如你所知，這類延伸與簡化的論證相當容易反駁。

你真的認為，希特勒（Adolf Hitler）只是個殘忍暴虐的人物，即便他有其他的美德也無法掩蓋他的惡行，相反地，邱吉爾（Winston Churchill）與羅斯福（Franklin Roosevelt）則是完美的典型？事實上，人類太多樣也太複雜，無法完全符合這種呆板的分類方式。「人只有兩種，不是完全不會犯錯，就是完全不幹好事」，這種主張悖反了我們的經驗。此外，世上沒有人是全然一致的。在集中營裡進行屠殺的納粹份子，會在寒冷的天氣裡餵食飢餓的鳥兒。然而，善待動物的行為，並不能彌補他們犯下的邪惡罪行。雖然如此，這些不值一提的慈愛行為，證明即使是最邪惡的人也不是完全沒有同情心。複雜的事實無法簡單地加以判斷，更甭說複雜的人類。

最近，一名華裔原子科學家表達對中國的同情，他表示，在中國，財富的分配較為平均。這名原子科學家立即受到逮捕，並暫時失去接觸機密檔案的權力以及原子研究中心的工作。

中國共產主義是一種複雜而多樣的信條，在我的想像中，它包含了無數的人類活動。不管共產主義有多荒謬，中國人不可能在任何時間的任何議題上都犯錯，更不可能在每件事情上都出錯。不過這裡的問題比較特定：共產黨對於共同財產制的看法是否錯誤？如果錯誤，我們是否應該阻止華裔美國人讚揚中國當前的一些作法？

分享共同的物品，是目前絕大多數美國家庭的特徵，我們可以說這是一種家庭價值，不過許多共和黨員可能不會同意這一點。對於立法規定夫妻共同財產制的各州而言，共同所有制乃是各州親屬法的基本原則。家庭所有制與夫妻共同財產實際上是共產主義的觀念。這種觀念有錯嗎？早期基督教會也共享所有物品，不過現在有些基督徒卻矢口否認早期基督教會具有共產精神，尤其是右派的基督徒。共同財產也常見於絕大多數美洲原住民文化。因此，人類原初而固有的經濟體系應是共產主義，而非資本主義。

我們不能光憑某位科學家對外國政府政策某個面向的認同，就把他判定為間諜。把他當成間諜一樣看待，等於犯了過度概括的錯誤。這種過度概括的思考流程如下：他說他喜歡中國人，因此他是共產黨員；因為他是共產黨員，他可能是間諜；如果他是間諜，他就不可接觸機密檔案與保有原先的工作。慶幸的是，法院要比決定科學家去留的官僚理性多了，因此他最後還是保住了工作。

重點是什麼？

重點是你應該避免視事物為非黑即白，避免不適當的推測與過度概括。

保留、折衷與妥協並不全然是壞事。

同樣地，我們不應輕視折衷的說法，並且要對意見有所保留。對於愛情、婚姻、生孩子等個人事務，應保留自己的看法。如果你

需要對個人事務保留看法，那麼對於向伊拉克宣戰、修憲或選舉總統等重大議題，你更應保留看法。複雜問題不會有直接而簡單的答案。不要從眾，從眾的結果也許會讓你跌入萬丈深淵。

原則：非黑即白的論證是錯的。非黑即白的推論，無法考慮所有可能用來解決某個處境或問題的方式。

　　以此導出：

教訓：複雜問題有許多解決方式，而不是只有一兩種。

　　試著跳脫窠臼思考，以得出超越現有哲學或理論之外的另類可行選擇。雖然這麼做不一定能得到解答，但光是用這種方式思考，就足以釐清問題的本質，並凸顯為得出適當解答所需進行的工作。避免簡單的解答。「不用動腦子」的事並沒有那麼多。
　　避免延伸或過度概括你的論證，或是太相信自己的論證。
　　是的，不光是對手會延伸我們的論證，我們自己也會延伸我們的論證。我們延伸、簡化自己的論證，並加以美化好贏得辯論。這種作法是錯的。認知真理是複雜的，或是承認自己的解決方式不夠完美，才更接近現實，而且對你與人類的幫助更大。
　　是的，我們會延伸並簡化自己的論證，即使我們試著保持理性。當辯論如火如荼之時，我們會誇大自己的例證。最後，我們的論證會誇張到如同過度膨脹的氣球，只要輕輕一碰，它就爆了。

原則：極端的斷言易遭攻擊。有節制的斷言則否。

　　以此導出：

教訓：不要被自己的說服技巧牽著鼻子走。

　　你想保持理性，如同你希望別人也保持理性，或許前者的程度還強一點，因爲比起爲別人帶來的後果，你的不理性思考爲自己帶來的後果要更爲嚴重。

教訓：不要過度概括。

動腦時間到了！

　　希特勒殺死 600 萬猶太人，是過度概括造成的可怕後果，因爲隱藏在種族滅絕背後的原則，是所有猶太人都一樣。以清楚思考來防止猶太人大屠殺，不是很好嗎？

　　詹森總統以骨牌理論說明共產主義的擴散，是過度概括了越南的重要性。詹森的錯誤來自不實的資訊、拙劣的建言、祕密的議程以及許多因素的結合，所有這些在看似合理的說詞下得到支持，除非清楚思考，否則無法看出其中的問題。以清楚思考來避免越戰，不是很好嗎？

　　我們再討論兩個歷史例子，看我們能否比當時試著解決難題的人做得更好。接著，我們將進行個案研究，看我們能否比個案中的警察做得更好？

　　第一個歷史例子：假設你身處十六世紀。你聽到有人說，重於空氣的東西是無法飛行的。你如何證明這個陳述是錯的？

　　分析：這個陳述是一種概括說法。要證明它是錯的，只需舉出一個反例。而這個反例又是什麼？

　　鳥能飛，而鳥比空氣重。昆蟲能飛。哺乳動物也能飛，例如蝙蝠。因此，重於空氣的東西是可能飛行的，而且不只可能，還司空見慣。事實上，萊特（Wright）兄弟就是如此推論：如果鳥能飛，人

也應該能飛。他們認為真正需要了解的是，什麼樣的機制使重於空氣的鳥能夠飛行。有關這類機制的線索，也許可以從研究鳥類中發現。鳥有雙翼，這一點重不重要？鳥類有有力的飛行肌肉，這一點重不重要？鳥類知道運用尾羽來控制飛行，這一點重不重要？

瞭解我的意思嗎？

回到十六世紀，你可以透過簡單分析確認重於空氣的東西是可能飛行的。透過分析，你可以知道如何推導出重於空氣的東西的飛行原則。

第二個歷史例子：假設你身處十九世紀。英格蘭國王任命你為海軍部特別委員會的一員，負責研究鐵船問題。該委員會才剛於1858年經海軍大臣霸菱（Francis Baring）爵士簽署下發布了一份官方文件：「海軍部反對建造鐵船，因為鐵比木頭重，會沉入水中。」

你準備寫出不同意見了嗎？你會怎麼說？

分析：這個陳述偏離主題。鐵比木頭重，會沉入水中。那又如何？國王知道，絕大多數人也知道。為什麼要陳述一般人都知道的事實，難道你只是想尋求贊同？事實上，海軍部的陳述是一種延伸而簡化的論證。海軍委員會應該全盤考量鐵船與木船的優缺點，但它卻未能明智地就反對鐵船的理由進行討論，相反地，它提出的說法完全狗屁不通。我們如何知道這種說法狗屁不通？只要仔細想想：

陳述一開頭即提到「海軍部」。它不是以「我們」、「委員會」或諸如此類的稱呼開頭。看出其中的差異嗎？海軍部用它的威信與權威來打壓我們。海軍部自稱是海上事務的專家，言下之意就是我們全是笨蛋。海軍部試圖運用權力、影響力與勢力來說服我們接受它的意見，當它應該提出知識、事實、證據與理由時，它卻只想以權威要求我們信服。

基於對等級、特權、地位、身分、慣例、文化風俗、傳統、之前的經驗等等的尊重而接受他人意見，是一種不理性的作法，因為

我們並未就事實、證據與證明加以檢視。進步往往仰賴懷疑，而非順服。盲從權威，只會一次又一次地讓人類陷入動盪不安的時代。為何如此？為什麼未經思考依附權威是錯的？

它是錯的，因為權威通常是錯的。權威通常是錯的，因為它不正確地陳述或認知現實。在這種狀況下，尊重權威，就等於不尊重現實。

在某個領域擁有聲望，不代表在別的領域擁有權威。

海軍將領因各種因素而獲得崇高地位，這些因素包括貴族的身分、熟練的航海技術、海戰的勝利，以及政治上的人脈。海軍將領因為在上述領域有著卓越表現而獲得地位，但這並不能使他們在鐵船的問題上擁有特殊權威，鐵船屬於科學與工程領域，而非海軍部的問題。

如果你還不能了解，可以思考以下例子：電影明星是否是財經專家，可以提供你財經建議？

電影明星不可能在財經方面提供什麼有用的建議，足球員也是一樣。對於印度教的神聖經典，歷史可上溯至公元前1500年的《梨俱吠陀》（*Rig Vedas*），天主教神父也不可能做出什麼適當的評述（除非他另外鑽研過古印度教）。加州參議員巴克瑟（Barbara Boxer）不知道左輪手槍與半自動手槍之間的差異，她不可能對它們的相對安全性提出明智的看法。

然而，面對自己一無所知的課題，巴克瑟卻認為自己有充分的資格制定相關的法令。她是參議員，我們不是。我們的身分（與無知）迫使我們必須仰賴巴克瑟的（假）權威，並信任她的一言一行。但我們必須牢記，巴克瑟就像在自己領域之外運作的其他權威一樣，也有犯錯的可能。如果她犯錯，我們很可能就要為她犯的錯付出代價。

原則：當權威存有偏見時，它就不可靠。能認識偏見的來源與強度，便能得出與偏見的方向和規模相關的線索。

存有偏見的權威，不是權威。以《貝隆週刊》（*Barron's*）封為「網路股女王」的米克（Mary Meeker）為例。1999 年 4 月，米克給予每股 104 美元的意得公司（Priceline.com）「買進」評等。二十一個月後，意得的股價只剩 1.5 美元，跌幅高達 98.5%。另外，米克還勇敢地對雅虎（Yahoo!）、亞馬遜書店（Amazon.com）、網路藥商（drugstore.com）與居家商店（Homestore.com）發出「買進」評等。數百萬投資人聽從她的建議，賠上了所有財產。雅虎、亞馬遜書店、網路藥商與居家商店的跌幅分別為 97%、95%、98.9% 與 95.5%。這些股票下跌的速度既快又猛，我們不禁要問，為什麼米克一開始要推薦這些爛股。為什麼她要堅持她的投資建議，即使它們已經跌掉了 20%、40%、50% 以及 70%？

答案：我不知道。

不過我懷疑米克心中存有偏見。米克建議「強力買進」的每家公司，都支付了她的僱主摩根史坦利公司（Morgan Stanley Dean Witter）數百萬美元，來促銷它們的股票。摩根史坦利公司是否因為米克協助它們進行這件事，所以才付給她一年 1,500 萬美元的驚人薪水？

我想，當數百萬投資人被下跌的走勢搞得七葷八素的同時，米克、摩根史坦利公司以及它們促銷的卑鄙公司，正笑著前往銀行的路上。這是個案嗎？我希望如此，相信各位也希望如此。

1999 年，所羅門公司（Salomon Smith Barney）想說服美國電話電報公司（AT&T），運用它的承銷業務來將美國電話電報公司無線通訊部門的股票公開上市。問題是，所羅門的首席股票分析師格魯伯曼（Jack Grubman）數年來一直給予美國電話電報公司低評等。一旦所羅門打算為美國電話電報公司宣傳，格魯伯曼卻奇蹟似地改變

對美國電話電報公司的低評等，並建議「買進」。

理所當然地，所羅門被指定為主辦承銷商，並賺進數百萬美元；美國電話電報公司得到夢寐以求的成功首次公開發行，並募得數百萬美元；格魯伯曼也保住了 2,500 萬美元的薪水；至於廣大投資人在十三個月後則損失了一半的財產。

《投資人》（*Individual Investor*）雜誌將格魯伯曼選入「可恥名人堂」中。2002 年 12 月，格魯伯曼認罪，並遭罰 1,500 萬美元。這樣的事仍不斷上演。

原則：在完全接受專家的建議之前，先檢查當中有沒有偏見。

如果專家有偏見，他提供的資訊就不可靠。格魯伯曼存有偏見，因為他顯然擁有兩種身分：一方面是所羅門的投資銀行家，另方面又是股票分析師。格魯伯曼的工作是推銷電信部門，而他推銷過的電信族群股票，像是世界通訊、環球電訊等等，最後都成為泡沫，但他從未調降評等，直到這些股票跌掉 70%。

原則：權威可能出錯。有偏見的權威更容易出錯。

以此導出：

教訓：不要相信權威。要求證明。

記住，權威不只在自己不具專業知識或資格的領域中會出錯，就連處理自己勝任的處境也會出錯。

原則：專家連自己專精的領域也會出錯。

以此導出：

教訓：不要相信專家。要求證明。

回到船的問題。即使你覺得海軍部在鐵船問題上擁有專精知識，但海軍委員會擁有某種專精知識的事實，並不能保證它必定做出正確判斷。對現實處境的正確分析，以及長期而一絲不苟地搜尋真理，才是正確判斷的可能保證。對一切可得證據進行分析，也許能防止海軍部犯下一個讓英國海軍落後幾十年的錯誤。

訴諸權威的論證不合理。

援引權威作爲人們應該相信的理由的論證，稱爲**訴諸權威的論證**（argumentum ad verecundiam），拉丁文原義是「以尊重爲根據的證明」。在本例中，尊重的是權威，也就是海軍部。訴諸權威的論證，不合理地以尊重權威爲根據。

「我不只是大學教授，還是系主任，但我不認爲自己能逃過毒氣事件。能逃過的，反而是那些住在郡外破落地區的人。」[5]難就難在這裡：以尊重權威爲根據的論證，經常不尊重現實。系主任就跟其他人一樣，無法逃過毒氣事件。沒有任何特別的理由，能使權威獲得脫離現實的特別待遇。事實上，如果你仔細想想，你會發現訴諸權威的論證是一種轉移注意力的技巧，它使我們不去思考證據，朝著錯誤走去。事實上，在審視歷史之後，我們知道海軍部是錯的，而且錯得離譜。眞相是鐵船要比木船好得多，這是絕大多數現代船隻都以鋼鐵建造的原因。

原則：援引權威的論證忽視重點並轉移注意力，使我們無法全心思考證據。這種論證容易過度概括與阻礙理性思考，因此不合理。

以此導出：

教訓：如果有人以權威當擋箭牌，即便我們不加以鄙視，也應予以懷疑。專家可能出錯，當然也可能正確。專家是對是錯，並非取決於他們的權威，而是取決於他們對事實的分析與提出的理由。

海軍部的陳述看起來相當簡單而簡化。我們知道造船的工程問題必定極為複雜，因此可以認定海軍部的陳述在各種狀況下都不可能為真，因為通常而言，複雜問題不可能有簡單答案。我們暫且撇開海軍部陳述的真偽，先考慮海軍部反對鐵船的理由。

「鐵比木頭重，會沉入水中。」這句陳述缺乏重點，結論與前提無必然關係。但我們知道海軍部真正的意思。海軍部並非有意告訴我們鐵會沉沒，而木頭會漂浮。這件事實我們早已知道。相反地，海軍委員會是針對鐵船與木船的比較進行概括：鐵船會沉，而木船不會。鐵船確實會沉，這一點毫無疑問。但木船也一樣會沉，這一點也毫無疑問。海軍部知道木船經常沉沒，英王也知道這件事實。這是為什麼他想建造更好的船。這也是為什麼他吩咐海軍部進行研究。

要證明概括是錯的，只需一個反例。只要顯示有木船沉沒，我們就能證明海軍部的推論有瑕疵。此外，我們可以顯示鐵鍋在某種平衡狀態與比例下可以浮在水面。如果鐵鍋能浮在水面，鐵船應該也能。因此，應該檢視的問題，是哪類船比較不容易沉：是鐵船，還是木船？海軍部沒有能力思考這個問題，因為它對鐵船帶有偏見。海軍部的陳述也顯示它對浮力原理一無所知。

船舶無法漂浮的原因，不在於造船材料重或輕於水，而在於船身排開的水量。船身所受的浮力，等於船身排開的水的重量。希臘數學家與發明家阿基米德（Archimedes）發現了這個原理：物體沒入液體所損失的重量，與它排出的液體重量相等。因此，不只鐵船能浮在水上，若條件適當，水泥船也能浮。只要船身排出的水量比船體重，則任何類型的船都能浮在水上。海軍部的陳述充分顯示它不

了解船隻漂浮的原理，不管造船材料是木頭、鋼鐵、水泥，還是玻璃纖維。海軍部給了我們一個必須牢記的教訓：在政府的不當決策與專家委員會的錯誤意見中，無知確實扮演著重要角色。

原則：委員會可能出錯，而且經常出錯。

　　海軍部的決定是海軍委員會下的決定。在第六章，我們會討論為什麼委員會的決定經常出錯。在此我只想提醒你，與委員會中個別成員做出的決定相比，委員會的決定通常會更不合理。

原則：權威也有可能錯得離譜。

　　例子：美國戰爭部長在重要武器計畫上犯了離譜的錯誤：「這個想法實在太荒謬而不可能發生，我倒要站在艦橋上，看看那些笨蛋怎樣從空中攻擊戰艦。」[6]這是貝克（Newton Baker）對米契爾（Billy Mitchell）將軍的主張做的反應，後者認為飛機能以炸彈擊沉戰艦。像貝克這麼有才幹的人怎會認為當美國最好的飛行員攻擊戰艦時，站在艦橋上的他會平安無事？另一方面，飛機上的小型炸彈如何能擊沉巨大的戰艦？這是個重大的爭端。該如何解決？需要什麼樣的資訊，才能證明或反駁貝克的結論？
　　貝克最大的錯誤不在於他的看法，而在於他完全認定自己是對的。貝克相信自己是對的，乃至於拒絕讓海軍測試米契爾的想法。貝克滿足於眼前既有的證據，認為戰艦是由厚重的鋼鐵建造而成，而且又是難以瞄準的移動式目標。因此，身為當時美國主導戰爭事務最高權威的貝克，犯了讓自身信念指導行動的錯誤，而不去考慮其他原本可藉由測試來加以確認的選擇。
　　想想第二個問題：米契爾如何證明貝克的概括是錯的？
　　當哈定（Warren Harding）在總統大選中擊敗威爾遜時，貝克已

經退休，而米契爾將軍的小飛機飛行中隊卻將原本認爲是不可擊沉的無畏艦，永遠變成海床的一部分。

　　貝克很幸運，當測試船被擊沉時，他不用站在艦橋上。貝克與海軍部的錯誤說明某種類型的思考錯誤，也就是自以爲自己知道，但其實自己並不知道。他們的錯誤證明權威也會犯錯，而且是可悲的錯誤。當權威出錯時，通常是因爲他們對自己的知識過於自信，並且將自己的意見扣緊在單一的統計數據或事實上，此後，他們的思考過程就完全受這些數據或事實主導。

原則：無知在愚蠢決定中扮演著重要角色，尤其是委員會、政府委員會與政府官員的決定。除了無知之外，通常源於過度自信的剛愎自用，也是許多現代領導人的常見瑕疵，他們傾向於將自己的意見扣緊在主導他們思考的單一事實上。

　　以此導出：

教訓：雖然你毋須爲他人的無知或剛愎自用負責，但當你碰到這種狀況時，試著糾正他人的無知。當人們珍視的信仰或單一事實主導重要政策與行動時，試著提出客觀的測試。

原則：未能思考反面證據或反面立場，是一種推論錯誤。

　　鐵船的優點在於它不像木船會腐蝕與爬滿海蟲，這些都是困擾當時英國海軍的問題。鐵比木頭堅固，因此它比木頭更能抵擋海浪、強風與敵方砲火的攻擊。此外，鐵不像木頭那麼容易燃燒。很明顯地，海軍部並沒有想到鐵比木頭多了這些優點。因此，委員會的決定是在未清楚思考下做出的。委員會並未全盤考量鐵與木頭的優缺點與各種可能性，這意味著海軍部的思考非黑即白：鐵一定不

好，而木頭一定好。海軍部的分析簡單、簡化，而且愚蠢。事實上，如果仔細檢視海軍部的陳述，會發現它並不合理。這是個結論與前提無必然關係的陳述。由於過度簡化，委員會並未考慮與海軍部既有成見相左的大量證據。

鐵與木頭，哪一種最適合造船？當然，我們從現代的經驗與觀點已能知道答案，但我相信在海軍部提出荒謬陳述的當時，也能得出相同結論。我相信，藉由清楚思考，我們在當時也能認定海軍部的陳述可能是錯的。

預期思考經常造成過度概括，並因此導致錯誤結論。

基於事件的偶發本質，在理解事件（如鐵船爭議）時，事後會比事前容易得多。這不表示預期理解不可能，只是說明預期理解比回溯分析更困難、更不可靠。因為預期思考較不可靠，所以必須更為審慎，但如果適當進行，它通常能提供真實的現實觀點。

舉以下陳述為例：「會思考的機器？這根本不可能。」你對會思考的機器有何看法？可能出現這種機器嗎？還是不可能？要解決這個問題，我們可以用解決鐵船問題的方式，也可以用萊特兄弟解決飛行問題的方式。你可以將問題重述為確定主張的陳述，並且問自己，會思考的機器是否可能。然後試著找出例外來證明該主張是錯的。

問題重述如下：會思考的機器是不可能的。

如果這樣的東西不可能，則我們每個人如何在我們中空的圓骷髏頭中擁有思考機器？是的，地球上所有生物的腦子，不管是小蟲子還是大象的腦子，都是能思考的電化學膠狀物。如果這些電化學膠狀物能思考，為什麼未來不可能造出類似能思考的東西？很明顯地，思考機器不僅可能，而且現在就存在著數十億台這樣的機器。

既然如此，思考以下問題：未來是否可能造出比人腦更快、更好且更有效率（也就是更有效地使用能量）的思考機器？誰將製造這樣的思考機器？當然是人類。如果人類存活得夠久，必定能造出

比人腦更好的思考機器，正如人類造出比人體更好的飛行機器。藉由純粹理性思考的力量，我們可以歸納出在未來某個時候，人類製造的機器將不只能思考得比人類更好，還能擁有更敏銳的感覺、更高的道德標準、工作表現更好，而且玩樂得更好。這是未來的事，它必將發生。持相反意見的權威，只會被證明是錯的。

另一個相關的錯誤是權威歸屬的錯誤，並以錯誤的歸屬為前提進行概括。

錯誤的權威歸屬，是一種導致錯誤結論的錯誤。

舉以下陳述為例：「對於抽菸的健康危害，美國政府的現行政策必須改變，因為我看見柯林頓（Bill Clinton）總統抽雪茄。若他抽雪茄，則抽菸應該不是什麼壞事。」

柯林頓總統私底下做的事，與美國政府的健康政策並無關聯。因為柯林頓做了某事，而斷定我們也可以這麼做，是犯了角色混淆的錯誤：這是錯誤類比，因為我們並非柯林頓。這是過度概括，因為它推論柯林頓能做的事，我們也能做。這是個無法證明的假定，因為它假定柯林頓與我們都具有能做某事的某種特質。這個陳述牽涉到**你也一樣**（tu quoque）這種推論瑕疵，也就是藉由指控批評者做了相同的事（遭批評的事）來反駁批評，並將辯論轉移到不相關的議題上，然後以過度概括來延伸結論。

例子：「柯林頓抽雪茄，所以我一定也能抽菸。」

其他人是否抽菸，與結論並無實質關係。這種說法通常只是用來轉移焦點。這種思考錯誤的拉丁文名字的意思，是「你也一樣（做了）」。

「洛伊，你這個年紀不該工作這麼辛苦。你可能會得心臟病。」

「看是誰跟我說話。」

年齡與工作辛苦的問題並未浮上檯面。相反地，這段對話暗示說話者的年紀一樣年長，也一樣辛苦工作，所以這不成問題。

「他先打人。」即使真是如此，孩子也不該覺得反社會行為可以

藉此完全合理化。其他人做壞事，不代表你也能做壞事。

「喬治，如果我是你，我不會抽那麼多菸。」

「保羅，如果我是你，我也不會抽那麼多菸。」

回應者知道對方不是他，因此這段陳述不只是「你也一樣」，同時也與事實相反。與事實相反的陳述忽視證據，因此缺乏關聯性。

「米奇，我不認為你該喝酒。酒精會讓你的感官遲鈍，降低你對身體的控制力，甚至會讓你上癮。」

「老爸，你說的話誰信，你自己不就拿著一瓶威士忌。」

父親有責任告訴兒子，自己有多擔心他喝酒。父親自己並無道德義務要遵守自己給兒子的忠告。

「你必須戒菸，否則你會心臟病復發。」

「謝謝你的忠告，醫生。但我看到你在進房前才剛把菸熄掉。」

醫生有權利（或責任）告訴病人，做什麼事會對健康造成不良後果。但醫生沒有義務遵守自己對病人的忠告。事實上，醫生是否抽菸，與醫生對病人的忠告並無關聯性。即使醫生能抽菸，也不表示病人能抽菸，特別是那些有心臟病史的人。

偏見是過度概括的一種形式。

當我們對種族過度概括時，我們極有可能犯錯，並因此自食惡果，如同我住在肯塔基州的律師朋友說的故事一樣。這則故事有幾個禮拜的時間一直刊登在報紙頭版，記者一直想搞清楚警察的思考到底哪裡出了問題。看你能否找出哪裡出錯。警察該怎麼做才能把場面處理得更好？你如何能把場面處理得更好？

案例研究：兩名警員將巡邏車停在高速公路路肩觀察交通狀況。有個穿著藍西裝白襯衫、打著紅領帶的黑人開著一輛全新紅色凱迪拉克經過。凱迪拉克的速度符合行車速限。外表看來一切都合於規定，不管是駕駛狀況或牌照。儘管如此，警察還是開出警車並尾隨這輛凱迪拉克，之後便要求對方停車。

「有什麼問題嗎？」黑人問道。

警察只回了一句：「駕照跟保險證。」

一名警察檢查文件的同時，另一名警察掩護他的同伴。警察正處於警方所謂的「橘色狀況」，意思是有受到武裝攻擊的危險，但尚未真正遭受攻擊。

該有的文件都有，黑人於是又問警察為什麼他被攔檢。

「你等一下。」黑人得到這樣的回答，兩名警察回到巡邏車查閱牌照與駕駛人姓名。他們得到的回報是凱迪拉克並未通報失竊，也沒有針對這名黑人發出的逮捕令。此外，產權調查顯示，無人對該車行使留置權。該名黑人完全擁有該車產權，而且也未設定抵押權等帶有負擔的財產所有權。這輛新車是他付錢買來的。

得到這些資料之後，兩名警察走回凱迪拉克。警察說道：「下車。把你的雙手張開放在車頂上。」一名警察搜索駕駛人，另一名警察則提供掩護。他們並未發現武器。

此時，黑人開始說些讓警察覺得莫名其妙的話：「人民有保護其身體、住所、文件與財物之權利，不受無理拘捕、搜索與扣押，並不得非法侵犯。」

「你在鬼扯什麼？」其中一名警察說道。

「除有正當理由，經宣誓或代誓宣言，並詳載搜索之地點、拘捕之人或收押之物外，不得頒發搜索票、拘票或扣押狀。」

這段陳述很可能讓警察想到什麼，於是他們馬上在車內搜索毒品，但一無所獲。這名黑人於是逮捕這兩名警察。

問題：這名黑人有何權力或地位能逮捕警察？

答案：他是郡法官。

事實上，當他宣稱他是郡法官時，其中一名警察認出了他並喊道：「喔，該死！」

為什麼這名法官要逮捕警察？

法官以違反數條公民權利法律、濫行職權與騷擾等罪名逮捕這兩名警察。

什麼樣的思考錯誤導致警察鋃鐺入獄？

在我進行檢討之前，在我指出我認為的思考錯誤之前，請各位先自行檢討這件個案。思考警察犯了什麼錯誤。思考這些錯誤如何導致社會、政治與個人的災難。在你思考一段時間之後，接下來可以看看我的解釋。我的解釋並非毫無遺漏，只是作為建議之用。

首先，警察不該攔下凱迪拉克。

我們並不期望警察能夠邏輯思考，然而如果可以的話當然更好。但我們期望警察能夠守法。警察必須遵守憲法的規定。憲法是位階最高的法律，它規定除非違法或存在可能違法的合理證據，不得侵犯公民權利。

這就是法律。如果警察不遵守法律，就該接受刑事起訴。

其次，警察根本沒在思考。或者就算他們在思考，思考的方式也不適當。他們對處境的評估可能就像這樣：「這輛新凱迪拉克坐著一個高大的黑人。除了罪犯，所有黑人都是窮人」（過度概括）；「因此，這個黑人一定是罪犯」（由錯誤的過度概括演繹得出的錯誤結論）。

這個想法可能發展成更進一步的結論（也是一種錯誤），車子必定是偷來的，因為（警察認為）黑人不可能不以非法行為取得凱迪拉克。

如果警察願意清楚思考，他們將發現富有的黑人還真不少，包括運動明星、電影明星、政治家等等。因此，黑人必定是罪犯的過度概括，可輕易加以反駁。

第三，既然警察無權攔下這名黑人，當然也無權檢視身分證或駕照。他們應該知道，即使他們找到罪證，法院也不會採用為證據。但這並不能阻止他們繼續犯錯。

第四，當事實證明這名黑人擁有該輛凱迪拉克並且付清車款，警察卻進一步過度概括，認為他一定是毒販。過度概括的推論可能就像這樣：「唯有販毒的黑人才有錢買車。既然這名黑人買了車，

他一定是毒販。既然他是毒販，他的車上一定有毒品。因此，我們可以在他的車子上搜出毒品。」

廣告中的過度概括

大多數人都了解，廣告通常不合理。廣告不合理的原因很多，但在本章中，我想將重點放在過度概括上。

為了讓概括合理，它的基礎必須建立在證據上，而證據必須包括公平的樣本，而非刻意挑選的例子。知名電影明星使用麗仕香皂，頂多只能說明有人付錢請她代言。而明星拿的報酬越多，她的代言就越可能帶有偏見，而我們也越不該相信廣告。

廣告經常隱含缺乏保證的概括。

廣告中隱含的概括，指的是我們也該使用麗仕香皂。電影明星的代言，並未提供我們購買香皂的合理論證。如果數千名購買者滿意麗仕香皂，只有少數人不滿意，則它可能大賣且獲得好評。但一個電影明星的代言並不足以產生任何結論，因為她不能代表廣大的消費者。此外，嚴格來說，除非過度概括，否則廣告根本不能適用到我們身上。它也許適用於電影明星，但因為我不是電影明星，因此對我不適用。這類廣告的惡性訴求源於大眾希望自己能像電影明星一樣，或至少能像他們一樣有名。

廣告商希望我們能在潛意識中連結麗仕香皂與自己想成名（或許是成為電影明星）的祕密渴望。基於幾個理由，這個連結是虛假的，詳情將在其他各章說明。廣告商所利用的心理原則，就是一旦兩個物件在人類意識中聯結起來，則看到一個物件，就會想起另一個物件。這就是所謂的**捆綁的聯結**，因為這兩個物件在心智上被捆綁在一起。如果我們之前將黑色與白色聯結在一起，當我們想到黑色，則我們將想起白色，反之亦然。同樣的道理，貓會讓絕大多數的人想到狗，而 Lucky Strike 則讓人想到香菸。

　　麗仕的廣告希望你能聯結麗仕香皂與電影明星的魅力。當你在店裡看到麗仕產品時，廣告商希望你能購買香皂而不去考慮自己的購買原因。我甚至認為，廣告商希望你能不理性地概括這項訊息：或許適合電影明星使用的香皂，也適合你使用。此外，廣告商希望你荒謬地相信，使用麗仕能讓你格外出眾。

　　好了，我們現在知道明星代言並非購買香皂的好理由。但要是有人提供使用麗仕的親身體驗呢？你難道不會因此考慮購買麗仕？

　　還記得以前駱駝牌（Camel）香菸的廣告嗎？十個醫生有九個抽它，是否就能作為我們抽它的充分理由？它是否如廣告中醫生所說，對我們的 T 地帶（天知道那是什麼東西）有好處？注意，我之所以選擇歷史廣告，是因為藉由回溯，我們可以知道它們是愚蠢的錯誤。現在的廣告也依然同樣不合理。

原則：毋需在意產品代言者是誰。毋需在意產品的見證。

　　廣告商有時會將使用者的見證刊在廣告上。這些見證只能證明一件事：這些使用者喜歡該產品。昧著良心的公司可能收到 999 封抱怨香皂毫無用處及指控公司詐欺的信件，卻只收到一封稱讚的信件；如果公司只公開這封稱讚信而對其他信件祕而不宣，等於是以偏見篩選證據，因此任何對該產品的價值與受歡迎程度所做的概括都沒有意義。一如廣告的其他伎倆，見證創造出一種產品品質優良的幻覺，但實際上並非如此。事實上，絕大多數的使用者都認為產品品質不良。

教訓：廣告代言毫無意義，不應相信或遵從。

　　產品的概括結論，必須以審慎挑選與具代表性的樣本為根據，而不該以偏頗的選擇與令人懷疑的證據為根據。在廣告中，幾乎所

有證據的揀選都違反科學方法，並且表現出廣告商的偏頗。

偏頗證據背後真正的動機在於加強偏見。這一點值得我們留意，因為廣告商的確致力於蒐集我們能接受的事實，而刻意忽視其他證據。

小心個人偏好與錯誤結論和過度概括的關係。

如果我喜歡喝葡萄酒，我可能偏愛觀看有關喝葡萄酒對身體有益且能避免心臟病與中風的新聞。如果我希望理性地論證，我必須尋求衝突的證據來反駁這些報導。對葡萄酒有益身體的概括的自信，不該仰賴少數來自法國而明顯支持上述陳述的醒目報導，而應仰賴為找出反駁理論的例證而做的徹底調查。葡萄酒的概括必須以涵蓋充分廣泛領域的調查為基礎，其研究例證必須代表各種人群，例如像我這樣的人，而非僅限於法國人。法國人可能吃了其他能防止心臟病的食物，因此喝葡萄酒有益健康的說法可能言過其實。事實上，與喝葡萄酒相關的，可能是較高的社經地位、較多的蔬果攝取與較少的壓力，而這些都是降低心臟病與中風可能性的控制因素。有鑑於此，喝葡萄酒有益健康可能是種假性關係。如前面所討論的，即使關於葡萄酒的陳述滿足所有條件，它也應該是種**假說**，必須根據新資料而重新審視和修正。

廣告商精通不理性思考的技巧。幾乎沒有廣告商訴諸理性；絕大多數寧可採取斷言、反覆重述與捆綁聯結，這些都是非理性的過度概括。維珍妮妮細菸（Virginia Slims）不能讓妳變瘦，雖然這正是廣告商要妳相信的；廣告商找來年輕貌美的女性抽它，但它不能讓妳變美，雖然這正是廣告商要妳相信的；廣告商安排若隱若現的男人身影出現在背景中，但它不能幫妳招來男人，雖然這正是菸商要妳相信的；廣告商打上「我臉上帶著誘惑，做自己的決定」的廣告詞，但它不能讓妳成為自由獨立的思想家，雖然這正是菸商要妳相信的。

結論：絕大多數的狀況，廣告等於胡說八道。

以此導出：

教訓：不要理會廣告。

在進入第二章前，我們先簡短說明通則與例外。

通則不容許例外，否則就不是真正的通則。

例外能證明規則嗎？

想想這個問題。

你聽人說過幾次「例外證明規則」？這個斷言可以讓對方的批評中斷十五秒，但它卻是個毫無意義的陳述。通則不容許例外。如果例外存在，則證明通則錯誤。附帶一提，「例外證明規則」中的「證明」原本是指「測試」，所以這句話的意思是「以例外測試通則」。而這種反駁通則的方法正是我們所討論的：若能找到例外，就能證明規則有錯。

偽學者如我認為，「例外證明規則」這句斷言是拉丁文 Exceptio probat regulam 的拙劣翻譯，它的原意指規則涵蓋每個未被除外的事例。

不過，人生不如意事十常八九。

三段論法

對於耐心讀到此處的讀者，我要致上感謝之意。在進行複習與進入下一章，並且開始順坡而下通過本書剩餘部分之前，我們還要爬過最後一座小丘。這座小丘稱為**三段論法**（syllogism），這個詞源於希臘文 syn（綜合）以及 logizesthai（推論），因此意思是「綜合推論」。

三段論法是一種論證或推論形式，在當中，先做成陳述（通常有兩段），也就是**前提**，接著再從陳述導出結論。

例子：

1. 所有哺乳類動物都是溫血。（**大前提**〔major premise〕）
2. 鯨魚是哺乳類動物。（**小前提**〔minor premise〕）
3. 因此，鯨魚是溫血。（結論）

　　大前提、小前提加上結論，就是三段論法。

　　由於在每個定言三段論法（categorical syllogism）中都有三個句子，而每個句子可分成四式（全稱肯定〔A〕、全稱否定〔E〕、特稱肯定〔I〕、特稱否定〔O〕），如此便能產生 64 種定言三段論法。此外，每個三段論法有四格（也就是大詞、小詞與**中詞**〔middle term〕的排列），因此總共有 256 種形式的定言三段論法。

　　邏輯學家區別出**有效的**（valid）與無效的定言三段論法。雖然有效與無效對當代大多數學院邏輯體系來說相當基本，但我們在本書並不太關切這兩個概念，因為我們談的是實用邏輯，而不是形式邏輯，是用來協助讀者認識真理，而非協助讀者熟悉西方世界的知識遺產。然而，指出三段論法中最常見的錯誤也很重要，這種錯誤稱為「中詞不周延」（undistributed middle）。這個例子能告訴你形式邏輯如何運作，以及形式邏輯如何藉由研究前提之間的內在關係來評估真理。思考以下的論證：

1. 所有哺乳類動物都是溫血。（大前提）
2. 鯨魚是溫血。（小前提）
3. 因此，鯨魚是哺乳類動物。（結論）

　　在這個三段論法中，結論為真，但該結論無法從前提邏輯地演繹出來。前提 1 並沒有說所有溫血動物都是哺乳類動物。如果前提 1 的確如此表示，則它完全錯誤。事實上，許多證據顯示恐龍是溫血

（牠們是動物），而鳥類也是溫血（牠們是動物）。所以前提 1 與前提 2 並不能邏輯地導出結論 3，因為前提 1 雖然為真，卻不能包含有些溫血動物不是哺乳類動物的事實。我們再舉一個汽車的例子：

1. 所有福特汽車都是汽車。（大前提）
2. 我有一輛汽車。（小前提）
3. 因此，我有一輛福特汽車。（結論）

　　事實上，我的確有一輛福特汽車，因此結論為真。但這段論證不合邏輯，因為前提 1 並未陳述所有汽車都是福特汽車。事實上，如果前提 1 **確實**如此陳述，則它必定不正確，因為除了福特之外還有許多不同的廠牌。

　　在鯨魚與汽車的三段論法中，問題出在同時出現在大前提與小前提的中詞，因為它並未包含所有可能的溫血動物（例一）或汽車（例二）。技術性的說法是大前提的中詞不**周延**（distributed），也就是它無法適用在溫血動物類或汽車類的每個成員上。因此，結論實際上是為偽的概括。

　　有個非常著名的三段論法提供我們另一種觀點，說明三段論法的推論能給我們惹上麻煩：

1. 人都會死。（大前提）
2. 蘇格拉底是人。（小前提）
3. 因此，蘇格拉底會死。（結論）

　　這個結論為真，而蘇格拉底在喝下毒藥後死亡也證明了這一點。但這個三段論法只有在它涵蓋迄今為止所有的觀察時才為真，它無法邏輯地適用於未來可能發現不死之祕的世代身上。只要未來有一個相反的例子，就能反駁這個三段論法。

以下這個三段論法如何？你能找出瑕疵嗎？

1. 其他人會死。
2. 我不是其他人。
3. 因此，我不會死。

複習

　　把時間花在複習上一點也不浪費。神經學家發現，複習可以讓先前被活化的神經元網路再度活化的機率提高，以此固定我們的記憶。反覆再活化使大腦產生實際的結構變化，因而能促進回憶。因此，你應該複習。（注意，當你在導論末尾第一次讀到這段文字時，也許不明白其中的含意，然而第二次閱讀卻能讓你產生熟悉感。另外也要注意，我已做了演繹，因此你能拿你的演繹與我的做比較。）

練習

1. 重新閱讀本章所有重點。本章重點在原則、教訓，還有以粗體字標示的字句。讀完之後打個勾 □。
2. 大聲複誦本章所有重點，複誦之後打個勾 □。比起默念，大聲念出來更能固定記憶。比同一天讀兩次，隔幾天再讀更能固定記憶。複誦的次數越多，就越能固定記憶；不過次數也不要太多，四次就夠了。不要讓自己覺得在做一件苦差事。
3. 如何證明戴眼鏡的女人絕不抽菸的說法是錯的？如果你認為自己是對的，就打個勾 □。提示：這個問題的答案就在本

章中。如果你理解問題的答案，就能理解如何證明某些概括是錯的。

4. 你是否真的相信所有科學知識都是暫定的，而非不論任何時間地點都絕對爲真？如果你認爲自己是對的，就打個勾 □。

5. 貓會思考嗎？你怎麼知道？如果你認爲自己是對的，就打個勾 □。

6. 造成最不正確、不合理、虛假且充滿瑕疵的思考的原因是什麼？如果你認爲自己是對的，就打個勾 □。提示：這個問題其實不屬於第一章，而是屬於導論；如果你不確定答案，不要懶惰，直接翻到導論查閱。

7. 解釋爲什麼帶有**所有**、**總是**與**絕不**等詞語的陳述容易出錯。如果你的答案看起來沒錯，就打個勾 □。

8. 「抽大麻總是不好的。」爲什麼這樣的陳述有錯？當中涉及哪種思考錯誤？爲什麼我稱這樣的陳述爲**過度概括**？它是否也是非黑即白的思考？根據你對自己回答的滿意程度，打一個、兩個或三個勾 □□□。

9. 什麼是**證據**？什麼是最好的證據？如果答案正確，打兩個勾 □□。提示：這個問題的答案隱藏在本章中。我將**證據**定義成任何能指出眞理的指標。證據包括了事實、明智的實驗、清楚的推論、檢證，以及其他許多能指出眞理之路的形式與非形式邏輯。

10. 盲從權威的指示爲什麼不合理？順從權威的指示爲什麼會帶來麻煩？在什麼狀況下你必須順從權威的指示？提示：你該信任由自己駕駛747客機飛往大溪地，還是該信任已飛行這段航線無數次的航空公司機師？你認爲自己有能力修復滲漏的動脈瓣膜，還是心臟外科醫師？如果你認爲自己對上述問題給的可能解答沒錯，就打四個勾 □□□□。

11. 以下陳述哪裡不合理？「身爲邏輯書籍的作者，我可以主張

自己有能力診斷躁鬱症的病例。我能輕易判定，葉茨（Andrea Yates）無法邏輯思考，她在淹死自己的子女時已完全失去理智。」如果你認為自己是對的，就打個勾 □。提示：在某個領域擁有權威，不代表在另個領域也擁有權威。邏輯書籍的作者，不是法庭上的精神科醫師。導致葉茨淹死五名子女的心理或非理性機制的解釋，也許可以說明原因，卻不一定能為她脫罪，更不能加以合理化。

12. 閱讀關於「輕騎兵旅衝鋒」（Charge of the Light Brigade）的書籍，或是丁尼生（Alfred Tennyson）爵士以此為題的詩作。解釋為什麼由約六百名軍人組成的英國騎兵旅毫不畏縮地遵守錯誤的命令，雖然他們知道「某人犯了大錯」。在克里米亞戰爭的巴拉克拉瓦戰役（Battle of Balaklava）中，為什麼這群騎兵在面對俄國重砲部隊的不利情勢下仍要進行英雄式但卻徒勞的衝鋒？如果你知道命令是錯的，即使是軍事命令，遵守它是合理的嗎？為什麼美國軍事人員宣誓遵守「合理與合法」的命令，而非宣誓遵守所有命令？如果你願意查閱衝鋒始末或閱讀詩作，就打兩個勾 □□。如果你確實做到這兩件事，就打五個勾 □□□□□。

　　如果你已做完以上練習，就重新閱讀本章相關部分，檢查你對上述問題做的回答。若你絕大部分都答對了，就在此停留片刻，獎勵自己一下。簡單的鼓勵，有助於固定記憶。嘉勉良好的工作表現，可以促進大腦有效運作。

　　如果你不想檢查答案，就繼續進行下一章，學習溝通窒礙的常見原因：模糊定義。

第二章

模糊定義

　　本章討論的錯誤思考是**模糊定義**。正確的定義能帶領我們走向真理，模糊的定義則帶領我們走向錯誤。讀完本章之後，你應該能了解如何運用其中幾種定義，像是類定義、分割定義、特定判準定義或舉例定義，並且挖掘出人們話中隱藏的意義。

　　混淆的產生，是因為許多字詞擁有數種意義。在既定語境中，字詞的意義應保持一定，否則將造成混淆。混淆的產生，也是因為個別字詞擁有不同種類的意義，像是外延意義（明確或強調的意義）、內涵意義（字詞暗示或聯結著更廣泛的想法或觀念）、字詞歷史（當中隱含意義）與字詞氣氛（語氣），這些結合起來賦予字詞細微差異、諷喻、引喻、象徵與精煉的意義。有時這些性質可能造成誤解。

　　正確使用字詞，有助於做出精確表達、正確思考與正確結論。不正確、草率或令人誤解地使用字詞，會造成不精確的表達、不正確的思考、不正確的結論，有時甚至構成詐欺與欺騙。注意定義，能讓你了解如何更能發現真理與處理現實，也能讓你說出自己的意思，避免說出違反己意的話。

不同的定義，導致不同的結論？

　　字詞很重要，這一點無庸置疑，對複雜的人類思考來說，字詞更是重要。

　　如上一章說的，動物或許沒有字詞，但牠們會思考。動物或許能藉由粗略的概念聯結來思考，例如牛的腦子能聯結疼痛與柵欄、柵欄與疼痛。

　　年幼的孩子就像小動物一樣，或許不用字詞也能思考。我們知道成年人有時也不用字詞思考。昨天我開車到休士頓，但一直搞不清楚是怎麼開過去的。我並未有意識地指揮我的腳踩煞車或油門，也沒有用心思考與其他車子保持距離避免事故。我的大腦在駕駛時

處於潛意識層次，完全不用字詞。開車這種簡單任務可以如此，但大腦在處理更精細的事物時就需要字詞。

人類思想因語言而顯得精巧。劇作家喜愛的獨白看來也許愚蠢，但事實上，獨白真正的荒謬之處在於演員大聲念出內心的想法。大多數人都有獨白的經驗，我們跟自己討論事情、計畫事情該怎麼做，並評估處境。

你用什麼方式跟自己說話？當我對自己或自己做的事感到不悅時，我通常稱自己為「你」，我會說：「天啊，派頓，你當時真的把事情搞砸了。」當有好事發生時，我通常稱自己為「我」，我會說：「我要一個冰淇淋。」你又怎麼做呢？

與自己爭論，是相當常見的解決問題方法。這正說明思想對字詞的依賴，因此若要適當思考，必須正確使用字詞，否則我們無法達致真正的意義。問題在於許多字詞擁有數種定義或用法。如果一方使用的定義不同於他方使用的定義，混淆於焉出現。

舉例來說：酒精是食物、毒藥、藥品還是變體聖事，取決於這些事物的定義與酒精如何適用在這些事物上。

酒精每公克有七大卡的熱量。如果我們定義**食物**是攝取後能產生熱或身體能量的物質，則酒精當然是食物。如果我們定義**食物**是攝取後能轉換為身體所需的胺基酸、蛋白質、脂肪乃至於碳水化合物的物質，則酒精當然不是食物。

如果我們定義**毒藥**是攝取後在某種特定狀況下會致人於死的物質，則酒精當然是毒藥。如果我們定義**藥物**是能改變人類大腦功能的物質，則酒精當然是藥物。如果我們相信天主教會使用的葡萄酒（儘管所有的證據與現象顯示絕無可能），其酒精成分實際已轉變為耶穌基督的血，則酒精在某種特定狀況下的確是聖事。因此，酒精是食物、毒藥、藥物，還是聖事，取決於我們如何定義這些事物。

因此，定義是清楚思考與理性討論的關鍵。若果真如此，則為了使理路前後一貫，我們必須先瞭解我們指的**定義**是什麼意思，也

就是說，我們必須先定義定義。

定義分成兩種主要類別：類（genus）與分割（division）。**類**聽起來像是學院或生物學詞語，但實際並非如此。類定義的特徵，在於定義（意義）以句子形式陳述。例子：德州刑法典 1.07 節規定：「火器是一種裝置，經過設計、製造或改造，利用炸藥、燃燒物質或任何可轉換使用之裝置產生之能量，透過筒狀物發射投射物。」

所以，如果我被人發現攜有一把點二二口徑以二氧化碳壓縮射出子彈的空氣槍時，我不會因持有火器而被捕。空氣槍不符合火器的類定義，麻醉槍也是一樣。單發式的土製手槍雖然原本不是火器，但經改造後功能類似火器，如此就符合火器定義，若我持有它，將因此吃上十年牢飯。

留意少數幾個字詞造成的差異。幾個字詞能改變全世界，幾個字詞就能決定我的命運：我是否應受非難，我是否該去坐牢。定義很重要，這點毫無疑問。

原則：定義重要，而且通常很重要。

以此導出：

教訓：注意定義。

想想墮胎這件事。所有與墮胎有關的問題，取決於生命的定義。如果我們定義胎兒是人類，則墮胎是犯了預謀殺人罪或非預謀殺人罪（取決於**預謀殺人罪**與**非預謀殺人罪**的定義）。如果我們定義胎兒不是人類，而是寄生物，因為它（在墮胎時）無法脫離母體獨立生存，則我們的討論將轉移到選擇自由的問題。所以，關於墮胎的辯論，取決於我們對生命的類定義。

其實，幾世紀以來，天主教會一直允許在胎動之前墮胎，因為

聖湯瑪斯（Saint Thomas）認爲胎動是胎兒生命的起點。近來，天主教會改變立場，因爲他們更改生命何時開始的定義。現在，天主教會定義生命始於精子進入卵子之時，也就是受孕。由於生命始於受孕（根據定義），天主教會認爲墮胎就是殺人。殺人是錯的，因此墮胎是錯的。

定義的更動令人起疑，因爲聖湯瑪斯在天主教會中依然享有崇高地位。

分割定義是零碎的、分項條列的定義形式。火器的類定義可以分割定義如下：

裝置應視爲火器，若：

1. 裝置被製造、設計或改造以發射投射物。
2. 物體透過筒狀物被發射出去。
3. 用來產生發射能量的是炸藥或燃燒物質。

在分割定義中，更精細的作法是詳盡列出排除於定義之外的事物。例如：「本法所謂火器，不包含以壓縮空氣或其他氣體作爲發射動力的 BB 槍、麻醉槍或空氣槍。1899 年之前的古老與古董火器也在排除之列。」

分割定義在法律上相當重要。定罪或無罪開釋，通常要依據定義以及定義嚴格適用後的結果。

德州刑法典 46.035 節第 5 款規定，攜槍至遊樂園內非法，即使攜槍者有德州發給的持槍執照。

這樣的規定仍有模糊之處，直到我們查閱同節 f 條後才清楚瞭然，f 條規定：「第 5 款之『遊樂園』指常設之室內或室外之設施或公園，其遊樂器材爲公衆可得使用，其所在郡人口多於一百萬人，其涵蓋地表面積至少七十五英畝，周圍封閉僅透過管制之出入口供人出入，每曆年開放時間至少超越一百二十日，園內有保安人員二

十四小時進駐。」

哇！如果攜槍前往的遊樂園未能滿足以上任何一項片準，則擁有執照的攜槍者行為合法。從反面定義來看，我們發現，如果遊樂園非常設或沒有遊樂器材，或遊樂器材非公眾可得使用，或遊樂園所在之郡人口少於一百萬人（德州各郡多屬此類），或一年只開放一百一十九天，或少於七十五英畝，或沒有二十四小時保全，則該園並非德州刑法典定義之遊樂園，因此不受該法限制。

法律就像這樣，有著大量例外與奇怪曲解。法律充滿例外。亞里斯多德（Aristotle）說：「法律是沒有熱情的理性。」[1]我說法律是被例外打斷的理性。其他人說法律主要是例外，因為法律經常繞著模糊定義打轉，對法律來說，理性只出現在立法者投票通過特定法律語言的那一刻，不過絕大多數情況，投票通過法律的立法者甚至不知理性為何。

法律制定之後，成為焦點的，是法律本身，而不是法律針對的目的，正因如此，律師才有揮灑的空間。

以上的例子說明，精確規則會產生極大的漏洞。人們總能找出迴避法律的方式。正因規則太精確，漏洞才能存在。美國憲法是個簡潔的一般規則，它幾乎沒有漏洞，這是為什麼它能運作良好而持之久遠的原因。

還有一些定義屬於同義字定義、舉例定義或特定判準定義。舉例來說，該如何定義焦慮？

「焦慮是感到緊張」，這是藉由同義字判準做的定義。「當醫生在診間量我的血壓時，我感到焦慮」，這是藉由舉例做的定義。「焦慮是對莫名恐懼的主觀感受，配合上自律神經系統逐漸活躍」，這是藉由心理與生理判準做的定義。

以下將進一步說明定義，並適用在處境上。

1. 財產權主張有時以分割的方式詳述。你擁有財產是基於征服

的權利（在古時候是如此），從合法所有人購得（注意排除非所有人與非法所有人），或繼承、婚姻，或契約（如清償賭債）。如果你住在一塊土地上二十年，地主並未要求你搬離，則你可主張時效占有或無權占有者取得權而取得該地所有權。以上條列是所有權的分割定義。如果你能顯示自己合於上述任何一項判準，則法院將承認你的所有權，郡保安官將出面逮捕侵入你土地的人。

2. 許多醫學診斷是根據分割定義而來。想想紅斑性狼瘡的診斷：

a. 面頰部紅斑

b. 圓盤狀紅斑

c. 光敏性

d. 口腔潰瘍

e. 關節炎

f. 漿膜炎

g. 腎臟問題

h. 神經問題

i. 血液問題

j. 免疫問題

k. 對抗細胞核的抗體

醫學教科書寫著：「如果疾病期間出現其中四項症狀，則紅斑性狼瘡診斷的確定性達 98%，敏感性達 97%。」[2]

聽起來很科學，不是嗎？但果真如此嗎？如果病人只有其中三項症狀，但死後驗屍發現死因是紅斑性狼瘡，那該怎麼辦？我就曾有過這樣的病人。基於某個定義（驗屍報告），這名女性病患患有紅斑性狼瘡，但基於另一個定義（醫學教科書上的標準定義）則否。如此，我們是否該判定她死於她未罹患的疾病？這裡的問題其實和

「酒精是食物、藥品，還是毒藥」的問題一樣。

紅斑性狼瘡的類定義，能否協助澄清這個情形？對於這個問題，你可以自己想一下答案。它的類定義是：「紅斑性狼瘡是病原不明的疾病，患者之組織與細胞遭受病理性自體抗體與免疫複合體的破壞。」[3]無怪乎醫生似乎總是在爭論誰得了什麼病，還有該用什麼療法。

原則：有些醫學詞語不具太大意義或不具真實意義，因為它們與現實的關係或相符程度令人懷疑。

順道一提，我必須說每天用在病人身上的醫學詞語幾乎不具任何意義，而且它們的數量還多得驚人。懷疑論者甚至會說，它們不具意義的原因是刻意的，目的在於隱藏醫生的無知並迷惑病人。

但這是題外話。原則很清楚：

原則：醫學診斷通常根據高度可疑的定義，這些定義或許能、或許不能適當地反映現實處境。

以此導出：

教訓：醫學不是科學。模糊定義使得醫學有其局限，而這些模糊定義多半源自不完整、不精確與瑕疵的知識。

我不是在批評醫學或攻擊醫生，我犯不著這麼做。我自己是醫生，我的妻子、女兒與女婿也都是醫生。我只是幫助大家面對事實。目前的醫學知識，恐怕比你與絕大多數人想的還要不牢靠。

不管醫生爭論的是疾病或診斷、墮胎或其他事物，其中有相當多的爭論源自爭論者未定義自己使用的詞語。他們相信自己爭論的

是事實問題，但真正的爭議其實是所使用的詞語的定義。

在墮胎爭議中，你可以定義人類具有以下特質：一個頭、兩隻眼、兩條腿、一顆心臟等等。然後，你可以顯示受孕時胚胎並未具有這些事物；因此根據定義，它不是人類。

另一方面，如果你定義人類是能終生供應人類基因物質的生命體，而且一般而言是完全而獨立的生物，則任何胚胎從受孕那一刻起就有資格稱之為人，試管受精卵與幹細胞亦同。

墮胎爭議源於社會對生命起點看法的不同。在這個領域中，並無新奇的客觀事實可供發掘，亦無原創的生物研究可供進行。真正需要的，是可以解決這個議題的哲學反省，好做出大家都能接受的決定，藉以在從受精到出生的連續過程，畫出在單純的生物存在與真正的人類存在之間的界線。

番茄是水果、蔬菜或漿果？從日常的角度來看，番茄是水果或蔬菜，取決於使用的定義。當然這是個會引起爭議的問題。對我來說，這只是言詞問題。如果你定義**水果**是植物包有種子的部分，則番茄明顯是水果。如果你定義**蔬菜**是取自菜園的可吃之物，則番茄是蔬菜。就植物學來說，番茄是漿果。但根據美國最高法院在 1880 年的判決，基於稅捐目的，番茄不是水果或漿果，而是蔬菜。番茄到底是水果、漿果，還是蔬菜？

誰知道？

這取決於我們意指為何，也取決於定義。

只是因為政府或某些官員做了定義，並不能決定事物是什麼。

我記得雷根（Ronald Reagan）總統曾要求學校的營養午餐應視番茄醬為蔬菜，以合乎聯邦的學校午餐營養規定。絕大數人都認為番茄醬是調味醬料，主要成分通常是番茄，但有時也添加其他食材，如洋菇。儘管總統提出意見，番茄醬仍非蔬菜。當雷根把番茄醬加到乾酪中，並且說乾酪如果沒加番茄醬，味道簡直糟透了時，他為自己惹來更多麻煩。結果，他失去了威斯康辛州的選票。

　　有些定義受到文化限制，並且因地而異。索馬利亞人對「貧窮」的定義完全不同於美國人。事實上，美國官方定義為「貧窮」的所得水準，與索馬利亞認為相當富有的所得水準相差無幾。

　　生物學的科學分類具有選擇性格。定義的產生，往往是選擇的結果。舉例來說，在分類鯨魚時，若以移動方式為準，則牠們與大象同類；若以智力為準，則牠們與人類及巨猿同類。以此觀之，現今以繁殖方法及哺乳為準的「科學」分類，其實並非絕對。

　　每一種對鯨魚性質的認知，都是合理、正當與有用的；每一種知覺方式，都專注於動物的某些有趣特徵，並以該特徵為依據，強調動物之間的意義關係。說唯有某種特徵才能捕捉事物真正本質，等於是惡意貶損生物世界的複雜性，使其淪為單調乏味之物。

　　重點是什麼？

　　重點不在於爭論什麼是火器，什麼不是火器；不在於討論什麼是人，什麼不是人；也不在於告訴你番茄是水果、蔬菜，或漿果。重點不在於告訴你「貧窮」這個詞在索馬利亞指的貧困水準不同於美國，也不在於捨棄鯨魚目前的生物學分類。

　　真正的重點，是清楚證明定義在導出結論上的重要性。有人甚至認為，一旦接受某些定義，則幾可自然而然地導出某些結論。

　　所以要小心，確定自己知道自己在說什麼，確定自己知道別人在說什麼。

教訓：注意定義。它們會是理解的關鍵，而且會造成極大差異。

你真的知道「民主」是什麼意思嗎？

　　前面提到，許多字詞擁有數種意義。有些字詞擁有單一特定的意義，使用時不會造成混淆。一般同意，**氫**指的是只有一個質子與一個電子的特定元素；**夸克**指的是原子核中的粒子，而三個粒子構

成一個質子或中子；**胰臟**指的是腹部的外分泌與內分泌器官。這些字詞的意義多半沒有爭論，彼此間也不混淆。

其他字詞則相當不同。當我們使用較抽象的字詞如**法律**、**自然**與**民主**時，往往出現極為分歧的詮釋。

這類字詞的麻煩之處在於它們說得太多，表現的概念範圍太廣、太複雜。每個字詞在每個人心中各有不同意義。讓我們以**民主**為例。

閱讀古老的文獻，如色諾芬《遠征記》，我們發現希臘的將領與軍官是選舉產生的。事實上，希臘軍隊每天開會，一般士兵在會中可以自由表達意見，例如該做什麼、何時去做、由誰去做。此外，在會議中，在場士兵多數通過的提案才可付諸實行。希臘士兵認為，不用選舉的方式指揮軍隊是一種奴役，而聽命於非經選舉產生的軍官則是奴隸的行徑。

相反地，美軍將領由總統任命，參議院批准。美軍士兵不能像古希臘士兵那樣對重要日常問題進行投票，乃至於表達意見：你希望今天由誰帶兵？

事實就是如此，就古希臘人對民主的理解，他們不認為美軍民主。而他們應該很了解民主，事實上，**民主**是希臘文，意思是**人民**（demos）組成的政府。

另一方面，大多數美國人心中的民主定義也大不相同。大多數美國人認為軍隊民主的觀念荒謬、愚蠢而不可行。對大多數美國人而言，民主不是人民組成的政府，而是個人自由，以及如果人民想要的話，人民有能力更換政府。如果這是民主的定義，則美國是民主國家。如果這不是民主的定義，則美國不是民主國家。

冷戰期間，共產主義蘇聯與資本主義美國針對哪國政府才是真民主，展開一連串辯論。俄國人主張他們是民主國家，而美國不是。對俄國人來說，民主指生產工具共有的無階級社會，而俄國已做到這一點，美國則尚未實現。俄國人認為最高權力由一小群人把

持、人民無法發表意見，以及個人權利被壓制，與是否民主無關。

由於使用不同定義，蘇聯與美國互控對方不民主。爭論的重點，在於我們應該使用哪種民主定義。若使用美國的定義，則美國是民主國家。若使用俄國的定義，則俄國是民主國家。

究竟哪種才是民主的定義？

更重要的是：我們是否該為這個爭議開戰？我們是否該為有爭議的定義開戰？

看到了吧，定義的問題並非微不足道，因為戰爭絕非微不足道。事實上，重大戰爭往往為了比定義還不起眼的小事而起。或許俄國與美國的民主定義都不充分。或許我們必須使用其他不同的定義。林肯（Abraham Lincoln）在蓋茨堡的演說如何定義民主？他的定義是哪一種？「民主是民有、民治與民享的政府。」

如果你猜上述說法是分割定義，那麼你說對了，因為定義被分解，就像古高盧一樣被分割成三個部分。若你回答類定義，則就定義以完整句的方式陳述來看，你是對的。如果你猜這是舉例定義與特定判準定義，你仍是對的。

讓我們使用林肯的定義思考美國政府。根據林肯的定義，美國政府是否民主？

項目一：民有的政府的意思，是人民擁有並控制政府。根據林肯的說法，具正當性的政府，是被造來讓人民使用的工具，政府無法獨立存在，必須由人民指示政府該做哪些事，而非由政府指示人民該做哪些事。

這是否為當今美國的實態，值得討論。要判別事實，就必須考量大量證據。最近，人們才得知，對於控制著政府的政治人物，遊說團體（2002 年 1 月為止，登記的團體有六萬四千個）、公司企業與大財團可以有多大的影響力，這讓人不禁懷疑，美國是否真如林肯所說的，是個由人民擁有與控制的民有政府。或許，擁有政府的，是自私的商業利益，而非人民。

　　項目二：民治的政府。這是個大問題，大多數人覺得政府與他們毫無關係。據我所知，大多數人覺得自己受到政府的騷擾與控制，而非他們騷擾與控制政府。除了選舉日，真正的權力似乎從未掌握在人民手裡，而是在官僚手裡，也就是官治的政府。

　　項目三：民享的政府？這個問題留給各位思考。我懷疑，絕大多數證據顯示當今美國政府是為特定利益團體服務，而非為全民服務。

is 惹出的大麻煩

　　讓我們想想一個只有三個字母的單字的意思：lie。光是這個字，字典裡就有十種定義，其中包括「躺下」以及「說謊」。如果我對一個年輕女性說，「I want to lie about you.」，她該做何反應？她該告我誹謗，還是性騷擾，或是兩者兼有？她該和我一起跳上床，還是把我當成敵人般避之唯恐不及？或者，她該先發制人，打我一巴掌？

　　有時小字的意義造成混淆，是因為人們沒有注意到小字有多種意義。以「The coffee is cold.」（咖啡是冷的）為例，is 這個字技術上來說是述詞，因為它確切描述咖啡目前的狀態。另一方面，「There is a God.」（有上帝）這句陳述包含完全不同的 is，此句的 is 不是述詞（雖然它看起來與第一句完全相同）。在有關上帝的陳述中，is 技術上來說是一種存在斷言。is 的雙重意義導致**謬誤**（fallacy），亦即混淆了動詞 is 的雙重意義，而 is 也反映出動詞 to be 的雙重意義。

　　動詞 to be 有許多用法，但主要用來表示性質的歸屬（作為述詞的 is）與存在的斷言（作為存在斷言的 is）。謬誤之所以出現，是因為在文法上，事物的存在斷言，類似於事物具有某種性質的述詞，而這使得存在斷言有如述詞一般，似乎以存在已被斷言之事物的存在為前提。於是，肯定的存在斷言成為錯誤的循環推論形式，稱為

套套邏輯（tautology）。而這整個過程被稱爲**套套邏輯的推論**。

「他很窮困，因爲他身無分文。」「我們的年報每年都會製發。」「無家可歸者之所以無家可歸，是因爲他們沒有家。」以下是小布希總統的套套邏輯嘉言錄：「低投票率，表示前往投票所的人數不多。」「破壞環境的不是污染，而是水與空氣中的不潔之物。」「我們進口的物品，絕大多數來自國外。」

聽了這些套套邏輯之後，我們腦袋還是一片空白。跟之前相比，我們並未增添任何資訊。由於套套邏輯無法讓我們更接近真理，也未能給我們現實資訊，因此我認爲它是一種思考上的錯誤。

「華盛頓（George Washington）不是死於 1999 年，就是死於其他年分。」

就某個層次來說，如語言學層次，有些人也許認爲這句陳述爲真。我卻認爲這完全是虛言空語，因爲它沒有告訴我們任何事情。我們讀了這句話，跟沒讀這句話一樣懵懂無知。事實上，這句陳述總是爲真，因此它是套套邏輯。這個陳述的形式證明如下：

令 P 爲「死於 1999 年」。

令非 P 或 ~P 爲「不是死於 1999 年」。

令 T 爲真，F 爲僞，而 P ∨ ~P 爲「P 或非 P」。又，**或**指「或」的包含義：其一、其二，**或**兩者皆是。

陳述指做出確定主張的句子。真值表可以顯示特定陳述中各主張所有可能組合的真僞。因此，若 p 爲真，則非 p 爲僞。p 與非 p 所有可能組合及其真僞，可以用真值表符號表現：

p	~p
T	F
F	T

真值表可以便捷地告訴我們，這裡只有兩種情況。情況一：若 p 爲真，則非 p 爲僞。情況二：若 p 爲僞，則非 p 爲真。p 只有兩種可能：真或僞。非 p 只有兩種可能：僞或真。因此，所有情況與可能可用以下真值表描述：

	P	~P	P∨~P
情況一	T	F	T
情況二	F	T	T

由於 P∨~P 恆爲真，因此這類陳述無法給我們新資訊，它們是套套邏輯。

記者：「總統先生，面對目前的經濟處境，您打算怎麼做？」

杜魯門（Harry Truman）總統：「我們將採取一些措施，如果沒有效果，我們再採取別的作法。」

杜魯門的說法毫無實質內容，僅僅表示他將採取行動。

「爲什麼女性不能參加戰鬥？」

「因爲現有聯邦法律明文禁止美國武裝部隊的任何士兵參加戰鬥，無論任何命令與任何情況，除非他是身體健全的成年男子。」

這完全是鬼扯！這是答非所問與套套邏輯。發問者想知道原因，卻只得到政策重申而非理由。不陳述理由，是因爲要找出合理的理由，好排除受過適當訓練的女兵加入戰鬥，並不容易。政府態度的根本原因是過度概括：「所有男性戰鬥人員比所有女性戰鬥人員優秀。」如果這個概括爲僞，則政府有充分理由改變政策，而且政府也已經做出改變。有兩名女性在波灣戰爭中陣亡，被俘的更多於此數。

「過度小心不是好事。」這句陳述似乎重複了主詞已經包含的內容。凡事「過度」並不好，雖然我們瞭解這點，但如果我們能知道爲什麼過度小心不好，或是我們有例子證明在某個狀況下過度小心

不好，則我們將了解得更透徹。

否定的存在斷言有矛盾。

使肯定的存在斷言成爲套套邏輯的過程，也會使否定的存在斷言產生矛盾並導致混淆：「不存在」必定存在，因爲它是否定存在斷言的主詞。這種思考錯誤造成許多問題：舉例來說，因爲不存在是不存在，所以不存在存在；因爲未知被知道是未知，所以未知已知。同樣地，由於存在著不可能，因此未來可能（給定足夠時間）出現不可能。因此，不可能是可能的（古典的錯誤推論）。

動詞 to be 在意義上的混淆，可能使我們誤將不嚴謹的論證看成是堅實的論證，並使自己與他人陷於錯誤。英文以外的語言有時爲了避免發生類似問題，便試圖以幾個字詞來表示英文的 to be。例如，西班牙文用 estar 與 ser 表示動詞 to be 的不同面向。據說，這類的字詞在藏文中更多。

無所不在的小字 is 經常造成混淆，解決這個問題的是義大利數學家與邏輯學家培亞諾（Giuseppe Peano），他認識到 is（是）與 is a（是某類的一個成員）之間的差異，於是以特殊符號 ∈ 表示「是某類的一個成員」。藉由這個符號，類（class）成員的關係便能清楚區別於同一性（identity）、包含（inclusion）、蘊涵（entailment）或其他以 is 命名的關係。因此，雷納德是「狐狸」類的一員，可以用簡短精確的符號邏輯寫成：

雷納德 ∈ 狐狸

記住，∈ 指「某類的一個成員」，不可將它與 is 的其他意義混淆。另外兩個例子：

8 ∈ 數字

城堡 ∈ 堡壘與基地

讓我們對小字 is 再做一點探討，看你是否能找出之前提過的 is 其他意義間的差異。

「God is just.」（上帝是公正的），這句陳述的 is 是述詞，還是斷言，或兩者皆是？

我們已經明白，如果我們混淆 is 的意義，則我們可能假定「上帝是公正的」這句陳述與「咖啡是冷的」這句事實陳述同樣為真。

看你的答案是否與我的相符：上帝陳述與咖啡陳述兩者種類不同。上帝陳述只是斷言。「上帝是公正的」這句陳述斷言兩件事：藉由假定，它斷言上帝存在；藉由述語，它斷言上帝是公正的。除非經過證明，我們毋須相信單純的斷言，而且我們已經學過如何藉由發現例外來證明一般斷言。只要顯示上帝控制或監督下的世界存在著不正義，我們就能證明上帝不公正。

上帝存在的論證往往相當薄弱，而這種權充藉口的論證認為，上帝之所以存在，是因為我們無法證明上帝不存在，這實在荒謬。這種論證稱為**訴諸無知的論證**（argumentum ad ignorantiam）。

訴諸無知的論證藉由主張未被證明有誤來證明命題。某事未被證明有誤，不等於論證已被證明。然而，訴諸無知的論證卻受到無知者的廣泛使用：鬼一定存在，因為沒有人證明鬼不存在；幽浮存在，因為沒有人證明幽浮不存在。

研究下面這句陳述，說明它的斷言：「我們是主宰種族。」

我們指日耳曼人。這句陳述是希特勒為日耳曼人提出的主張。他主張

1. 有主宰種族。
2. 日耳曼人是種族。
3. 日耳曼人是主宰種族。
4. 既然有主宰種族，就一定有奴隸種族。
5. 既然有主宰種族與奴隸種族，則由主宰種族奴役奴隸種族。

主張 1 到 3 是原初陳述的一部分。主張 4 到 5 直接導自前三個主張，並作為陳述中隱含的**下位命題**（subaltern）。主張 1 到 5 為偽。你能證明它們為偽嗎？

為了避免歧義與其他許多困難，我們以符號邏輯的獨斷符號取代 is 這個字，這些符號並不遵照反覆無常的文法與語法，而是呈現出簡化的邏輯結構文法。思考以下例子：

a. 「The rose is red.」（玫瑰是紅的。）在這句陳述中，is 是將某個性質歸屬於某個稱為玫瑰的元素。

b. 「Rome is greater than Athens.」（羅馬大於雅典。）在這句陳述中，is 只是用來輔助說明二元關係，即「大於」。

c. 「George Bush is president of the United States.」（小布希是美國總統。）這裡的 is 表達了同一性。

d. 「Bill Clinton is a legendary liar.」（柯林頓是個傳奇的說謊者。）這裡的 is 指類（傳奇的說謊者集合而成的類）的成員。

e. 「To sleep is to dream.」（睡覺才能做夢。）這裡的 is 意味著蘊涵，因為做夢的前提是睡覺。

f. 「God is.」（上帝存在。）之前提過，這句陳述的 is 表示存在。

因此，a 與 b 的 is 是用來表示關係，這種關係亦可用其他方式來表達。但在 c、d、e、f 中，is 分別表達了不同的關係。這些 is 指稱的關係似乎有著共同形式，但特質其實各不相同，我們可以用符號邏輯的特殊符號來清楚表示這些關係：

c. 小布希 ＝ 總統
d. 柯林頓 ∈ 傳奇的說謊者
e. 睡覺 ⊃ 做夢
f. E！上帝

看到不懂的字，就該查字典！

　　許多字詞近乎同義，但卻表現出細微的意義差異；若能精準用字，將會使語言更加精確，也有助我們捕捉精確的語調與語義。舉例來說，在下列句子中，你會在哪句使用**父親的**（paternal），又會在哪句使用**慈父的**（fatherly）？

　　法官根據湯姆的_____權利下判決。

　　波普給瑪姬一個_____微笑，然後回頭繼續看報。

　　我會在第一句填入**父親的**，在第二句填入**慈父的**。**父親的**與**慈父的**分享相同的基本意義或外延意義，我也可以將**慈父的**用在第一句，而將**父親的**用在第二句；不過，一般比較為人所接受的作法是反過來，原因在於內涵意義，即字詞的次要聯結。**父親的**較為正式，也較適合法律脈絡；**慈父的**則較不正式，較適合於家庭情境。此外，**慈父的**可以延伸為理想的父親特質、個人溫情、愛、關懷保護等等。

　　除了外延與內涵意義，字詞還擁有氣氛與歷史，它們也同樣傳達出意義。在溝通或思考時，字詞的歷史與氣氛，往往和它們在字典中的嚴謹意義一樣重要。風格、心情與熟悉度，加上情感的渲染，往往在不知不覺中左右或影響我們的想法。例如，只要有人提到咖啡，我就禁不住想到阿拉伯；只要提到菸草，我就想到美洲原住民。landscape（風景）、yacht（遊艇）、algebra（代數）、holster（槍套）、avocado（酪梨）、shampoo（洗髮精）、pantaloons（褲子）、asparagus（蘆筍）、daisy（雛菊）、weenie（維也納香腸）、black out（燈火管制）、beat（節拍）、booby trap（詭雷）、allomorph（同位詞）、affricate（塞擦音）、pancration（古希臘式搏擊）這些字又會讓你腦子裡浮現什麼景象呢？

　　注意，如果你不認識這些字，不用放在心上，也毋須懷疑自己的能力，因為很多人都不知道同位詞、塞擦音或古希臘式搏擊是什

麼。當你看到不熟悉的字，會想到什麼？思考個一秒鐘。

　　答案：找本字典來查。

　　以卡洛爾（Lewis Carroll）《愛麗絲夢遊仙境》（*Alice in Wonderland*）中的敘述為例：「讓我想想，我大概往下掉了有四千英里……對，大該就是這麼遠的距離，可是我不知道我現在到了哪個經度和緯度。」（愛麗絲根本不知道**經度**或**緯度**是什麼，她只是覺得這兩個詞說起來很了不起。）

原則：字詞擁有意義。有些字詞擁有多種意義，而這些意義彼此之間存在著細微差異。有些意義你知道，有些則必須查字典。

　　以此導出，愛麗絲應該查查經度與緯度是什麼意思，而你應該牢記這個教訓：

教訓：當你對一個字的字義不清楚，你應該查字典。還有，看在老天份上，不要使用自己不知道的字。

　　我的口袋裡永遠放著索引卡，只要看到自己不確定的字，我就馬上記下。你也可以這麼做。寫下生字，當晚查字典。注意生字的外延意義與內涵意義。研究生字的氣氛與歷史。試著找出生字有沒有隱藏意義，因為接下來我們要談的主題就是隱藏意義。

嗅出隱藏意義，可以讓人生與事業完全改觀！

　　隱藏意義是個重要主題。在開始進行之前，你也許需要喝杯咖啡、起身做個伸展操，或散個步讓腦袋清醒一點。接下你要閱讀的內容，很可能會深深影響你的人生與事業，因此你應該全神貫注地學習隱藏意義，從而得到最大的收穫。

原則：每個陳述都有兩個意義——公開的意義與隱含的意義。

幾乎你聽到的每個陳述都至少有兩個意義，就是明顯意義與隱藏意義。這兩種意義又稱爲**公開意義**與**隱含意義**。公開意義只要從陳述的字面加以詮釋便能理解。隱含意義並不明顯，也不容易理解，通常必須更深一層地挖掘公開陳述的隱藏意涵。

「有兩件事我不能忍受：對其他文化的偏見，以及荷蘭人。」這句帶有偏見的陳述出自電影《王牌大賤諜二部曲：時空賤諜007》（*Austin Powers: The Spy Who Shagged Me*），它的公開意義很清楚，但隱含意義也不難看出，說話者事實上對荷蘭人有偏見。他聲稱自己沒有文化偏見，但其實卻充滿偏見，因此我們知道他是僞君子。

爲什麼存在著隱藏意義，我們並不清楚。我相信這是潛意識企圖以最基本的方式顯露眞理。我相信隱藏意義反映了人類固有的善性，在潛意識中提出合乎自然法的主張，就像熱力學第二定律，向量只指向一個方向，即朝向眞理而遠離虛假。我想這就是隱藏意義對想知道眞理的人有幫助的根本原因。

精神分析挖掘出隱藏意義。

爲了治療歇斯底里的維也納貴婦的精神官能症，佛洛伊德（Sigmund Freud）發現了潛意識。存在於潛意識之中的想法，經常喬裝成另一種形式在夢中出現，或是在不經意間脫口而出。雖然精神分析很有趣，但並非本章討論的重點。我們不會使用心理療法的沉悶技術來說明人們話中的隱藏意義。相反地，我們使用的只是清楚思考。

分析這句話：「我討厭參加宴會，因爲絕大多數的賓客都跟我不熟。」她話裡的意思是什麼？公開意義很容易理解而且切題。她不喜歡參加陌生人的宴會。但隱含的意義是什麼？

這名女性沒有明說，但實際上她告訴我們，對她而言，與不認識的人交談相當困難。她話中隱含的意思是：「我很怕羞。」

這句話聽起來怎麼樣？「我很冷靜。我**很冷靜**。**我很冷靜！**」

如果有個年輕女性說她很冷靜，而且聲音聽起來冷靜超然，我們或許可以相信她。但如果她反覆說著相同的話，而且語氣越來越強，最後甚至咆哮，則她只是試圖說服我們與自己相信一件實際上並不存在的事。她說話的方式與她說話的內容完全矛盾。此外，不斷說自己很冷靜的人，顯然比那些只說一次的人不冷靜。強調，尤其是不適當的強調，顯示說話者試圖說服別人相信。如果她想說服別人相信，可能當中存有疑慮，或許她對自己產生懷疑。因此，「我很冷靜」要比「我完全冷靜」聽起來可信一點。

「己所欲，施於人。」這句話又是怎樣呢？

這句話就是所謂的黃金律。它與最重要的人類行為誡命有著密切關係，這個誡命最早出現在舊約：愛鄰舍如同自己。

公開的訊息是什麼？隱含的訊息又是什麼？公開的訊息很簡單。隱含的訊息是自利是自然與基本的，利他則是衍生的。隱含的訊息，是人只能以愛己作為愛人的可靠標準。意思是說，如果沒有誡命，人總是傾向於寬以待己、嚴以待人。愛己是既定、不可避免與基本的倫理生活基準，而愛人必須透過誡命才會產生。基督教哲學因此承認，大量的自利、自我中心與自我關懷使個人能持續存活。沒有考慮到這一點的利他主義，不同意自利在任何狀況下都屬固有的利他主義，只會是一種受到誤導的想法，而這種短視的想法，源自充滿瑕疵的觀點——或許這正是馬克思主義的根本錯誤之處。未能考慮個人的自利，或許也正是共產主義失敗的根本原因，正因如此，在同樣有限的經濟資源下，共產主義為絕大多數人帶來的財貨與勞務遠不如資本主義。

看看下面這句陳述：「當我走進辦公室，所有人都會坐直身子，把腳從桌上放下來，並停止看報。不過，你是我的員工當中最有效率的，所以你雖然沒這麼做，但我不會放在心上。」

我們先停下來思考一下。公開的陳述是什麼？隱含的陳述是什

麼？你看出多少隱含意義？老闆喜歡的員工行為是什麼？不喜歡的
又是什麼？老闆真的不在乎員工的行為嗎？

　　答案：如果老闆真的不放在心上，那何必提出來？隱含訊息與
公開訊息相互矛盾，而且隱含訊息還特地以分割定義的方式，將老
闆不喜歡的行為一一列出。實際上，老闆希望自己進辦公室時會看
到員工坐直身子。他希望員工不要把腳抬到桌子上。他希望員工不
要在他出現時看報紙，甚至是不要在上班時間看報紙。如果老闆不
在乎他所列舉的項目，那麼他又何必詳細地一件件提出來？此外，
老闆也送出了一個隱含的訊息，如果效率降低，員工麻煩就大了，
因為唯有效率，才能讓他將功贖罪。

　　問題：如果員工破譯老闆話裡的隱藏意義，你想，員工能得到
什麼好處？

　　好的，你想出答案了嗎？有些好處一眼就可看出，不是嗎？當
我們做了符合老闆心意的事，我們很可能加薪，老闆也很可能會慎
重考慮我們提出的各種要求。當我們合乎與超越老闆的期望時，我
們更有可能獲得晉升以及其他能增進我們個人幸福之事。

　　但你是否嗅出老闆真正的隱含訊息？我認為，真正的訊息只有
兩個：「尊敬我」與「維持效率」。為了應付這種老闆，我會試著迎
合這兩件事，特別是尊敬，因為這是他要的。有時要弄一點逢迎拍
馬的技巧，也能滿足老闆的自我。無論如何，這值得一試。而我說
「值得一試」的意思，是「如果你有勇氣一試的話」。

　　另一方面，看出隱含訊息之後，你可以決定不再為這樣一個凡
事斤斤計較的老闆做事。你可能認為，這樣一個自我有著重大瑕疵
的老闆，他的領導風格不合你的胃口。你可以趁早離開，找另一個
符合你需要的公司。不管怎樣，看出隱含意義，可以讓你在競爭中
搶得先機，因為你比別人更了解真相，也就是現實處境。因為你更
了解真相，你便更能立於採取明智行動的位置上。

　　這個例子顯示，看出隱含意義，可以改善你的未來、提升你的

事業、擴大商業成功，並協助實現其他與個人幸福有關的目標。此外，看出隱含意義，也能影響兩個主要領域：協商與內部資訊。

這無需多想。每天你都在討價還價。每天你都會跟人協商。這些談話與討論可能繁瑣，也可能重要到無以復加。

舉例來說，要準時哄孫女上床睡覺，必須先對她的需要與渴望有一定了解。當我的孫女不想上床睡覺時，如果要強迫她進房間，她會作勢跟你扭打。但我的兒子與媳婦發現，只要他們三人一起用遊行的方式走進臥室，她就會乖乖上床睡覺，問題就解決了。因此，當他們希望她上床睡覺時，他們會宣布遊行開始，然後在客廳哼著遊行音樂並排成一列，三人一起快樂地走向臥房。由於我的孫女才十七個月大，她不可能以字詞思考，但她確實在思考，這一點無庸置疑。她清楚表明自己對上床睡覺的立場，而就某個意義來說，她也做了條件交換：如果能遊行，她就上床睡覺。「你給我某個東西，我就給你某個東西」，這是任何協商都會產生的結果，不管協商的內容是哄小孩上床睡覺，還是達成二十億美元的公司合併。我的孫女用順從換取遊行。注意，這裡的結果對雙方都有利，可說是雙贏。

不管是汽車推銷員、工會領袖，還是電話行銷員，協商者通常會掩蓋他實際上做的與想的。他想為自己取得潛在的最大利益，從你身上取得可能的最大讓步。他告訴你的真相（現實處境）越多，他越不可能取得超額收益。問題在於，為了有效對付你，他必須裝出一副親切的樣子，博取你的信任。因此，真正的協商者發展出一種技巧：他看似坦白，實際上卻未給予你任何有助瞭解真相（現實處境）的資訊。

慶幸的是，你已經知道如何讀出隱藏意義，而對方話說得越多，越可能露出馬腳。要聽出隱含訊息的最佳方法，就是專注聆聽對方使用的虛張聲勢的字詞。

虛張聲勢的字詞，讓我們認清說話者並未說出完整的事實。讓

我們檢視幾個這類的字詞，你就能了解我的意思：**理所當然、無疑、明顯、如你所預期、說真的、不令人意外、大家都知道。**當你聽到它們時，要小心，任何加了這些字詞的陳述都很可疑。它們顯示說話者試圖讓你把某些值得質疑的資訊當成事實。

如果遊艇業務員說：「當然，我能提供這艘船的最低價格就是如此。」你就該假定還有殺價的空間。我曾在 1999 年聽過這樣的話，當時那位業務員對我說：「當然，三萬四千美元是我能提供的最低價格。」如果他只是說，「好吧，醫生，三萬四千美元。就這個價，我們最多只能做到這樣」，我或許會放過他。於是，我回說：「我很欣賞你坦白告訴我，你必須跟某人商量之後才能降價。這樣吧，你去跟那個人商量，明天再告訴我最好的價格。」

注意我從他的陳述中抓到的小辮子。我不跟他爭論降價的問題，而是強調他陳述中的「我」字，將「我」解釋成既然他無法降價，那麼別人一定可以。由於強調別人能夠降價，我為他留了面子讓他找人商量，或者，讓他假裝找人商量，然後降低價格。

第二天，他打電話來：「太好了，醫生，告訴你一個好消息。我們把價格壓到兩萬四了。」

另外，你也要格外留意下面這些字詞：**順便一提、說句題外話、我差點忘了、既然話說到這裡、插一下話。**乍聽之下，接在這些字詞後面的陳述並不是重點，然而事實上正好相反。

「順便一提，這份工作可能需要夜間值班。」不用懷疑，我打賭這份工作一定要夜間值班。這是個重點，但卻被簡單帶過。聽到夜間值班，你可能想知道更多的細節，像是鐘點費的計算方式等等。

「附帶一提，我們的辦公室位在獨戶住宅區中，但分區管理委員會總是睜一隻眼閉一隻眼。」這完全不是附帶一提。過去分區管理委員會忽略違法問題，不表示將來它會放過。

「我差點忘了，房客有時需要沖洗化糞池。」你可以篤定一定需要，而且很快就要，而且還要房客自掏腰包。

　　還有一些字詞，是對方用來表示歉疚的，因為他無法提供你某些特殊要求：**那是不可能的，因為……；我希望我能做得到，但我不能，因為……**。通常他也會明確告訴你他能做什麼。當你聽到這些話，你可以相當確定他能提供你列在「因為」之後的任何事物，因為他很有可能做得到。不僅如此，他還可能給你更多。一般來說，對方越是試著解釋，就越表示他心口不一。所以不要被「做不到」給愚弄了；凡是說「做不到」的人，他們通常做得到。他們只是試圖勸阻你要求他們能給你的東西。

　　因此，「我無法幫你調薪，因為這麼做會讓預算出問題」，意思是指「我可以幫你調薪。告訴我理由」。

　　有些隱藏意義可能對你不利。事實上，這些隱藏意義讓人想都不願去想。舉例來說：「我不希望你離職。我希望我們能達成諒解。」公開的訊息相當清楚：照他的意思做，不然就離職。但隱含的訊息更糟：他要你離職，而且是盡快離職，或甚至直接退休。

　　「我仍然愛妳，但我接下來幾個禮拜都很忙。等我有空再打電話給妳。」不用期待他會打電話，他只是不想讓妳太難受。「仍然」傳遞了隱含的訊息，表示他對妳的愛出了問題。如果他這麼愛妳，他應該有時間打電話。沒人會忙到沒時間打通只說我愛妳的電話。

　　或者：「我倘死了丈夫再作新人，讓我生前死後永陷沉淪！」＊當哈姆雷特問他的母后葛特露：「母親，您覺得這齣戲怎樣？」葛特露的評論很合理：「我想那女人發的誓太重了。」葛特露知道伶后說得太過火。伶后不僅希望自己因再婚而受懲罰，還希望在婚禮前的當下（生前）就受懲罰，一直持續到以後（死後），而且她希望這個懲罰（陷於沉淪）能直到永遠。

　　由於伶后對自己的詛咒太極端，葛特露讀出的隱藏意義，是伶

＊　譯注：此句及以下之《哈姆雷特》譯文引自朱生豪譯本（台北：世界書局，1996），頁148。

后的誇大其詞是爲了戲劇效果，不可能是肺腑之言。伶后的陳述太誇張，而正因爲陳述太誇張，它很可能是違心的浮誇之語，也就是**超義務**（supererogation）。

知道對方話裡的隱含意義，提供了贏得協商、取得有利條件、預測行爲或讀出對方心意的重要線索。

知道隱藏訊息，也能幫助你明智地滿足對方隱藏的情感需要。以下是摘自托爾斯泰（Leo Tolstoy）《安娜・卡列尼娜》（*Anna Karenina*）的對話。安娜表達出什麼樣的隱藏需要？

弗隆斯基：我只祈求能了結這個處境，好讓我奉獻生命給妳幸福。
安娜：你爲什麼跟我說這種話？難不成你認爲我對你有所懷疑？
弗隆斯基：是誰過來了？也許他們認識我們！[4]

弗隆斯基最後一句該說的是：「我愛妳，安娜，全心全意愛妳，無論有誰認識我們，也不管誰走過來。」之後他應該熱情地擁吻安娜。弗隆斯基未能讀出安娜的隱藏焦慮，因而錯過了他該講的台詞。弗隆斯基未能理解安娜的需要，就是只有他對她的愛，才能讓她不再焦慮。他不懂自己那句公開意義相當情楚的話，爲什麼反倒讓安娜出現這樣的反應；他不知道安娜從他的話裡聽出可能的隱藏意義。

安娜原本認爲弗隆斯基對她的愛無庸置疑。當弗隆斯基企圖安撫她時，安娜從他的話裡讀出隱藏意義：弗隆斯基並未或從未像她原先想的那樣愛她。瞭解弗隆斯基的想法之後，更坐實安娜的焦慮，她才會有如此的反應。

在同一頁，托爾斯泰解釋弗隆斯基爲什麼未能察覺安娜的心思：弗隆斯基掛念他與安娜丈夫的決鬥。榮譽心將驅使弗隆斯基對空鳴槍，而他將等待卡列寧對他開槍。如果卡列寧真的開槍還擊，弗隆斯基可能會死。死亡的念頭盤據在弗隆斯基心坎，他無暇記掛

安娜，並且暫時失去平日的體貼。

運用邏輯來做出明智的投資理財選擇！

隱含的訊息可以告知危險。

暗礁與淺灘就在前面。破解隱藏意義，可以幫你避開麻煩。除了虛張聲勢的字詞外，還要注意錯誤的「積非成是的定義」，尤其該留心「言行不一」，因為它們通常是欺騙的跡象。投資者若能注意積非成是的定義以及言行不一，或許就不會在安隆案中損失慘重。讓我們先檢視積非成是的定義，然後考察言行不一。檢驗這兩種事物可以讓我們證明虛假，從而走向眞理。

我們曾定義**證據**是任何能指出眞理的指標。人們使用的廣泛傳布的定義是一種證據形式，它反映出個人對議題的思考。但當定義積非成是，我們將發現自己遠離眞理而走向錯誤。

2002 年 1 月 28 日，《紐約時報》（*New York Times*）報導了休士頓德州大學安德森癌症研究中心主任孟德森（John Mendelsohn）博士的說法：「孟德森博士表示，他已經謹愼迴避自己與生化科技公司英克隆的利益衝突。『我演講過許多次，我總是表示，我是英克隆的董事，也持有英克隆的股份。我總是這樣說明。』」

公開訊息是什麼？公開訊息是孟德森博士希望我們相信他是誠實的，對大眾坦誠無隱，而且總是如此。他提及的以及他覺得能取信我們的理由，乃是他在許多場演講中總是提到自己是生產癌症藥品 C-225 的英克隆的董事，並持有該公司的股份。稍後在本書中我們將學到，光憑斷言而無證據支持是不合理的；啓蒙運動哲學，要求我們只相信經由相關而適當的證據證明的說法。這是我們毋須相信孟德森博士的斷言的一個考量。另一個考量是他陳述中的隱藏意義。

孟德森博士不斷重複「總是」這個詞，以爲這麼做，他的陳述

就禁得起檢視。為什麼連說兩次「總是」？一次就夠了。或者應該說，一次應該夠了。因為他重複「總是」，他給了耳尖的聽者一個警訊：或許我們可以針對這個議題好好質疑他。因為他重複「總是」，使人對他的信譽產生懷疑。如果他完全相信自己說的且毫無疑問或保留，為什麼他需要不斷強調？我想那男人發的誓太重了。

順便一提，**總是**的意義是什麼？總是永遠意味著**總是**。所以，若我們能顯示孟德森博士有次演說沒有提到自己與英克隆的關係，則我們能證明他的斷言錯誤。但在這裡，這不是重點，因為我們想檢視的，是博士陳述中的隱含訊息是什麼。

隱含訊息是孟德森博士不知道**利益衝突**的定義。他混淆了**利益衝突**與利益衝突的揭露。此外，他認為利益衝突的揭露可以作為利益衝突的藉口，更糟的是，他想藉由混淆定義來混淆視聽。如果你無法用證據取信於人，乾脆鬼扯一堆理由，讓人傷透腦筋。

還沒說服你嗎？重讀一次博士的陳述。

他說他已經謹慎迴避自己與英克隆的利益衝突，但他也承認自己持有該公司的股份，還是該公司的董事。事實上，他承認他有利益衝突，而且還不只一個，是兩個：他是英克隆的董事會成員，也是大股東。

因此，孟德森博士自我矛盾。如果他謹慎迴避任何利益衝突，他怎會有這兩個衝突？兩個**矛盾**（contradiction）不可能同時為真，必有一個為偽。兩個相反的斷言不可能同時為真，必有一個或兩個同時為偽。結論：要不是博士自己搞混，就是他在說謊。

利益衝突的定義：如果受託人對其所為與信託地位有關之決定和行動而生之結果有個人利益，則受託人有利益衝突。這不是博士使用的定義，也不是他希望我們用來評價他行為的定義。

還是一樣，讓我們重讀一次博士的陳述。了解我的意思嗎？他不只告訴我們他有利益衝突，還告訴我們他有兩個。他告訴我們這些衝突是什麼。此外，他告訴我們，他使用了錯誤的**利益衝突**定義

作爲利益衝突的藉口。依我來看，改變定義要比實際的利益衝突更糟，利用改變的定義作爲利益衝突的藉口則更令人不屑。

原則：當定義積非成是時，不僅語言受到欺騙，有時連你也會受到欺騙。

以此導出：

教訓：當你聽到的定義不符合你知道的定義，要小心。有時候，這些陳述不實定義的人通常別有居心。

記住教訓之後，你是否相信孟德森博士對他自己協助研發與測試的英克隆抗癌劑 C-225 的價值陳述？你是否相信他，或者，你是否相信他對安隆獲利的陳述？是的，孟德森博士也是安隆公司的董事。關於這件事，後面會有更詳細的討論。

本書談的是清楚思考，以及如何辨別何時對方告訴你錯誤訊息。本書談的雖然不是心理學或精神醫學，但值此之際，了解一點心理學或精神醫學，可以深入洞察孟德森博士陳述的完整含義。這些心理學知識，來自我在哥倫比亞大學接受的精神醫學訓練，以及過去三十年在醫學中心看診的經驗。

防衛性陳述，需要進一步加以檢視。

孟德森博士的陳述具有防衛性，顯示他潛意識中存在著否認與轉移的心理機制，這種機制使他隱匿了某項事實：在某種層次上，孟德森相當關切自己與另一個領域所發生的更重要與更嚴重的利益衝突。在演講中揭露利益衝突，畢竟是件不起眼的小事，而正因它不起眼，才令人起疑：揭露是否是一種刻意的行爲，目的是爲了轉移焦點，使人注意小事而遺漏大事？換句話說，博士的防衛性陳述是否是一種騙術，將我們導離正題並隱匿真實？精神科醫師的訓練

就是往壞處想，我也不例外。

孟德森博士是稱爲爾必得舒（Erbitux）的抗癌劑 C-225 的開發者與主要研究者，這種藥物曾被當成仙丹妙藥廣爲宣傳，如今卻成了股票交易醜聞的焦點，涉入人士包括英克隆的管理階層、董事會成員以及管理人員的朋友，如史都華（Martha Stewart），而英克隆負責付錢讓 C-225 通過測試。在我寫這本書之時，孟德森博士是德州大學安德森癌症研究中心主任，這個機構在195名病患身上測試 C-225，卻**沒有**告知他們，中心主任孟德森博士在藥物與研究結果上有巨大的金錢利益。

根據 2002 年 7 月 1 日的《休士頓紀事報》（*Houston Chronicle*），一名中心職員在 6 月 30 日向從 2001 年 11 月開始接受治療的病人，告知有關利益衝突的事。而就在一個月前，美國藥物食品管理局指出，由孟德森博士及其同儕設計與進行的 C-225 研究測試有嚴重瑕疵，無法證明該藥物對病患有益。而在此一個月後，英克隆股價應聲倒地。

所以，孟德森博士也許謹慎告訴聽眾（其中絕大部分是醫生）他的利益衝突，但他卻未告知病患更重要的利益衝突：他利用病患做實驗，而且實驗結果攸關他個人的金錢利益。

因此，結論是孟德森博士可能試圖轉移人們的注意力，好隱匿真正的議題。注意到了吧，所有真理的發現，都是從仔細分析孟德森博士的原初陳述而來。這是爲什麼解開隱藏意義如此有用。

英克隆的破產，讓投資者與退休基金損失了數百萬美元，讓充滿希望的癌症患者徬徨無助，也引起美國國會對詐財與內線交易等罪名的調查，後者指向英克隆執行長瓦克沙爾（Samuel Waksaal）的前女友，就是生活居家大師史都華，而她也遭聯邦調查局逮捕，並依證券詐欺罪起訴。

哈佛大學講師與《新英格蘭醫學雜誌》（*New England Journal of Medicine*）前任編輯安卓（Marcia Angell）說道：「資訊的透明只是

最基本的要求。因為金錢利益可能會影響研究者，促使他提出對自己有利的研究結果。」[5]孟德森博士知道或應該知道這一點。從他寄給大學的電子郵件，可以看出他相當關注利益衝突的議題，但他並未將重點放在更重要的倫理議題上：儘管外界已知悉利益衝突的事情，他還是繼續進行藥物測試。

不經一事，不長一智。

事件的因果連結往往出於偶然，我們比較常做的，是解釋已發生的事，而非（完整地）預測將發生的事。英克隆就是一個例子，而我猜英克隆留下的爛攤子會比安隆更糟。

安隆的調查報告指出，在安隆破產的一年之前，安隆的管理階層在數字上灌進將近十億美元的獲利金額。此外，控管失靈使得安隆產生自利自肥的文化，犧牲的則是六萬四千名股東的權利。調查報告嚴厲批評安隆聘請的安達信（Arthur Andersen）會計師與公司律師，認為他們一路為瑕疵不當的決定背書。

在美國國會做證時，一名安達信的管理人員表示，他們曾在安隆公司銷毀會計文件。他說：「文件處理政策，反映健全的審計實務。」[6]質問職員之後，國會才了解，證人所說的「健全的審計實務」，指的是「財務上健康的」。安達信明顯扭曲財務健康的定義，並以特異的方式使用「健全的審計實務」一詞。安達信積非成是的定義明顯是錯的。這是語言的詐欺，並使得人們質疑安達信在會計業務的執行上是否出了嚴重問題。

之後，安達信被判犯了妨害司法罪，它的會計執照也被吊銷。安達信應聲倒閉。

未卜先知是不可能的，但明智的分析並非不可能。

民眾不可能在安隆倒閉之前知道所有細節，但卻可以藉由分析來嗅出端倪。1999 年，有人問我要不要投資安隆，我的回答是，巴菲特（Warren Buffet）、林區（Peter Lynch）和我都認為：「絕對不要投資你不了解的公司。」既然我不了解安隆的業務，我就不投資

它。如果你有機會明智地分析安隆執行長雷（Ken Lay）、財務長費斯托（Andrew Fastow）與孟德森的說法，你也不會投資安隆。如果你知道他們的利益衝突與言行不一，你更不會投資安隆。

利益衝突違反倫理，因爲我們對權力與財富的喜愛，勢必干擾我們的判斷。如果一件案子牽扯到法官的朋友、商業夥伴或親戚，則這名法官必須迴避裁判；在民事與刑事審判中，有無數爲了除去個人偏見的預防措施。

有個故事提到一個德州人向一個路易斯安那人解釋共產主義：「如果你的鄰居有兩棟房子，他必須分你一棟。」這項提議立即獲得路易斯安那人的認同。「如果他有兩部車，他必須分你一部。」仍是欣然接受。「如果他有兩艘船，他必須分……」德州人話沒說完就被打斷。「這怎麼可以，荷西，你明知道我有兩艘船。」

了解利益衝突，能協助你挖掘隱藏意義，並因此引導你更了解眞理。要發現利益衝突，必須分析言行不一。

言行不一多半發生在利益衝突的狀況。通常，擔任受託人的人嘴裡說一套，做的卻是另一套。舉例來說，根據《紐約時報》報導，孟德森博士大談英克隆前景看好的同時，卻行使選擇權賣出 90,226 股英克隆股票，獲得 630 萬美元現金。不久，藥物食品管理局拒絕批准 C-225 上市，英克隆股價應聲大跌。必治妥施貴寶公司（Bristol-Myers Squibb）向孟德森博士購買股票，價格是每股 70 美元。2002 年 1 月 26 日，英克隆的股價是每股 16.49 美元。到了 2002 年 6 月 28 日，股價只剩 8.02 美元，當天的金融版頭條新聞說，美國國會正在調查英克隆董事的利益衝突問題，其中當然有孟德森博士的名字。

原則：當人們言行不一時，行動的眞實性總是比較高些。換句話說，行動比說話更有分量。行動的證據比言語的證據更有力量。正因如此，倫敦皇家學會的拉丁文箴言寫道：「任何人所說的話，都

不能當成永恆眞理。」

以此導出：

教訓：當居於權威地位的人說一套做一套時，要小心。挖掘他們矛盾行爲中的隱藏意義。藉由分析言行不一，預測會出現什麼麻煩。並且一如以往，依造預測的結果行動。此外，想想言行不一成爲惡劣性格的證據的可能性。

以此導出：

教訓：聆聽人們的說法，但也要注意他們的行爲。如果人們說的與做的不相符，則應認定行爲是可信度較高的眞理證據。任何言行不一的行爲，都可作爲詐欺、虛僞、不誠懇或愚蠢的證據。試著運用言行不一的證據來評估他人性格，這會讓你獲益良多。一旦做出性格分析，便可預測未來可能的麻煩，之後則依照預測的結果行動。

你多半可以預測言行不一的人的行爲。若你回家發現，剛從肉販買來的半斤絞肉，其實只有七兩時，則你可以相信下次你再去買肉時，他還是會偷你的斤兩。

孟德森在英克隆的事情上騙了民眾與員工的錢，我們是否能基於過去的事實預言，如果他擔任安隆董事，也會發生相同的事？

以性格分析作為預測的根據。

分析過孟德森博士對公眾發表的陳述，並且從中得出與他性格有關的證據之後，你是否能預測他擔任安隆董事時會怎麼做？

試試看，你可以做個猜測。暫停一下，清楚而有系統地陳述你的猜測，孟德森博士成爲安隆董事會做出什麼行爲？

答案：成爲安隆董事後，孟德森博士在董事會許多最具爭議性

的決定上扮演了關鍵的角色，其中包括在 1999 年 6 月與 10 月批准當時公司的財務長費斯托成為合夥人。孟德森博士也支持安隆董事會擱置安隆內部倫理規定的決定，讓費斯托成為普通合夥人，因而導致安隆的毀滅。孟德森博士也是安隆審計委員會的成員，負責處理安達信的安隆審計帳目。

看到沒有，只要簡短分析孟德森博士的陳述，就能顯示英克隆與安隆可能觸礁沉沒；了解隱藏意義，就能避免投資安隆。

還不相信嗎？還需要更進一步的例子嗎？

前安隆執行長雷在招徠員工與大眾購買安隆股票的同時，卻出脫手中的安隆股票。這是言行不一嗎？你應該看得出來。

亞里斯多德的邏輯：兩個矛盾的事物不可能同時為真。因此，兩者中必有一個為偽。安隆股票要不是正如雷所說的值得購買，就是應該賣出。我們現在知道，事實是如果你像他一樣知道安隆的狀況，你也會像他一樣賣出安隆股票。

是的，雷說的話全是騙人的。他一方面奉勸大家這麼做，另方面自己卻做著相反的事。他獲利的同時，卻造成大眾的損失。

雷的行為違反受託人的責任，但從心理層面來說，他的行為可以理解。雷被收買了。同樣地，會計師也被收買了。其他安隆職員、安隆董事會、為安隆提出建議的律師、支持有利安隆的立法的政治人物都被收買了。所有人都被收買了，不管方式是什麼。

他們的行動可以理解，但不可原諒。事實上，他們的行動是為了自保。人不為己，天誅地滅。雷對員工與安隆股東的關心程度，遠不如對自己，這完全符合人性。從他的行動可以看出，他這種性格的人不可能不這麼做。

雷的基本本能是捍衛自己的財產。自保是叢林法則，它是如此基本的驅力，因此對行為有著深遠的影響。它甚至造成不專業的行為、對受託人責任的違反，以及犯罪行為。

要防止安隆案再度發生，必須採取制度性的控制，以預防利益

衝突、詐欺、言行不一等等。在此，我們比較關心的是，身為個人，我們應該怎麼做才能避免投資損失。如果股東知道雷言行不一，如何投資才合理？

投資的信心，來自相信董事與經理是可信賴的。當你發現執行長說謊，要小心。如果你持有股份，而你發現公司職員言行不一，你必須懷疑他的廉潔程度。如果你知道總經理不誠實，就該賣股票。如果你不知道總經理是否誠實，你必須假設他是不誠實的人，並且賣股票。

現在先暫停一下，運用你的分析力，想想這句環球電訊執行長勒傑爾（John J. Legere）在 2001 年 10 月說的話：「完全沒有破產的可能性。」

說明為什麼這句陳述可能是錯的。說明當聽到這類陳述時，應該有什麼動作。即使你的答案跟我不同，但如果你抓到重點，仍應視你的答案為正確。

這句陳述的重點，在於否定所有的可能性。由於絕大多數的事物存在著各種可能性，因此否定所有的可能性，必須費盡唇舌解釋，也需要證明。此外，陳述中加上「完全」兩字，表示破產的可能性遭到全盤否定。添上「完全」兩字，那男人發的誓太重了——他讓我們發現他的陳述必定為偽，因為破產很難說完全不可能發生。破產必定是可能的，即使只有一點點可能性。

如果勒傑爾的陳述為偽，則相反的陳述必為真：環球電訊必定有破產的可能。既然勒傑爾的陳述為偽，相反陳述為真，機警的投資人就該考慮破產的可能性。機警而懂得思考的人，當天就會賣出環球電訊的股票。

為什麼當勒傑爾表示環球電訊完全沒有破產的可能時，人們該賣出股票？

簡單。聰明的投資人，總是忽視公開訊息，重視隱含訊息。隱含的訊息表示勒傑爾在說謊。說謊的人不可信賴。此外，如果事事

都如此順心，他又何必出來鼓舞士氣？華爾街向來不相信這種鼓舞說法，而總是從壞處想，如果像執行長這樣的高層都要出面喊話掛保證，則實際狀況一定不妙，甚至是難以想像地糟糕。

之後，環球電訊的股價大跌，從每股 2 美元跌到只剩 0.01 美元。

2002 年 1 月 28 日，環球電訊根據聯邦破產法第十一章規定，申請破產保護。是的，就在執行長說環球電訊不可能破產的幾個月後，環球電訊的黑暗面終於浮現並宣告破產。

歷史沒有新把戲，總是不斷重複。安隆也是在執行長說破產絕無可能之後破產。

我猜勒傑爾可能不知道自己在說什麼。但你可以透過分析，在破產發生前**三個月**就知道破產是可能的。你有足夠的時間可以調查。你有足夠的時間在股價大跌前出脫持股。

下一課。虛假的陳述能讓我們瞭解勒傑爾多少？是否能讓我們反思他的性格？從他的性格分析中，你是否能預測他下一個陳述的真偽？「我將減薪三成，努力為環球電訊保留資本。」[7]

聽起來很不錯，不是嗎？他願意做出個人的重大犧牲，似乎對股東的痛苦感同身受，這實在太好了，但真的是這樣嗎？

你是否有興趣知道，2002 年 4 月 8 日的《紐約時報》 C5 頁報導，當勒傑爾告訴股東他會將 110 萬美元的薪水砍掉三成的同時，他卻接受環球電訊給他的簽約金 350 萬美元，以及環球電訊豁免他的1,000 萬美元貸款？

減薪只是故事的一小部分。勒傑爾沒有說出全部真相，他只說出他希望我們知道的部分真相。片面的揀選證據是一種錯誤思考，因為它會導致錯誤的結論。只看一部分證據，如減薪，我們也許會認為勒傑爾是個好人。但檢視過全部證據後，我們就不這麼想了。

這種省略是一種有意的欺騙。事實上，勒傑爾得到 350 萬美元的簽約金，而他積欠亞洲環球電訊（Asia Global Crossing，這是另一

家由環球電訊持有主要股份的公司）的 1,000 萬貸款也遭豁免。勒傑爾在交易中積欠美國財政部的稅款也由亞洲環球電訊代繳。因此，藉由減薪，勒傑爾為股東省下了 33 萬美元。但他卻從股東手中拿走了 1,350 萬美元，還有代繳的 360 萬稅款。因此，公司與股東的淨成本是 1,677 萬美元。股東損失與獲益的比率是 51：1，而勒傑爾個人獲益與損失的比率也是 51：1。

雷所做的事，是以大眾尚未得到的資訊為基礎而賣出股票，這稱為內線交易，是違背倫理的行為，因為它取得不公平的優勢。在某種條件下，內線交易是違法行為。如果未在交易發生當月之後十天內將交易呈報證券交易委員會，則該交易確定違法（除非該交易是賣出股票給原發行公司）。

知道內部資訊而不用查閱證交會的報告，這不是很好嗎？證交會報告說明公司內部的人做了什麼。這類的公開資訊有正面效果，因為陽光是最有效的殺蟲劑，但證交會報告少了最關鍵的資訊。當然我們想知道誰在什麼時候做了什麼事，但我們還想知道為什麼。為什麼他們賣股票？該如何取得那種未被報導的資訊？

答案：內容分析。內容分析能讓你洞察內部資訊，不用做太多研究就能演繹出原因。以下是內容分析的方法。

藉由分析一連串陳述的內容，有時能演繹出內部資訊。內容分析的技術，主要是從字詞與表達方式的使用與頻率中得出隱藏意義。

「瓊安昨晚跟我去舞會。她既時髦又可愛，還開了一部捷豹 XJ。她父親說他下禮拜會帶我們去看泰坦隊比賽。」如果你兒子總是在談女孩子，你可以確定他現在腦子裡都想著女孩。如果他總是談瓊安這個女孩，你可以確定他只醉心這個女孩。

當赫魯雪夫（Nikita Khrushchev）說「我們將埋葬你們」，你可以確定他的意圖絕非和平。你也可以猜想赫魯雪夫對於俄國是否能打贏美國存有疑慮，否則他為什麼要如此語帶威脅？如果他知道俄

國能輕鬆打贏，何必嚇唬美國？所以，你可以確信赫魯雪夫很懷疑俄國能否在戰爭中擊敗美國。他虛張聲勢的樣子，就跟許多虛張聲勢的人一樣。許多年後，我們知道赫魯雪夫確實是在虛張聲勢。在共產主義統治下，強大的蘇聯軍事機器分崩離析。

如果有人告訴你，你居住的城市稅率基本上反映市政府需錢孔急，你可以確定這些人基本上並未嚴肅看待這個問題，也沒有進行基本的翔實分析以瞭解這種說法是否基本上為真。因為如果他們真的做了翔實研究，就會直接講出結論，而不會使用「基本上」這個閃爍的詞語。

1973 年 2 月，尼克森（Richard Nixon）總統在國情咨文演說中表示：「基本上，國家的狀況健全，而且充滿希望。」此時正值水門案即將展開調查前夕，**基本上**這個防衛性的修飾語顯示，國家表面上（也就是與基本上相反）並不健全也不充滿希望。在這個例子中，我相信總統使用修飾語**基本上**的意義相當重要。隨後的事件證明我的推測是正確的。

原則：簡單的字詞也會有豐富的意義，特別是那些閃爍其詞的。

以此導出：

教訓：留意那些用來修飾陳述的簡單字詞。它們可以顯露隱藏的核心意義。

檢視以下從某知名軟體公司股東會摘錄的陳述：「我們的新產品未來將能贏回我們對 Dreamweaver 的競爭地位。」「裁員提升了員工的效率，並大幅降低成本。我們希望年底能再裁員六百人，使公司能轉虧為盈。」「當景氣回升，特別是當日本的景氣回升時，我們希望恢復我們原先的績效表現。」「7.0 版將取代我們之前已停止銷

售的產品。」「網路公司的困難很快就會結束，而它們將再度成為我們最大的客戶。」

上述陳述如果個別來看意義不大。但如果這些陳述一起出現在 2000 年某家公司的股東會中，則其隱藏的意義極為明顯：這家公司麻煩大了。

這家公司是奧多比（Adobe），當時它正與 Macromedia 的產品 Dreamweaver 一較高下。由於軟體需求減少，導致奧多比必須裁員。公司無法獲利。除非日本景氣回升，奧多比的狀況不會改善。7.0 版不是新產品，它只是取代原有程式的升級版。除非網路公司的整體經濟氣候改善，奧多比的狀況不會改善。

了解我的意思嗎？這些隱藏意義引起的疑問是：該做什麼？你會怎麼做？我會賣掉持股。事實上，我真的賣了，我在每股 93 美元時賣掉手上的兩萬股，後來它的股價跌到每股 16 美元。

還有一個實際的搶劫案例，發生在 1969 年我的紐約公寓裡。看你能否從內容分析中判斷搶匪會返回我的住處。當時我們一家人走進電梯，在電梯門關閉之前，突然衝進來一個人，他手裡拿著刀，抓住我的女兒，拿刀抵住她的咽喉，要我們把錢交出來。我把皮夾交給他。他叫道：「只有八塊錢！」我說道：「全部就這些。」搶匪露出猙獰的表情，用力推開我的女兒，然後逃逸。

兩天後，有人打電話給我：「醫生，不用擔心，我在地鐵垃圾桶找到你的皮夾。你的東西、信用卡跟駕照都在裡面。東西一件都沒掉。」

我告訴對方，為了感謝他安全把東西送回，我會給他二十美元作為報酬。他覺得報酬這個點子不賴。我跟他約好隔天下午六點把東西送來。

在此同時，我前往警察局，告訴兩名探員我確信第二天下午六點這個犯人會來我的公寓。當我說完之後，親愛的讀者，兩名探員問了跟我問你一樣的問題：醫生，你怎麼知道搶匪會回到你的公

寓？

對話中的哪個部分洩漏了來電者的身分？內容分析如何證明來電者就是搶匪？

答案：來電者說，所有的信用卡都在他那裡，東西一件都沒掉。如果他只是撿到皮夾，他怎能這麼確定？他能確定所有的信用卡與駕照都原封不動地擺在裡面，唯一的可能是他是搶匪。撿到皮夾的人無法合理知道皮夾裡的東西是否完整。

這應該是唯一合理的結論。內容分析證明來電者與犯罪有緊密關聯，而來電者自己最有可能是罪犯。如果這些判斷為真，則來電者本人將會重返現場領取報酬。

我解釋內容分析給兩位探員聽。其中一名抓了抓頭，然後往後一仰，整個身子斜躺在旋轉椅上，他深深吸了一口菸，說道：「天哪，醫生，你真是太有邏輯了。搶匪不可能回來的，這一定是小孩撿到皮夾。」

在漫長的討論後，兩名探員答應下午五點半來我的公寓，等待犯人落網。

是的，他們是答應了，但只要跟紐約市探員打過交道的，都知道他們的信用值多少錢。但我相信搶匪會現身，為防不測，我拿著菜刀等著對方出現。

六點十二分，門鈴響了。開門一看，是個年約十三歲的毛頭小子。小孩拿給我一疊用橡皮筋綁著的信用卡。「皮夾呢？」我問小孩。

小孩聳聳肩。「我只是送東西的。」

「那皮夾是真皮的，值二十塊美金，我要拿回來。」

「先生，我什麼都不知道，我說過了，我只是送東西的。」

「不是你撿到皮夾，那是誰撿到的？」

小孩什麼也沒說，但他卻往大廳的電梯望去，我驚訝地發現搶匪就站在那裡。

我對我太太大叫:「快報警!」然後去追大廳那傢伙。搶匪已先卡住電梯門,因此很快就逃進電梯裡,並關上門。等到我沿著樓梯往下狂奔二十三層樓之後,搶匪早已逃進鄰近的低價住宅區。警察隨後趕到並表示遺憾,但他們拒絕追入低價住宅區中。他們說:「太危險了。」

還有一個例子可以說明內容分析的好處。思考以下兩段分別引自杜魯門總統與艾森豪總統國情咨文的訊息。內容分析如何分辨這兩位傑出總統在管理風格與內在心理上的差異?

杜魯門:「很榮幸能向第八十一屆國會,也就是第八十屆一事無成的共和黨多數國會的下一屆,發表國情咨文,我要向各位報告,國家的狀況良好。」第二年,杜魯門又說,國家的狀況「持續良好」。

艾森豪:「國家的狀況證明,合眾國賴以建立的原則充滿了智慧。」

答案:杜魯門的陳述簡單而直接,當中充滿他對上屆共和黨多數國會的指責。另一方面,杜魯門雖然表示國家的狀況「良好」,但卻間接表示應採取行動改善國家現狀。你也許不同意杜魯門說的話,但至少知道他的立場。

艾森豪的陳述相當抽象,抽象到難以判斷他認為美國國情是好、壞,還是以上皆非。艾森豪(或他的文膽)使用無法表現出清楚具體想法的詞語,還難以簡單直接地理解。艾森豪的陳述顯示國情咨文還可以寫得更清楚一點。我們無法對艾森豪的演說表示同意或不同意,因為我們不知道他的立場或想法究竟是什麼。

每個陳述都有公開與隱含的意義。學習解讀公開與隱含意義,可以從日常生活普遍存在的溢美之辭、錯誤表述、謊言、宣傳、扭曲、偏見、曲解、不誠實、欺詐、矯飾、欺騙、詐欺、言行不一與虛偽中挖掘出真相與現實。將這些知識轉化成自己的優勢,可能的話,也轉化成你周遭的人的優勢。在這個過程中,你只需好好享受

清楚思考爲你帶來的新力量。

複習

　　把時間花在複習上一點也不浪費。複習可以固定記憶、增進理解。偉大的神經生理學家赫布（D. O. Hebb）曾說：「神經元一起開火，一起串連。」[8]所以，就讓我們這麼做吧！讓我們一起開火，一起串連！

練習

1. 重新閱讀本章所有重點。讀完之後打個勾 □。
2. 大聲複誦本章所有重點，複誦之後打個勾 □。比起默念，大聲念出來更能固定記憶。比同一天讀兩次，隔幾天再讀更能固定記憶。複誦的次數越多，就越能固定記憶；不過次數也不要太多，四次就夠了。不要讓自己覺得在做一件苦差事。
3. 想想以下廣告：「放隻老虎到你的油箱裡。」你能定義這個想法嗎？公開的訊息是什麼？當中有隱含訊息嗎？如果你認爲自己知道，就打兩個勾；如果你不知道，但已經思考這個問題超過一分鐘，就打一個勾 □□。解釋廣告文案背後的隱藏訊息。（提示：你有什麼是廣告商想得到的？再一個提示：你擁有的與他們想得到的是金字旁右邊兩個戈字。）
4. 解釋爲什麼媒體充滿神聖的信條與愚蠢的觀念。解釋我們如何才能在面對這種情形時，克服自己內心的不信任與厭惡感。根據自己的瞭解程度，打一到五個勾 □□□□□。
5. 用自己的話解釋爲什麼字詞很重要。如果你的答案聽起來很

明智，就打個勾 □。解釋字詞為什麼會意義重大，並舉個例子。

　　重新閱讀本章相關部分，檢查你對上述問題做的回答。若你絕大部分都答對了，就在此停留片刻，獎勵自己一下。簡單的鼓勵，有助於固定記憶。嘉勉良好的工作表現，可以促進大腦有效運作。然後放鬆一下，開始享受閱讀第三章的樂趣，我們要討論一種普遍的思考錯誤：「在此之後」（post hoc）的謬誤。

在此之後，故以此為因

　　本章可以讓結束前面繁重內容的你鬆一口氣，輕鬆地認識一種普遍的思考錯誤，稱為「在此之後，故以此為因」（post hoc, ergo propter hoc）。

　　這句陳述確切描述了以下的思考錯誤：以時間聯結為基礎來認定原因。一個事件出現在另一個事件之後，不一定表示它們有因果關係。如果假定其間存在因果關係，將使我們遠離現實走向錯誤，並因此犯下不合理的思考錯誤。

　　在我們追尋真理的過程中，一定會遭遇許多謬誤，在此我們先介紹「在此之後，故以此為因」。**謬誤**（fallacy）是一種錯誤的觀念或意見，一種推論上的錯誤或論證上的瑕疵，尤其是那些外表看來合理的錯誤。為了表達上的方便，「在此之後，故以此為因」謬誤通常簡寫成「在此之後」謬誤。

不下雨嗎？殺個人來獻祭就好了！

　　因為一件事物在另一件事物之後出現，因而認定第二件事物必定是第一件事物的結果，這樣的假定是一種常見的思考錯誤。第一個事件是否導致第二個事件，並非單以時間上的聯結來決定。因果的聯結必須由其他證據來證明。

　　雞鳴而後日出。公雞啼叫並不能使太陽升起，但兩個事件卻在時間上有聯結。原始的心靈可能假定這兩件事有因果關係：公雞使太陽升起。然而，我們怎麼知道公雞無法使太陽升起？

　　我小的時候，後院有個雞籠。每天日出前都會聽到雞叫聲。這種狀況一直持續著，直到我們把那隻雞殺了為止。儘管雞永遠消失了，太陽還是繼續升起。現在，就算沒有事件一（雞鳴），事件二（日出）仍會發生，我們因此確定日出並不需要公雞，真正造成日出的另有原因。公雞不是日出的必要條件。

　　當兩個情況連袂發生時，尤其當它們不斷連袂發生時，人們禁

不住認為，其中一個情況可以解釋另一個情況。這種想法毫不可信。誠然兩個事物之間可能存在必然關係，但在因果關係成立之前，我們必須確認，是否去除原因之後，結果仍可在不違反某些公認的一般原則下繼續存在。如果發現結果能獨立存在於原先設想的原因之外，則該發現將成為證明因果關係不存在的有力證明，日出與雞鳴便是一例。

其實，雞叫不是因為太陽即將升起，而是因為到了早晨，公雞想要交配。牠的交配欲驅使牠呼喚母雞前來交配。公雞的啼叫只間接與日出有關，兩者是同時發生的事件，而非因果事件。就算沒有公雞，太陽仍將一如以往繼續升起，並且還將持續二十五億年，科學家告訴我們，太陽屆時將成為紅巨星，燒掉整個地球。

蕭伯納（George Bernard Shaw）吃素，同時也是偉大的劇作家。不吃肉能讓你成為偉大的劇作家嗎？

絕無可能。

這兩件事是獨立變數，而非共存變數。不相信？你可以試著吃素一年，看自己的寫作能力會不會因此提升。

原則：在時間中接續的兩件事物，不一定有因果關係。

以此導出：

教訓：就算一個事件接著另一個事件發生，或是兩個事件在時間上接續，也不能假定它們有因果關係。

下雨，街道變濕。雨停，街道變乾。當街道變乾，又開始下雨。乾街道是下雨的原因嗎？濕街道是雨停的原因嗎？原始的思考可能認定，乾街道是下雨的原因，因為每次街道一乾，遲早都會下起雨來。

　　公雞與乾街道這兩個例子，顯示人的心智會將兩件毫無因果關係的事物連結在一起。將不相干的事物連結成因果關係，將使我們無法理解更複雜的真理：地球如何自轉，溫度與露點的變化如何成雲致雨等等。妨礙我們理解現實的真實性質的事物，就是一種思考錯誤，程度嚴重的話，還可能傷害我們。

　　當我太太跟我從提洛島前往另一座希臘島嶼米科諾斯島時，船在途中遭遇了暴風雨。船長向我們保證不會有事，因為他已向聖母禱告過了。

　　我問道：「我們怎麼知道她會幫我們？」

　　「你沒看到米科諾斯島上的小教堂嗎？只要海上有暴風雨，船長就會向聖母許諾會為她蓋教堂。」

　　我問道：「但那些祈禱卻遇難的船長蓋的教堂在哪裡？」

　　船長頓時語塞。他瞭解自己的推論有瑕疵。為什麼他的推論有瑕疵？

　　因為有人祈禱而後平安無事，並不表示他無事是因為祈禱。一個事件在另一個事件之後，光是這樣的事實，並不表示它們有因果關係。此外，那些祈禱但卻遇難的人沒有機會蓋教堂，只有祈禱而無事的人才有機會蓋教堂，因此，這是一種片面的證據揀選。米科諾斯島上的教堂數量增加，能證明祈禱的人平安無事，不能證明他們平安無事是因為祈禱。

　　如果找一群身陷危險的船長，隨機選擇其中一半的人祈禱，而另一半的人不祈禱，若結果是祈禱的人平安無事，沒祈禱的人遇難，那麼，我們或許能認定祈禱有用。

　　在這項研究尚未進行之前，如果我們遵循海上安全標準程序，或許更能保住我們的命：把船速維持在舵效速度、穿上救生衣、放下救生艇、發出求救信號等等。這些以現實為基礎的技術比祈禱更能保命，因為它們已受到許多研究的證實。

宗教狂熱份子經常犯了「在此之後」的謬誤。

古馬雅人相信，他們的偉大神祇恰克（Chaac）司雨。馬雅人了解作物需要雨水，反覆的觀察顯示，雨水少時造成歉收，不下雨則寸草不生。

該怎麼解決？不下雨時如何求雨？這是個問題。

真正的解決方式是抽取地下水，但這個辦法超出當時馬雅人的能力範圍。馬雅人正忙著想別的事，一個完全無效的辦法，稱為活人獻祭。最後，他們終於想出適合的解決方式，就是搬到有雨的地方去。不過在想出這個辦法之前，祭司一直用活人獻祭做實驗。只要出現旱災，就有自願者淹死在烏斯馬爾、奇琴伊察等地的溶井（cenote）中。除了人以外，許多珍貴的物品也被扔進井裡。這麼做是為了取悅恰克，使祂吩咐天上的少女將水瓶裡的水倒向地面。

我們知道活人獻祭背後的動機，因為祭司寫在石頭上的象形文字以及神聖的馬雅書籍告訴我們這一點。而溶井裡的人類骨骸也證明活人獻祭屬實。

所以，結果呢？

在獻祭了幾個活人之後，下雨了。結論：獻祭有用。作法：下次遇到不下雨的情形，殺人就對了。

聽起來相當愚蠢，但確有其事。整個馬雅文明完全陷入錯誤的泥淖，因為它假定，當一個事件接在另一個事件後出現，則它們必有因果關係，從而歸納出這個通則：遇到旱災，殺人就對了。

一旦馬雅人接受這個錯誤通則，以後再也沒有任何事物能阻止神權政治，以各種理由、為了各類神祇以及其他任何特殊目的來獻祭活人。事實上，有一個關於馬雅文明毀滅的合理理論，其根據即在於大量活人獻祭造成人口銳減。我們知道，在馬雅古典時代末期，戰爭的主要目的是取得獻祭的活人。想到有這麼多年輕男女因「在此之後」而死，不禁悲從中來。

1692 年的榭冷女巫審判是一個司法訴訟，因此被逐字記錄下來。有機會的話，你可以讀一讀，看你能找出多少「在此之後」的

錯誤。

　　有個農夫的馬車在經過一名古怪婦人的家之後，於三英里外的道路上不見一個輪子，法院因此認定這名婦人是女巫，是她讓輪子不翼而飛。這名婦人這麼做時，人在三英里外，因此她一定使用了巫術移走輪子。如果她使用巫術，則一定是女巫。法院因此判她死刑，她與另外十八名「女巫」被絞死。

　　這個故事相當引人入勝。故事開始於 1692 年 5 月，幾個年輕女孩相信鎮上幾個老婦人被魔鬼附身，因而指控她們。特別法庭召開後，審判隨即演變成集體歇斯底里，最後甚至牽連到總督菲普（William Phip）的妻子。幸好英克里斯‧馬瑟（Increase Mather）及其子卡騰（Cotton）有足夠的影響力終止 1692 年的榭冷女巫審判。馬瑟父子相信女巫存在，但他們認為審判的證據不可靠。此外，他們不接受「在此之後」的證據，尤其反對被告被想像的幽靈附身。在審判過程中，被告不僅要為不受自己控制的事件（如輪子不見）負責，也要為附在她們身上而自己無力控制的幽靈負責。現代精神醫學認為，這些幽靈完全是證人自己的幻想。附帶一提，若說真有幽靈附身這回事，那麼被附身的其實是證人自己。

　　輿論先是要求停止審判，隨後則加以譴責。立法機構通過了悔罪決議（1696 年 12 月 17 日），其中包括訂定齋戒日。在齋戒日這一天，當初審理此案的舒爾（Samuel Sewell）法官坦承自己在看待證據上犯了大錯。被關的婦女無罪釋放，被害人及家屬也獲得賠償。對於已被絞死的「女巫」來說，平反來得太晚，她們非但無法獲得賠償，還喪失了生命。

　　如果你無法閱讀榭冷女巫審判的原始訴訟文件，那麼可以看看米勒（Arthur Miller）的劇作《熔爐》（*The Crucible*），它根據審判的副本寫成。閱讀並感受其中的哀戚之情，這些人全是「在此之後」的錯誤思考的犧牲者。

　　醫生與政治人物有時因「在此之後」的錯誤思考而獲益，有時

也因此受害。

　　醫生與政治人物發現「在此之後」的謬誤可為他們的名聲增色不少。醫生做出診斷，開出藥方，然後病人的症狀消失。吃藥，然後痊癒，光這個事實並不能證明什麼，只能說明一件事情接在另一件事情後面發生。藥物可能毫無療效，痊癒憑藉的純粹是自然的力量。絕大多數的疾病都能自行痊癒，若非如此，人類不可能生存至今。歷史告訴我們，有許多病例，周延的治療不僅無效，反而有害。舉例來說，汞鹽與砷鹽不只沒有療效，還是毒藥。林肯認為自己服用的汞鹽加重了病情，於是停藥。我們現在知道，汞鹽有毒而且無助於林肯的憂鬱症。事實上，汞鹽使林肯的情緒更加低落，幸好他及時停藥，否則美國可能會有位自殺身亡的總統。

　　華盛頓（George Washington）死於扁桃腺周圍濃瘍。他的死亡或許與反覆接受放血治療有關。當時認為放血是最好的醫療方法，但現在我們知道，像扁桃腺周圍濃瘍這種嚴重的咽喉感染，放血不僅沒有幫助，反而有害。放血很可能削弱了華盛頓抵抗細菌的力量。當你喉嚨痛時，你願意接受哪種治療，是放血還是抗生素？

　　曾經，英國醫藥學會反對注射天花疫苗。十九世紀，匈牙利醫生塞麥爾維斯（Ignaz Semmelweis）丟了工作，因為他主張醫生沒有洗手是引發產褥熱的主因。在這兩件事上，醫療體制都犯了錯。

　　這個教訓很清楚：醫學主張不可盡信，除非有大量證據支持。即使是所謂的照護標準、公認的治療方法、手術與程序，都可能有問題，並且可能造成傷害。

　　「在此之後」的謬誤可以把與醫生無關的療效歸功給醫生，因而增加了醫生的名聲；但它也可能把與醫生無關的不幸遷怒於醫生，因而貶損了醫生的名聲。

　　最近，許多醫生因「在此之後」謬誤而陷入醫療訴訟的惡夢之中。醫生開藥，然後病人死了。這難道不會讓人覺得是醫生的藥害死了病人？

當然不會。

也許大多數人心中對此存有疑慮，但對於懂得正確思考的我們來說，這樣的困擾並不存在。遺憾的是，有些寡廉鮮恥的原告律師的確會做出各種臆測，這一點並不令人驚訝。律師是喜歡指鹿為馬的人，扭曲真理是他們的工作。

醫療行為不可能治癒已經痊癒的人，也不可能傷害無法痊癒的人。醫療是幫助還是傷害，不能單靠「在此之後」來判斷。

別忘了病人吃藥的理由是什麼。相較於醫療，這個理由才是造成無法治癒的主要原因。

所有接受癌症治療的人都免不了一死，絕大多數癌症病患都死於癌症。令人遺憾，卻是事實：癌症患者的死因泰半是癌症，而非醫療行為。絕大多數所謂的醫療疏失，其實都不是病患死亡的原因。醫療人員故意處置不當的可能性微乎其微，相較之下，疾病、年老、意外、厄運與不幸更能解釋病人的死因。

政治人物在接受讚揚與忍受責難上有著言行不一的毛病；他們似乎總是接受讚揚，迴避責難。所以，如果繁榮時期剛好發生在他們任內，政治人物會說那是他們的功勞；另一方面，他們通常會把自己任內出現的經濟衰退，諉過於世界貿易逆差、供給面的經濟學、高利率、高油價等任何他們想得到的替罪羊，總之一切與他們無關。

歷史充滿了「在此之後」的錯誤。

歷史學家也會有同樣的錯誤。二十世紀美國繁榮的原因，通常的說法是自由貿易或堅實的資本主義基礎。繁榮的確在實行自由貿易之後出現，似乎也可以確定是在實行資本主義之後出現。另外可以肯定的是，繁榮不是在實行共產主義之後出現。不過大致來說，其間的因果關係並未得到證明。我們已經知道複雜問題沒有簡單答案，所以我們知道整個國家的繁榮不可能只靠一兩件事來決定。

比較可能的狀況，是有多重因素同時作用，其中包括渴望在美

國出人頭地的移民的生產力、完善的交通運輸、打開美國商品帝國市場的龐大海陸軍、發明家的驚人創意等等。

我的意思是「在此之後」的謬誤，通常與歷史學家犯的錯誤若合符節，後者使用揀選過的公共政策例證來做出過度概括。資本主義也許是繁榮的唯一原因，也可能是原因之一。繁榮緊跟在資本主義之後出現，並不能證明什麼。一個事件在另一個事件之後發生，有可能只是巧合。

除非我們有別的證據證明資本主義與繁榮之間存在著必然連結，否則我們**不可**相信其間存在著因果關係。

迷信與奇蹟都是鬼扯

有人從梯子下走過，兩年後他死了。這能證明從梯子下走過會倒楣嗎？除非我們忽視他是因酒醉駕車出事而死，除非我們忘記他曾無數次從梯子下走過卻沒死的事實，否則我們不可能相信這個荒謬說法。

所有迷信都是荒謬。

是的，這句話的確是陳腔爛調。迷信的定義原本就是毫無根據，因此完全荒謬。迷信也很愚蠢，正因愚蠢，我們可稱迷信為愚信。然而，迷信為什麼不好？

迷信不好，因為它使我們脫離現實。當我們應該關切真實事物時，迷信卻讓我們浪費時間在思考虛假事物上。不要從梯子下走過，這種說法或許源自明顯的危險：當你從梯子下走過時，可能會有東西掉下來砸到你的頭。這個危險是真實的，但不是我們要談的重點。我們要談的是迷信：以為從梯子下走過，就會對自己的人生與運氣產生長遠的影響。梯子會對你或你的命運造成長遠的副作用，這完全是鬼扯。

害怕十三號星期五是沒有道理的，帶兔子腳能招來好運也一樣

荒謬。當然，有些帶兔子腳的人的確運氣變好了，但這跟兔子腳沒有任何關係。把錫罐綁在新婚禮車上，或許是爲了用噪音把惡靈嚇跑。新年的鞭炮也是一樣。躲避黑貓有其宗教根源。在中古時代，人們相信女巫會化身成黑貓。因此只要看到黑貓，人們就認爲那是女巫變的。

原則：迷信是鬼扯。

以此導出：

教訓：迷信？得了吧，不要浪費自己的時間。

與迷信密切相關的是奇蹟信仰。奇蹟信仰相當普遍，而且有時源自「在此之後」謬誤。奇蹟只是在對的時間、地點，發生在對的人身上的好事。

有些奇蹟聽起來合理，卻禁不起理性無情的檢視。通常，簡單的自然現象，就能解釋所謂的奇蹟。

我記得在德蕾莎（Teresa）修女自傳裡讀到，有一次她上樓時，手裡拿著點燃的蠟燭。一陣冷風如貓掌般撲來，吹熄了蠟燭。但過了幾秒，蠟燭又點燃了。德蕾莎修女知道，燭火昏暗無光是魔鬼的把戲，目的是要阻止她回房祈禱。魔鬼吹熄蠟燭，但耶穌則奇蹟似地重燃蠟燭。

比較可能的是，魔鬼與耶穌都和燭火無關。這單純只是風吹滅了燭火，而燭火又再度燃起，沒有魔鬼或耶穌的介入。同樣的事也發生在我身上無數次，或許你也有相同的經驗。

附帶一提，當燭火消失時，燭火去哪裡了？

愛麗絲在夢遊仙境時，猜想著燭火到底去哪裡了。我們知道嗎？先蘇期哲學家喜歡思考這種問題，然而就我所知，他們並未想

出滿意的答案。說燭火哪裡也沒去，看起來是在迴避問題，其實不然。消失的燭火確實哪裡也沒去。在這個問題上，我們的思想被描述燭火熄滅的隱喻文字導引到錯誤的方向去。有些語言隱含著約定俗成的意義，這些意義根深柢固，人們因此容易忽略它們，或被它們愚弄。忽略意味著語言元素可能導致愚蠢或對性質的錯誤認識。火燄問題是偽問題，維根斯坦（Ludwig Wittgenstein）認為，這類問題往往在語言放假時出現。如果我們說，「火熄滅了」，就不用做進一步的討論或結論，因為它不會產生問題。所以，下一次有人問你：「火消失後，去哪裡了？」你可以這樣回答：火哪裡也沒去。火加入了空集合，這是由不存在的事物組成的類別，其中包括世俗的教會、方形的圓形、四邊三角形與會飛的鯨魚。

　　要真正地測試諸如此類的問題，就要問，是否改變用語就能解決爭論。至於無法藉由改變語言或從語言角度來加以解決的問題，則它的困難點應該不僅在於語意學層次，可能需要檢視相關證據才能加以解決。

　　到聖地參拜的人不再需要拐杖才能行走，並不表示奇蹟發生。身為醫生，我曾用安慰劑治療過許多病人，其中有些人癱瘓多年，但我還是成功讓他們擺脫輪椅。問題出在人類心靈的潛意識與甘於肢障。一旦病人從安慰劑、醫生、聖母等等取得信心，則甘於肢障的想法就能破除，肢障的問題也隨之消失。

　　這種病人的確有病，但他們患的是心理疾病，而非生理疾病。他們的病是一種轉化反應：多餘的心理物質轉化為生理症狀。許多轉化反應可以用強烈暗示治癒，不需要動用到超自然力量。假定超自然力量的介入，只會讓我們遠離真理。凡是讓我們遠離真理走向錯誤的，就是錯誤思考。

原則：雖然有些奇蹟源自「在此之後」謬誤，但也有些奇蹟源自其他形式的瑕疵推論或錯誤認知。

　　許多奇蹟與「在此之後」謬誤無關，而源自其他原因，如照片效果的錯誤詮釋、自然現象的錯誤理解、宗教意象與自然界隨機型態的想像同一、「集體幻覺」或妄想（第六章討論的團體迷思即屬此類）、公然詐欺、惡作劇、想像與記憶的混同等等。

原則：奇蹟是鬼扯。

　　以此導出：

教訓：奇蹟？得了吧，不要浪費自己的時間。

又到了該動腦的時候了！

　　好！既然我們已經瞭解「在此之後」謬誤，接下來就要處理實例，以測試自己的實力。檢視美國海巡隊避碰規則的陳述：「如果碰撞已經發生，則必存在碰撞風險。既然有碰撞風險，相關當事人必須採取適當行動避免風險。既然沒有採取充分適當的行動，就要為碰撞負責。」

　　問題：避碰規則合理嗎？為什麼合理或不合理？暫停一下，想想這個問題。寫下你的答案，如此便可與我的樣本答案做明確的比較。把你的答案分成兩部分：第一部分陳述避碰規則是否合理；第二部分解釋如何或為什麼得出這樣的結論。你的解釋可能與我的不同，但只要說得通，就能算是正確。

　　答案：第一部分——避碰規則不合理。

　　答案：第二部分——避碰規則不合理，因為它犯了「在此之後」謬誤（以及其他謬誤）。

　　討論：碰到這類的切割陳述，要先概觀語言的淨效果。有時候，字詞脅迫我們不要思考，政府發表的誇大字詞尤其如此。在這

種情況下，最好退後一步並且分析效果。避碰規則的淨效果，在於主張每次碰撞必有原因，這個原因就是判斷錯誤。政府犯下的謬誤正如醫療疏失謬誤：如果病人在手術後死亡，醫生必定有錯，因為他沒有採取適當行動防止死亡。政府可以下這樣的命令，卻無法改變事實，因為即使是政府，也受到現實的拘束。

術後病人死亡的原因很多，感染、年老與疾病造成的術後死亡比醫療疏失多得多。有些術後死亡是單純的意外，有些則是因為精神錯亂的護士把鉀置入靜脈輸液中等等。單一角度的陳述無法適用於所有狀況，世界沒那麼簡單。

兩件事物在時間中連結（手術與死亡、碰撞的風險與碰撞，或是判斷錯誤與碰撞），不表示兩者之間存在著因果關係，主張因果關係等於犯了思考上的錯誤。有些人很難認清這一點，如果你對此已有一定理解，就可以考慮用其他方式來處理這個問題。

若 A（意外）發生，則 A 的因是 E（判斷錯誤）。這種說法不可能為真，若它為真，則每件意外都意味著判斷錯誤（A ⊃ E 且 E ⊃ A）。然而我們知道，許多 E 沒有 A，而或許有些 A 沒有 E。因此，若判斷無誤意外仍會發生，或是判斷錯誤仍無意外發生，則意外與判斷錯誤嚴格來說無因果關係，兩者當然不可能在任何時間與狀況下都有因果關係。

避碰規則呢？問你自己：這些規則是否太簡化？如果是，就該置之不理。簡單的思考在複雜處境中不具任何地位。記住，複雜世界中的簡單事物很可能是錯的。避碰規則是簡單的，因為它假定所有碰撞必定源於人類未能採取適當行動。但這是不可能的。有些碰撞可能源於人類錯誤，而就算絕大多數的碰撞源於人類錯誤，但全部？門都沒有。

我們怎麼證明帶有**所有**兩字的陳述是錯的？把例外找出來。

我們要做的就只是找出一個例外，則**概括**不攻自破。你能不能想出一個例子，當判斷無誤或已採取適當行動時，碰撞依然發生？

　　最近，颶風席捲了明湖，數百艘船隻在碰撞下沉沒。這些船隻絕大部分都沒有人在上面控制，大部分船隻都被扯離岸邊，隨波逐流。換言之，船隻不在人類的掌控之下，而是受到風雨波浪的擺布四處漂流。絕大多數的船主、操作員與領航員都不在現場，他們早在海巡隊的命令下撤離當地。就算他們在附近，就算他們違反海巡隊的命令不撤離當地，也不可能做出實質的行動對抗颶風巨大的自然力。自然力是造成這起大規模碰撞的真正元凶。

　　在這場颶風造成的碰撞中，誰的判斷出了錯？從現實的角度來看，或許沒有人有錯。

　　因此，避碰規則隱含的概括，亦即所有碰撞必定與不適當的行動有關，被證明是錯的。換言之，避碰規則是簡化複雜處境的過度概括，而我們藉由一個例外證明這是過度概括。其實，例外還有很多，因為世事要比人們想像的複雜得多。術後死亡的人有多少，術後死亡的原因就有多少；同樣地，碰撞的例子有多少，碰撞的原因就有多少。

　　關鍵：重要的是，應對每次碰撞進行個別研究，以了解事故起因，如此才能真正預防未來災害的發生。也許，更亮的照明或強制使用雷達、霧號等設備才是正本清源之道。假定判斷錯誤是碰撞的唯一原因，將使我們無法看清問題的複雜性，也使我們無法有效處理現實處境，以成功預防未來類似的碰撞發生。

　　另一個處理避碰規則陳述的方式，是拆解陳述並個別地加以檢視。如果推論鏈其中一個部分有瑕疵，則整個**連鎖三段論法**（sorites，也就是前提與理由的連鎖）將導出謬誤的結論。

　　項目：若發生碰撞，則必有碰撞風險。

　　完全是鬼扯。

　　這是典型的「在此之後」謬誤，它以天真而赤裸裸的形式出現。避碰規則陳述是過度概括，因此是錯誤的。它是簡化的斷言，需要填入內容加以充實。它是套套邏輯，也是思考錯誤，因為它只

重述斷言而未證明斷言。「嗎啡令人想睡，因為它有催眠的性質」，這句陳述是套套邏輯，因為**催眠**本身就有令人想睡的意思。因此，這句陳述講的是，嗎啡令人想睡，因為它令人想睡。這句話說了等於白說，它完全沒告訴我們嗎啡何以令人想睡。

　　如果碰撞發生了，則必存在碰撞風險。這句話是套套邏輯，因為同樣的事說了兩次。事情的發生，表示事情能夠發生，因為它確實發生了。所以，說碰撞與碰撞風險有關，其實是廢話，它成了一種循環論證。赤郡貓告訴愛麗絲，這裡的每個人都瘋了。愛麗絲說：「但我在這裡，我並沒有瘋。」赤郡貓回答說：「妳一定瘋了，因為妳在這裡。」赤郡貓做了毫無實質內容的陳述，並以此下了結論。接著他以循環的推論形式重述之前做的斷言。海巡隊的規則就跟赤郡貓的循環論證一樣，只有一點不同：赤郡貓是個有趣的虛構角色，但海巡隊的規則卻具有法律效力。

　　如果避碰規則是合理的，同理我可以說，若碰撞發生，則必與船有關。燈塔不會互撞，但船會，或者船會與其他東西碰撞。「海上碰撞」就是避碰規則的重點，不是嗎？那麼何不乾脆將愚蠢推至荒謬？為什麼不主張，既然所有的碰撞都與船有關，則船必有瑕疵，如此若沒有船，就不會有碰撞。以此導出，若要避免碰撞，就該禁止所有的船下水。沒有船，就沒有碰撞。

　　這樣了解嗎？

　　結論：既然避碰規則陳述的第一個前提是錯誤的，則整個陳述**不健全**（unsound），也就是有瑕疵。

　　同樣地，我們也可以拆解避碰規則的其他陳述。但我們將在此打住，接下來我們要討論另一種思考錯誤，一種如果你能睜大雙眼、敞開心房，每天都會看到的錯誤：錯誤類比。

練習

1. 現在你應該知道怎麼練習了。大聲複誦本章所有重點，複誦之後打個勾 □。
2. 解釋「在此之後」為什麼是一種思考錯誤。想出答案之後，核對它的定義。如果正確，就打個勾 □。如果不正確，也不用在意，繼續閱讀下一章，別鑽牛角尖。下一次當你被問到這個問題，就說：「我知道『因為兩件事物在時間上先後發生，所以其中一件導致另一件』這個說法是錯的。《是邏輯，還是鬼扯？》這本書告訴我這一點。」

現在，在進入到下一章之前，先為自己找個舒服的地方休息一下，我們接下來將討論錯誤類比這個思考錯誤。

第四章

錯誤類比

　　本章談的是錯誤類比這個常見的思考錯誤。類比構成我們絕大部分的思考，一旦兩個物件在人類意識中連結起來，則只要提到其中一項，就能聯想起另一項。這是人類思想的基本心理機制，但有時會使我們誤入歧途。大腦建立的連結不一定合理，也不必然與現實處境相關。大腦會自然連結兩件事物，因而傾向於假定事物之間必有某種類似之處，進而錯誤認定原本不存在任何關係的事物之間，存在著更進一步的類似性。

　　類比絕不能作為支持理論或判斷的唯一工具。類比可以用來說明已確立的事實，或是協助確立一連串的思想或可行的假說。但類比的功用僅止於此，不應過度延伸。

　　錯誤類比是一種思考錯誤，因為它使我們遠離真理走向錯誤。

國家不會像骨牌一樣倒下

　　類比論證通常很容易察覺，然而除非你仔細思考，否則很難找到矛盾。我們已經檢視過骨牌理論必定錯誤的理由，但現在，我們知道它為什麼錯誤：它是錯誤類比。骨牌理論將國家比擬成隨時可能傾倒的骨牌，因此是錯的，因為國家不是骨牌，不會豎立起來排成一列；不會因為其中一個國家傾倒，其他國家也跟著傾倒；更不會倒在任何地方，因為沒有地方讓它們倒下等等。骨牌要倒也沒那麼容易，骨牌之間的間隔與推骨牌的力道必須適當。另一個揭露骨牌理論是錯誤類比的方式，是假定理論是正確的，則遵循理論的推演，最後看看結果是否真的那麼糟。

　　三十年的園藝經驗告訴我，植物各有其適合生長的土壤。萵苣在春天成長，在夏天枯萎。玉米在春天成長遲緩，在夏天生長快速。因此，政府形式是否可能無法輕易移植？

　　瞭解我的類比嗎？

　　我用植物比擬國家，這麼做合理嗎？如果不合理，則更直接的

推論會不會比較好？想想以下說法。美國的經濟形式或許不適用於越南。對美國有好處的，對越南可能有害。美國出口資本主義到越南難道毫無風險？某個環境下受歡迎的措施，可能在另一個環境引起憤怒。此外，美國何德何能，可以決定其他國家的人們需要哪種政府形式？其他國家的人民，不是更有資格決定自己未來的幸福要以什麼作為憑藉嗎？美國的「獨立宣言」不也說過，人民必須以自己組成的政府來控制自己的命運？美國一方面主張自治原則，另方面卻反對他人自治，這樣豈不成了偽善？

懂我的意思嗎？

贊成美國干涉越南的簡單思考與整套政治理論，很容易就能加以反駁。正確而清楚的思考，可以且早該讓美國不干涉越南，讓美國的下一代安全地待在國內，好好活著。

骨牌理論所隱含的，是只要走錯一步，就會全盤皆輸。詹森總統認為，如果越南赤化，接下來將輪到柬埔寨，然後是寮國、整個東南亞以及印度。最後，全世界都將赤化（這不是我虛構的，我有詹森的演說錄音）。

詹森總統將骨牌理論適用在政治上，因而造成災難性的結果。他不僅犯了錯誤類比的錯誤（國家不是骨牌），還犯了在缺乏證據的情形下，假定事件的每個環節都將如預期般發生的錯誤。

任何系列事件的每個環節，都必須以獨立論證（有相關而適當的證據支持）加以呈現。沒有任何事例，可以讓人在未對個別事件做出獨立因果研究前，就能假定某事件自然能導致另一事件或一連串事件。

柬埔寨與越南不同，人民行事作風也不同。既然柬埔寨與越南不同，為什麼可以假定它會跟隨越南的腳步淪入共黨之手？

前面提過，雖然越南打贏戰爭，它也沒有成為共產國家，至少不是徹頭徹尾的共產國家。越南跟世界上絕大多數國家一樣，偏好混合式經濟，且現已成為美國的貿易夥伴。越戰結束之後，越南人

還繼續進行其他戰爭以排除外人勢力，其中包括中國共產黨。

　　這個當代例子如何？「如果我們允許同性婚姻，接下來將會有一些人想群婚，很快地，人們將懶得結婚。」看出來了嗎？這個例子將骨牌理論適用到同性婚姻。注意，同性婚姻與群婚，以及群婚與一般婚姻的死亡，其間的因果關係並未受到證實，也沒有充足證據支持這些主張。因此，這種說法根本不合理。事實上，相反的論點也說得通：同性都可以結婚了，一男一女更應該結婚。由於缺乏證據，我們不知道哪種說法才合理。

　　「只要你開始抽菸，就會抽大麻。只要你抽大麻，就會開始吸食古柯鹼及其他更強的毒品。之後，你不是進監獄，就是進墳墓。」看出來了嗎？這個例子將骨牌理論適用在香菸。

　　這個例子如何？「歷史證明，只要名字有六個字母且末尾是 er 的人，都是邪惡的侵略者，例如克魯格（Kruger）、希特勒（Hitler）與德皇（Kaiser）。讓我們在下一個侵略者出現前阻止他吧！」從直覺來看，我們認為這種說法不正確。名字有六個字母而末尾是 er，這與侵略沒什麼關係，然而事實俱在。

　　該如何解釋這些事實？

　　列出來的人全是軍事領袖。但這與他們的名字又有何干？真正促成侵略的，應該是整個內外局勢、侵略者接掌大權的過程以及社會與經濟力量。事實上，這些領袖的名字與他們的作為幾乎沒有任何關係。名字只是獨斷的稱呼。在《羅密歐與茱麗葉》（*Romeo and Juliet*）裡，莎士比亞（William Shakespeare）寫道：「名字有什麼意義呢？玫瑰即使不叫玫瑰，聞起來也一樣芬芳。」

　　其實，這些領袖的名字剛好有六個字母而末尾是 er，只不過是巧合。類比藉由論證的形式，認為侵略與名字的性質（六個字母、末尾是 er）有關，以後只要有人的名字符合這個條件，就表示他有相同的侵略傾向。

　　也就是說，若 X 有 a 與 b，Y 有 a 與 b，則 Y 必具有 X 具有的

性質 c。當然，這種說法爲僞。Y 是否擁有性質 c，取決於事實、證據與理由，而不只是（可能錯誤的）類比的延伸。

毛要長多少，才能算是鬍子？

就算是較細緻的歷史類比也時常出錯，因爲歷史不會重來，至少不會完全相同。把過去當成嚮導，從中挖掘人性的教訓，這並無不可，但千萬別將過去的情境套用到現在。過去的事件與現在的事件，異遠多於同。事實上，歷史充滿了誤用歷史教訓的例子。

第一次世界大戰不是第二次世界大戰。

壕溝在一次大戰有效阻擋了德軍攻勢，但這不表示馬奇諾防線能在二次大戰發揮相同的效果。一次大戰開打的 1914 年與二次大戰開打的 1940 年常讓人誤以爲有許多類似之處：戰火在低地國點燃；德國再次對上英法；經濟問題相同。然而兩者的情勢卻不一樣。在二次大戰中，德軍運用了人稱「閃電戰」的新戰法，從而改變了雙方的態勢。法軍未能察覺德軍戰法的變化，因而犯了過度運用歷史類比而導出錯誤結論的大錯，嘗到苦果。

法軍犯的思考錯誤，正式名稱是連續體的謬誤（fallacy of the continuum）。法軍依據「二次大戰的局勢類似於一次大戰」的錯誤觀念來採取行動，也就是說，法軍以爲時代與時代之間存有連續性，兩個時代之間要不是相同，就是相似。事實上，這種類比站不住腳。時間既然改變，局勢當然也跟著改變。未能因應變化的一方，必將蒙受不利與痛苦，而事實也確是如此。

最近，我收到德州大學醫學研究中心解剖學暨神經科學教授魯賓（Norma Rubin）的電子郵件，她說，猶太人有權利占有現在的以色列領土，因爲早在公元前 1020 年，猶太人就已經居住在所羅門（Solomon）治下的古王國領域。

不過魯賓沒有提到，所羅門有許多外籍妻子，還允許她們各自

設立祭壇祭神。爲了維持宮廷的奢華，他向臣民抽取重稅。窮奢極侈使得所羅門逐漸失去民心。等到兒子羅波安（Rehoboam）在位時，帝國崩解分裂爲二。

然而撇開歷史事實不談，這樣的觀念也不見得正確：猶太人有權擁有以色列，因爲所羅門在公元前 1020 年就已經擁有以色列。這種觀念的前提，是若某事物過去就已存在，則它應存續至今日。但這個前提是錯的，它忘了時間會變，事物也會跟著改變。今日的以色列與所羅門時代的以色列不是同一個國家。因此，凡是假定它們相同的類比都爲僞。

此外，這種論證是荒謬的，因爲若該論證爲眞，則以色列應屬義大利所有，因爲羅馬人曾統治巴勒斯坦，並將它併爲羅馬帝國的一省。或者，美洲原住民應該擁有美洲，因爲他們首先到達此地。

魯賓論證的連續體謬誤可以用這樣的方式表述：

因爲 X 曾經是 X，
所以 X 應該還是 X。

很像循環論證，不是嗎？它同時也是否定與阻礙進步的論證。別忘了，經過三千年，X 絕不可能相同。在這三千年間，X 一直在變化。三千年後，X 等於 X 加上三千年乘以 $\Delta X \Delta T$（X 的變量與時間 T 的變量）。

連續體謬誤的原名，是**鬍子的謬誤**（fallacy of beard）。這個名稱源自古代的一場辯論：「毛要長多少，才能算是鬍子？」

我們無法說出一個明確數字，因爲這樣太獨斷。當然，有鬍子與沒鬍子的差異相當明顯。那麼是不是該在兩者間定出一個分界點？抑或沒有這個必要？我們何不承認，在兩者之間存在著模糊集合，而所根據的概念，或許是相對關係，而非絕對數量？我們處理的許多概念，其模糊性不下於此。例如，人怎樣才算高或矮？胖或

瘦？我們對這些詞語有著大略的瞭解，但何不坦承有些人的確高矮難辨，他們可能不高也不矮。

分數也是一樣。59 分與 60 分之間的差異不過是一分。從某個意義來說，數學拿 59 分的學生，與拿 60 分的差異不大。但就實用目的來說，卻必須定出基準來判別及格與不及格。分數的記數是連續體，但及格與否的分界點卻非如此。基本上，59 分不同於 60 分。因為不同，所以無法類比，拿到 59 分的學生不及格，60 分的及格。

同樣的狀況也適用在卡債上。推銷員說服消費者以刷卡分期付款的方式購買商品，因為消費者每月所需付的帳單金額只會比現在再多出一些而已。但若消費者真的以這種方式多買幾項商品，他就可能刷爆信用卡。這裡也有一個分界點，就是消費者每月必須償付的金額終有超越可支應金額與信用額度的一天，屆時，消費者將沒有餘錢與多餘的信用額度來支付債務。

連續體謬誤造成的古典錯誤論證如下：我們不可能從這裡走到那裡，因為若先走原距離的一半，再走剩下距離的一半，然後再走剩下距離的一半，以此類推，則我們永遠無法到達目的地。這種錯誤論證，可以藉由親自起身走到目的地而輕易反駁。

「你看新聞了嗎？某人要競選議員。我小學六年級就認識那個蠢蛋，我才不會投票給他。」

認為你小學六年級認識的人跟現在的他完全一樣，是犯了連續體謬誤，也是錯誤類比。在成長的過程中，人會改變，通常會變得更成熟，也會獲得智慧與知識，但這也有可能相反。是不是要投票給他，較合理的作法是評估他對某些議題的立場，以及他是否適任。

許多犯了連續體謬誤的論證與減肥、戒毒、戒酒或戒菸有關。在減肥或戒菸時，什麼樣的人能不被「多吃個甜甜圈或多抽根菸，應該沒什麼關係」這個論證左右？

越少越好與越多越好，兩者都是不良的連續體論證。

　　膽固醇過多對身體有害，但這不表示沒有膽固醇對身體有益。膽固醇是天然的身體化學物質，是構成許多重要荷爾蒙的必要之物。膽固醇過多固然不好，太少也不見得有益。身體需要的是適量的膽固醇。

　　維生素 A 有益身體，缺乏會導致疾病，但過多也會造成中毒，甚至死亡。維生素 A 過多過少都不好，身體需要的是適量的維生素 A。少許的鹽與胡椒可以增添食物的滋味，但太多或太少都不行。

　　與越少越好和越多越好相關的謬誤是**數量與尺寸的暴政**。

　　巨大的數字不一定能走向真理，卻可能犯下大錯。

　　巨大的數字要比微小的數字更容易讓人印象深刻。此外，我們絕大多數人都不懂統計與百分比，因此引用巨大數字要比百分比更具說服力。巨大數字可能會模糊真相與誤導天真的人。例如，在 2000 年的美國總統大選中，當選的小布希，票數居然輸給了落選的高爾，這是由於選舉人團與最高法院的運作所致。因此，小布希經常引用自己的得票數，來模糊有過半選民反對他的事實。巨大數字會不合理地予人深刻印象，相反地，微小數字則容易受到忽視。例如，海珊（Saddam Hussein）指出美國只有兩黨，而伊拉克有一黨。他的意思是說，這是一個微小的差異，因為只差一個。

　　體型高大的人不見得是對的。高的人不一定對，矮的人不一定錯。然而，高矮確實影響我們對人的觀感，這是不合理的。美國聯邦調查局局長胡佛（J. Edgar Hoover）站在加高的平台上，國王坐在王位上，法官坐在法官席上，這些人全都運用了不合理的假定：高就是對。

會說蠢話的，還有科學家

政府經常利用錯誤類比做政令宣導。

還不相信嗎？那麼就來思考幾個相當荒謬的類比：

　　一名來自農業州的美國國會議員說：「這項 720 億美元的農業補助計畫可以生產糧食。糧食就像錢，多多益善。」

　　這項補助計畫能否生產糧食，應該加以證明，而非僅靠斷言。而由於這項計畫的目的，是補貼農民金錢，讓他們減少產量，以免供給過多，導致農產品價格暴跌，因此很難想像它如何能生產糧食。僅靠斷言是錯誤的，因為它會讓我們遠離真相走向錯誤。

　　類比呢？糧食真的像錢嗎？

　　你可以吃糧食，但只有精神病患會把錢吞下去。糧食會腐壞，金錢不會。為什麼說糧食多多益善呢？難道農業補助計畫不是為了避免穀賤傷農嗎？你當然可以吃下一大堆糧食，但你會變胖。

　　政治人物的狗嘴吐不出象牙。這段陳述只是再次證明他們有多蠢。

　　科學家也會說蠢事，其中許多都是出於錯誤類比。著名動物學家莫里斯（Desmond Morris）在《裸猿》（*The Naked Ape*）中這麼說道：「在現代城市生活外觀背後，有著相同的老裸猿。唯一不同的只有名稱換了：『狩獵』換成『工作』，『巢穴』換成『房屋』，『單一伴侶的結合』換成『婚姻』，『伴侶』換成『妻子』等等。」

　　這個類比的觀念，是如果我們是從猿猴演化而來，則我們必定保有猿猴的性質。這個類比有誤。狩獵與工作是兩件不一樣的事；絕大多數現代房屋的外觀完全不同於我們祖先居住的洞穴。事實上，說我們從猿猴演化而來，表示現在的我們不同於猿猴。此外，因為現代人穿衣服，所以當然不是赤裸的猿猴。

　　最近，我參加萊斯大學一場神經科學的演講。演講者談到一個病例，一名加拿大外科醫生罹患妥瑞氏症（Tourette's syndrome）。這名醫生清醒的時候經常顏面抽搐、吼叫、咆哮與罵髒話，但在手術室時，卻從未有任何不由自主的反常動作，也未發出任何反常聲音。演講者宣稱，這名醫生患有某種腦部疾病，因而產生反常行為，但他未能解釋為什麼在手術時這類症狀獲得完全緩解。

　　我的解釋，是該名醫生在手術室裡從未出現反常行為，因為他知道這些行為會讓他的執照遭到吊銷，他也將失去重要的收入來源。我的解釋隨即遭到否定。這位演講者並不知道我在萊斯大學醫學院擔任教職，也不知道我是合格的神經科學家，他認為我只是以門外漢的心態來理解複雜的大腦疾病，同時暗示我對這個可憐的病人毫無同情之心且充滿偏見。

　　當人們迴避我的論證而對我做人身攻擊時，表示我打到對方的敏感神經並講到重點。這種以人而非以論證為攻擊對象的論證，稱為**人身攻擊的論證**（argumentum ad hominem）。

　　就像訴諸權威的論證，人身攻擊的論證聲東擊西，並未理性地考慮議題。我是否是門外漢，與我的對錯無關。對於特定議題，門外漢的判斷可能正確，也可能出錯，正如專家的判斷。人身攻擊的作法，不過是離題罷了。同樣地，我是否同情對那位醫生，或是否對他有偏見，並不足以作為推翻論證的理由。有偏見或缺乏同情心的人有時是對的，而公正無私的人有時是錯的。辱罵我，只是為了把注意力從真正的爭議點轉移開來，而這個爭議點正是演講者論證的弱點所在。

　　法庭上有句相關的格言：「找不到判例，就詆毀原告的證人。」在容易受騙的陪審團面前，這招可能管用，但對我們可不管用。

　　第二天，《休士頓紀事報》記者打電話給我：「你是昨天那位先生嗎，你質疑那位長年受妥瑞氏症之苦的加拿大醫生的誠信？」

　　「沒錯，就是我。」

　　「難道你不知道妥瑞氏症患者可以暫時控制住顏面抽搐與吼叫的毛病？」

　　「關於這點，毫無疑問，這名醫生是個好例子。我質疑為什麼症狀沒有在手術室裡出現，而不是質疑為什麼症狀沒有出現。我認為原因在於，若是症狀在手術室裡出現，則這名醫生就會被吊銷執照。症狀中止的場所具有選擇性，因此有可能他根本沒病，他的行

為根本是出於自己的意志控制。症狀中止的場所具有選擇性，證明了至少有一部分症狀是他可以任意控制的。」

記者說：「聽完演講之後，這都有合理的解釋。顏面抽搐與髒話在生理上可以暫時控制住，但它們終究會爆發開來。就像已經裝滿尿液的膀胱，你可以暫時忍住，但最後一定要宣洩。尿液必須排出，就像髒話與抽搐一定會出現。」

暫停一下，想想該怎麼反駁這個論證。它為什麼是錯誤類比？我們怎麼知道這個類比不可能正確？稍微思考一下，在紙上寫出答案，然後與我的答案做比較。

在提出答案之前，讓我們先用一般的理由反駁這個陳述。憋尿與忍住不做某事是一樣的嗎？這個想法未免太簡單，而且還是無實質內容的斷言，根本未提供任何證據。這個想法並未基於證據來提出事實。事實必須以證據檢視其可信度。此外，這種想法會產生什麼後果？難道這不是在為所有的反常行為乃至於犯罪行為找藉口嗎？這麼做，社會會變成什麼樣子？最後會產生什麼結果？人們必須判斷什麼是合理而正確的行為。

以一般理由反駁演講者的斷言之後，我們接下來要專注在錯誤類比上，說明為什麼他的斷言是錯誤類比。我們還要證明，就算它不是錯誤類比，也仍然無法作為醫生術後行為的藉口。

我的處理方式如下：

演講者的斷言是類比，因為醫生的顏面抽搐與其他症狀被比擬成膀胱的尿液，一定得在某個時候宣洩。

好，既然這是類比，那麼下一個問題：這個類比為真或為偽？

誰知道？

我不知道，你不知道，連記者也不知道。演講者可能自己也不知道，因為他似乎只是編了一個膀胱類比，來解釋醫生至少能暫時控制自己。我們只能根據演講者個人的斷言來判斷。

當有人提出斷言時，我們必須證明它為真，也就是它真的反映

真實處境。在面對比擬時，我們可以將它的思路推至極致，藉以檢視其可信度。現在就讓我們這麼做。

若我的膀胱裝滿了尿，我會去上廁所，那位患有妥瑞氏症的醫生也一樣。不同的是，我會到廁所尿，而不會隨便就在辦公室或屋子裡某個角落尿。而且我會挑時間尿，不會想尿就尿。

當這位醫生走出手術室時，他會在任何地點對任何巧遇的人大聲咆哮與罵髒話。然而根據膀胱類比，如果需要，他應該到隔音間或廁所罵髒話，他應該在廁所裡罵個三分鐘（一般人上廁所會花的時間）再出來。

任何通情達理的人，都不會允許這位醫生在公共場所便溺，那為什麼允許他在公共場所叫囂猥褻言語？因此，膀胱類比有誤。即使壞行為是生理必然（這點尚未受到證據支持），仍然罪無可逭。壞行為不能以生理必然為藉口。就算膀胱類比合理也沒有用，因為它從前提開始就錯了。

如果你還不了解，那麼以下說明應該更容易掌握：如果妥瑞氏症症狀與尿液都是生理必然，為什麼這位醫生在面對妥瑞氏症時，無法做到類似憋尿的社會控制。當然你可能說，也許他無法像控制膀胱那樣控制顏面抽搐。

是的！這就是我的論點。提出膀胱類比的不是我，是那位演講者。如果膀胱類比有錯，是演講者的問題，不是我。或許這位醫生無法像控制膀胱那樣控制妥瑞氏症症狀？或許吧，但證據卻顯示他可以。他能在手術室控制膀胱與顏面抽搐，他不會在手術室便溺，更不會在那裡罵髒話。

人類與機器的類比通常是錯的。

我和我的車子都在德州。我和我的車子共有地點相同的性質，不一定表示我們共有其他性質。事實上，我們擁有的某些性質完全不同。我的車子需要汽油才能發動，對汽車來說，汽油是燃料。若我喝了汽油，我會死。

另一方面，我們可以合理地說，當我的汽車沒油，也就是說，當它餓了，引擎就會熄火。同樣的道理，如果我沒吃東西，就會全身無力。倘若這個類比沒有過度引申，則它是成立的。汽車與人類都需要燃料。汽車的燃料是汽油，人類的燃料是食物。汽車與人類都需要能量才能運作。

然而，停機數個月的引擎可以添入燃料而重新發動，但已經死去的人就算餵了食物也不可能復活。在此，先暫停一下，想想何以如此。想想機器與死屍的不同之處。是的，這個類比有問題，因為機器停止時並未死亡。事實上，機器本來就不是活的。如果機器死了，就不可能重新發動，因為死亡是不可逆的。

就我的車子與我的身體的類似點來看，對一方為真之事，對他方亦為真。就我的車子與我的身體的不同點來看，對一方為真之事，對他方卻為偽。

所以，當心機器類比。機器常被用來比擬生命、健康、人體，以及各種與機器毫無關係的事物。機器與其他事物間的不同之處，要比相似之處來得多、重要且顯著。凡是適用於機器之物，往往只能適用於機器。

政府不是船，總統也不是船長。

政府與船的類比，讓我困擾不已，我想你也一樣。想想下面這段詩，試著判斷其類比為何，而這個類比又是如何連結上真實世界，如果兩者間有連結的話。

喔 船長！我的船長！我們可怕的航程已經結束，
船已經安然通過每個風險，我們贏得追尋已久的獎賞。
港口近在眼前，我聽見鐘響，所有的人都在歡呼，
眾人看著我們的船緩緩前進，它是如此頑強而勇敢；
　　但是 喔 心啊！心啊！心啊！
　　　喔 鮮紅的血滴，

> 甲板上　我的船長躺下，
>
> 　　身體已經冰冷。

　　討論：詩是一回事，明確的思想是另一回事。詩的目的在於表現情緒與情感，能達成這個目的的就是好詩。上面的詩句引自惠特曼（Walt Whitman）《草葉集》（*Leaves of Grass*），它是如此美好，以致於許多學童必須背誦它。小學時我背過這首詩，或許你也背過。

　　這首詩表現出惠特曼對林肯遇刺的感受。惠特曼景仰林肯，覺得他的死是國家莫大的損失。從廣義來看，惠特曼將林肯比擬成船長，不過林肯並不是船長；他將美國政府比擬成船，一艘國家之船，有人也許會說，這是諺語中常說的國家之船。這個比擬有問題嗎？

　　就詩來說是沒什麼問題，但作為事實則不可能為真，而是錯誤類比。它引領我們遠離真實走向虛假，並模糊現實而專注於錯誤。

　　這首詩的思緒輕快，雖然誠摯而真切，卻缺乏真理所必要的清晰觀察。這是詩意心靈固有的瑕疵，有鑑於這些瑕疵可能對我們有害，我們必須仔細加以檢視。而當這些概念被政治目的利用時，我們必須提出抗議。

　　尼克森總統經常跟新聞界說，他是駕駛國家之船的船長。他告訴媒體，媒體與民眾都不需要知道他終止越戰的祕密計畫，而身為船長，他知道該帶領大家到何處。意思是說，我們只能乖乖閉嘴，順從並遵守他的命令，不許質疑他的判斷，彷彿他是我們的船長。

　　然而，我們該聽他的話嗎？我們該遵從總統，彷彿他是船長？這個類比有錯嗎？這個類比引致的行為，是否會有不利的結果？

　　我們後來才知道，尼克森的確有許多祕密計畫。1969 年，他授權祕密轟炸柬埔寨，並且持續四年之久。投擲的炸彈總數有 539,129 枚，幾乎有一半的炸彈是在戰爭結束前六個月投擲的。柬埔寨的古灌溉系統泰半遭到摧毀，大片的稻田化為焦土，成千上萬的柬埔寨

人被炸死。這麼做的意義何在？而我又為什麼要告訴你這一點？

　　我要藉此說明政府祕密行動的可能後果，並證明把總統當成船長而盲目遵從可能是錯的。尼克森結束越戰的祕密計畫，說穿了就是撤退。到底被洗掉的錄音帶中錄了什麼祕密計畫，我們或許永遠也不會知道。但你可以打賭，裡面錄的應該不是什麼好東西，否則為什麼尼克森想洗掉內容？

　　重點在於，把總統想成船長，把政府想成船，是一種導致嚴重乃至於可怕後果的錯誤類比。

　　為什麼它是錯誤類比？請你列出幾個它行不通的理由，這樣就可以與我的答案互相對照。

　　現在，你應該已經想出不少反對理由來說明，將政府比擬成船是缺乏證據的事實。它只是斷言，需要填充大量的證據才能取信於人。它太簡單，簡單到可能是錯的。統治國家比開船複雜得多。它之所以是錯誤類比，在於政府並不是船，政府既不能浮在水上，也不能運送自己的人民到公海的某個地方。此外，船沒有辦法像政府一樣做那麼多事。它不能徵稅、宣戰等等。如果政府不是船，則總統是不是船長也就無關緊要。就算他是船長，也與總統職位無關，因為政府不是船。事實上，總統與船長的權力地位截然不同。總統權力受制於國會、最高法院，而就某種程度來說，還受制於新聞界與輿論。在公海上，船長是一船之主，擁有完全的指揮權。他說的話就是法律。他不受制於任何人，儘管他跟我們一樣，受制於風與天氣等自然力。

　　民選官員希望被視為船長的主要原因，在於取得絕對的指揮權，如此便能像船長一樣叱吒海上。這正是尼克森想要的，而他也得到了，但尼克森並沒有得意太久，他濫用權力的事實最後還是被揭穿了。而他的罪行實在太嚴重，因此不得不辭去總統職位。

　　林肯是個頭腦清楚的人，他會認為惠特曼的詩不僅溢美，還有點古怪。他或許會諷刺地說：「我拿到的是律師執照，不是船長執

照。此外，我只上過一次船，而且還嚴重暈船。」

原則：凡是適用於船舶、車輛、飛機與其他機器者，通常只適用於機器。

以此導出：

教訓：機器類比很容易讓人上當，要小心。

接下來我們要討論另一個常見的機器類比：大腦是電腦。或是說，大腦就像電腦。

想一想，大腦是電腦，這個類比對嗎？它有幫助嗎？它是否能讓我們更理解現實處境，也就是真理？它是否能讓我們更了解大腦，或更了解電腦？將大腦比擬成電腦有什麼好處，如果有的話？

除了一般的反對意見外（未被證明的斷言、無證據的事實假定、過度概括、簡單思考），我們還能怎樣反駁這個論證？

不用停下來思考這個問題，你在這章已經做了太多思考。休息一下，看我怎麼解釋。

大腦不是電腦，也不像電腦。大腦是活的有機體的一部分，而電腦不是。大腦消耗葡萄糖與氧氣以進行新陳代謝，電腦則使用電力來運作。一旦停止供應葡萄糖與氧氣達四分鐘，大腦會死亡而且無法再度啟動。相反地，即使停止供電數個月，只要一打開開關，電腦仍能啟動；電腦關機不會造成不可回復的損壞。大腦由數千億神經元構成，電腦由矽晶片組成。大腦超過九成是水，電腦完全沒有水。最後，大腦能思考，但目前為止電腦還不能思考。結論：大腦與電腦是截然不同的兩件事物。

這個類比有幫助嗎？

另一個攻擊錯誤類比的方式，是思考這個類比會導致什麼結

果。從實用的角度來說，我們能否藉由研究大腦來瞭解電腦？

幾乎不可能。

要了解電腦如何運作，我們最好研究電腦本身，而非研究大腦。要了解電腦，我們不該進醫學院。如果反過來呢？研究電腦，是否就能了解大腦？

幾乎不可能。

要了解大腦如何運作，我們最好研究大腦本身，而非研究電腦。近年來神經科學的驚人進展，源自對大腦的結構與功能進行詳細與客觀的研究。研究電腦，不可能使神經科學獲得重大進展。

原則：大腦不是電腦，也不像電腦。

以此導出：

教訓：把電腦用在電腦能解決的問題上。大腦是用來思考的。

　　大腦與電腦的類比相當拙劣，致使神經科學界視它為**奇想**（conceit）。奇想通常相當引人注目，但卻是獨斷的隱喻，更是嚴重的錯誤類比。

　　綜觀歷史，奇想總是使我們對大腦的理解產生偏差。人們總是將大腦與各個時代最高的科技成就相比擬。古希臘人發展水力學後，就將大腦比擬為水力器械。當機械鐘在日耳曼地區蔚為風潮時，大腦也被視為機械鐘。當電報成為主流時，大腦被比擬成發報機。我在小學學到，大腦就像接線生；有一段時間，我一直想著我頭蓋骨裡藏著一個接線生。而當計算機成為主流時，接線生的意象也必須跟著修改。我的大腦意象於是變成了計算機。你可以想像，當我在醫學院發現眼睛不是相機，肺不是充滿空氣的汽球，以及大腦就是大腦，什麼都不是時，心裡有何感受。

它們全都是奇想，還是惡劣的類比，使人遠離真理走向錯誤。

更糟的是，它們全是錯的，全犯了思考上的錯誤，進而阻礙人類的進步與理解。從教訓中，我們發現這些論證完全缺乏根據。然而，這些論證主導人們思緒的時間，竟達數世紀之久。以水力器械來說，這個錯誤信念居然主導了一千五百年以上的時間。這豈不愚蠢？人類為何會輕易接受這些鬼扯？

原因在於大多數人不會質疑被比擬的事物之間的類似性。此外，許多類比靠的不是思想，而是想像，因而形成一廂情願的思考。看起來懂了，實際上完全不懂。我們暗地裡欺騙自己，假裝自己什麼都知道。我們私底下認為，將大腦比擬成電腦也沒什麼不好。大腦嗎？我當然知道那是什麼。我完全瞭解，這簡單得很，真的：大腦就跟電腦一樣。我天天都使用電腦，而既然我懂一點電腦，我一定瞭解大腦。看我多聰明！

問題在哪裡？這種比擬有著不良的後果。寧可承認自己無知，也不要在錯誤知識誤導下白忙一場。至少你知道自己不知道，而不會被自以為知道但實際上卻是錯誤的觀點所蒙蔽。

向藥物宣戰？

在政治界，錯誤類比與奇想會以簡略的口號形式出現。口號經常是自我矛盾的，要不是內容空洞，就是自打嘴巴：「道地的摹本」，我猜它的意思是相當寫實的模仿；「非暴力的力量」，我猜它的意思是以非暴力言詞展現的力量；「白種黑鬼」，指的是同情黑人的白人。其他不屬於口號，而比較像是委婉說法的詞語，則是用來模糊意義，而非說明意義：中情局用「社會根除」來表示基於政治考量而進行的謀殺；「象徵性言論」指的不是言論，而是行動，但由於人們認為它們屬於言論自由的一部分，因此受到美國憲法第一修正案的保障。據說，燒國旗與燒十字架都屬於「象徵性言論」。

　　想想下面這個代表美國政府政策的口號：「向藥物宣戰。」現在，請你說明這個口號的意義，說明它爲什麼會引導我們遠離眞理走向錯誤。簡單記下你思考的要點，並且比較你我的分析。現在，你應該有能力抨擊這類愚蠢的政府口號潛藏的嚴重思考錯誤，你應該能毫無困難地反駁錯誤類比。

　　項目：簡單與化約。

　　藥物問題複雜且盤根錯節，不可能有簡單的解決方式，絕對不可能。別誤解我的意思，我也想解決這個問題，我希望戰爭能一勞永逸，但現實上不可能。這只是一廂情願的想法，不可能產生效果。

　　項目：假定無證據的事實。

　　這句口號表示相關議題已經經過徹底的討論與理解，支持這項行動的人民、國會與總統，應該都已認識此事的重要性。然而實際上並非如此，有意義的討論從未進行過。如果眞要進行討論，就該通盤考量，像是執行的成本（時間、精力、金錢）、勒戒的方式、各種藥物的性質等等。這些分析工作勢必冗長而繁瑣。對於想快速而簡單地解決問題的人來說，徹底解決問題所需的程序令人厭煩。

　　項目：過度概括。

　　我們顯然無法向所有藥物宣戰，有些藥物其實對我們有益。疼痛的人需要止痛劑，感染的人需要抗生素，糖尿病患者需要胰島素等等。換言之，醫療用藥不在宣戰之列，但這句口號並未說明這一點。如果我們不是對醫療用藥宣戰，就應該詳細列出「敵對」的藥物。更好的作法，是提出特定種類的藥物、藥物用量限制、限制特定藥物的理由，以及相關的成本效益分析。同時，還要詳列例外。舉例來說，在宗教儀式中，美國印第安人可能會使用仙人掌製成的幻覺劑；在阿拉斯加州與內華達州幾個郡，娛樂用大麻是合法的；在包括加州在內的十三個州，醫療用大麻是合法的。

　　項目：缺乏證據支持的斷言。

　　斷言向藥物宣戰是合理乃至於迫切的，必須要有證據支持。我們不能提出一項金額高達數十億美元的計畫，卻沒有有效的證據支持。一般說來，國家只有在面臨生死存亡時，才會發動戰爭。這裡的情形是這樣嗎？如果是，則證明之。光是斷言問題嚴重，簡直到了該宣戰的地步，是不夠的，要有**證據**才行。

　　項目：模糊定義。

　　暫且撇開**戰爭**一詞的誤用不提，以「向藥物宣戰」這句口號的脈絡來看，就連**藥物**一詞也沒有適當地加以定義。或許這裡的藥物指的是非法藥物，但即便非法藥物也有種類之別，藥效也有差異。有些藥物不會讓人上癮，例如迷幻藥。有些藥物的成癮性低於菸草，如古柯鹼。是的，在對五十位頂尖內科醫生進行藥癮問卷調查後發現，菸草居然比古柯鹼更容易上癮。當類似古柯鹼但卻比古柯鹼更容易上癮的藥物（例如釋放多巴胺的藥劑）屬於合法時，禁止古柯鹼還合理嗎？

　　有些藥物的傷害相對較少，如大麻。事實上，拉瓜迪亞委員會（LaGuardia Commission）與美國醫藥協會（American Medical Association）這兩個官方組織支持大麻傷害較少的說法。

　　是的，美國醫藥協會在國會做證，認為沒有醫學證據證明大麻有害。美國醫藥協會反對聯邦法令限制大麻的使用。1914 年通過的「哈里遜麻醉品法」（Harrison Narcotic Act）回應美國醫藥協會的訴求，特別把大麻排除在外。1937 年，針對鴉片、海洛因與相關藥物的懲罰開始適用於未授權使用的大麻上。隨後，所有內科醫生的大麻使用執照都被取消，包括我在內。因此，即使是為了醫療用途，也不許使用大麻。把大麻與海洛因混為一談，會有什麼後果？

　　因為有人持有大麻而予以逮捕，可能會讓法院人滿為患，而這種情形也確實發生在某些司法轄區。正因如此，英格蘭宣布不會逮捕大麻使用者。

　　目前，休士頓已暫停執行相關法令。若休士頓確實執行該法，

則該市某些區域將有九成人口全都得關進監獄。

坦白說，我不關心是不是有人抽大麻。你呢？即使你真的關心，有多關心？如果有人因為抽大麻被抓，你願意出多少錢支付逮捕、偵訊、起訴、審判、處刑與監獄的成本？

項目：轉移目標的思考。

向藥物宣戰的想法，有沒有可能不只是一種控制藥物的方法，而是一種轉移我們注意力的方式，或是一種強化社會對個人生活的控制的方式？若果真如此，向藥物宣戰根本不是重點，不過是試圖讓我們不去注意真正的問題罷了。

這讓人想起歐威爾（George Orwell）《一九八四》（1984）中的「戰爭」。根據高斯坦手冊的說法，「戰爭」並不真實。「戰爭」不僅不真實，而且永遠不會終止，因為它是權力的工具，是統治者控制群眾的藉口。「戰爭」轉移了大洋國民眾對貧困與奴役的注意。掌握權力的菁英創造出虛假的敵人與戰爭，好讓民眾去憂慮與仇恨，使他們忽略真正的問題：自由與人性尊嚴的喪失。對老大哥來說，權力不是工具，而是目的。權力意味著對他人施予無限痛苦的能力。薇兒（Simone Weil）說，權力能將活人變成死屍，也就是一團死物。[1]

我的重點不在於爭辯藥物問題，而是指出「向藥物宣戰」這個口號所牽涉的思考。這種思考可能導致相當糟的後果。而更複雜的是，我們當中絕大多數人每天都會服用藥物。我早上喝的咖啡裡面有一種藥物叫咖啡因。茶與可口可樂當中也有這種藥物。咖啡因能結合腺嘌呤核苷受體，防止多重神經傳導物被破壞。咖啡因的淨效果是刺激大腦，作為一種藥物，它具有相當正面的功效。這是我們使用咖啡因的原因。菸草與酒精也是藥物，它們的販售受到控制，使用也僅限於成人。在昨晚的餐館中，許多人使用酒精，但他們沒有濫用酒精。這是個差異。人們是否可能使用非法藥物，但卻沒有濫用？原因為何？

這是重點。為什麼類似有限合法化與有限使用的計畫，不能套用在我們必須宣戰的藥物上，或至少是其中一些藥物？英格蘭就曾推動一項計畫，內科醫生可以根據自己的判斷來協助藥物成癮者，甚至是給予藥癮者些許海洛因。這項計畫行之有年，雖不理想，但與藥物有關的犯罪事件卻逐年減少。這樣的計畫能否在美國施行？原因為何？

項目：錯誤類比。

口號將藥物比擬成敵國，還說要對它宣戰。藥物不是國家，也不會引發戰爭。如果真有戰爭，我想針對的也會是人，不是個人就是一群人。

誰？

口號沒有說。如果我們要發動戰爭，難道我們不該知道要攻擊的對象是誰？是成癮者嗎？他們絕大多數都手無寸鐵，也沒有穿軍服。如果這是一場對抗成癮者的戰爭，則它缺乏合理性，因為成癮者多半是病人，他們不過是想藉由藥物暫時忘卻所有煩憂。這是一場對抗交易者的戰爭嗎？他們絕大多數都手無寸鐵，也沒有穿軍服。如果這場戰爭是要對抗交易者，那麼是哪種交易者？負責跑腿的孩子，他們的收入僅能糊口，但他們卻是面對最多風險的交易者，而這些風險主要來自其他交易者。此外，這些孩子還面對被逮捕與遭警察傷害的風險。這些跑腿的孩子主要是黑人，他們是我們宣戰的目標嗎？警察又扮演了什麼樣的角色？貪污的警察是敵人嗎？貪污的政治人物呢？順道一提，這場仗要怎麼打？機關槍？地面部隊？氫彈？

魔鬼就在細節中。在民主國家，為了得到充分資訊，我們必須知道細節，以了解政策是否合理。如果人們願意謹慎思考，他們將會發現，讓他們接受某個命題的錯誤類比，也可以用來支持相反的結論。

項目：積非成是的定義是錯的。

口號中的**戰爭**被誤用了，這可能是因為這個詞本身帶有一種情感效果，而情感效果正是清楚思考要避免的。當情感攪入思想時，要當心。

戰爭是國與國之間或一國之內各派系間的公開武裝戰鬥。如果向藥物宣戰是真實的戰爭，則國會必須正式宣戰。由於國會並未宣戰，也沒有採取明確針對他國的軍事行動，我們必須認定，向藥物宣戰並非真實。如果它不是真的戰爭，就一定是假的戰爭。

你有沒有注意到，現今美國已經有太多假東西？我們還需要假東西嗎？我們需要假戰爭嗎？我們需要假意向藥物宣戰嗎？

此時不該停止戰爭隱喻嗎？此時不該明智地思考藥物問題嗎？

項目：**迴避問題**（Begging the question）。

我們將在第七章討論這個思考錯誤。迴避問題，是片面揀選證據這個錯誤的一個分支。簡言之，向藥物宣戰，意味著我們將贏得戰爭。一個神智清楚的人或國家除非有成功的機會，否則不會宣戰。事實上，之前幾次向藥物宣戰都以失敗收場。新發動的戰爭與之前的戰爭，其間有何不同應予以詳述，如此我們方能決定與過去相比，這次戰爭的結果會是更好、相同或更壞。

據此，人們應該會有興趣回顧美國過去禁止藥物失敗的經驗。例如，禁酒反倒增加了酒精的消費，導致女性只能到地下酒館喝酒，提高了幫派犯罪比例，更糟的是，造成市場酒精飲料摻入甲醇，這是一種毒害人類視覺系統的物質。

最後，這場大規模的全國性實驗宣告失敗，憲法的禁酒修正案也被廢止。美國成年人現在可以自由飲用杯中物。有趣的是，禁酒令廢止後，因禁酒引發的犯罪潮也乍然中止。犯罪潮消失的理由，是非法酒品市場的消失。非法酒品的價格或數量無法有效與合法酒品競爭。

這個結果引發有趣的疑問：如果將所有現今的非法藥物全部合法化，會發生什麼事？與藥物買賣有關的犯罪是否也會消失？天曉

得？不過，在新一波所費不貲的藥物戰爭開打之前，這是我們必須思考的問題。

想想下面這兩個三十秒的電視廣告。

第一個廣告叫〈我協助〉，年輕人一個接一個地說：「我協助謀殺了哥倫比亞的家庭」；「我協助炸彈客取得假護照」；「我協助炸掉大樓」。廣告末尾出現一行標語：「藥物交易支持恐怖主義。如果你買藥物，你可能是恐怖份子的幫凶。」第二個廣告叫〈AK-47〉，它模仿萬事達卡的廣告〈無價〉。廣告中出現了後車廂裝滿自動武器的租用車、一棟安全的房子，以及購買美工刀的男子。廣告末尾出現一行標語：「恐怖份子從哪裡拿到錢？如果你購買藥物，可能就會成為恐怖份子的金錢來源。」

這些廣告首次播出是在第三十六屆超級盃比賽期間，廣告成本190萬美元，由納稅人負擔。〈我協助〉的各項廣告刊登在三百多種報章雜誌上。

批評者認為這些廣告的否定策略不可能有效。馬可斯（Jane Marcus）是兩個孩子的媽，也是加州帕羅奧多家長教師聯誼會的成員，她說：「一開始的論點就錯了，並且利用了人們的恐懼。恐怖攻擊與藥物濫用根本毫無關連。」納德曼（Ethan A. Nadelmann）是藥物政策聯盟（Drug Policy Alliance）執行長，他說：「這個廣告無恥地利用反恐戰爭。政府試圖重振藥物戰爭的旗鼓，將它與反恐戰爭連結。」

這是他們的看法，你怎麼想？你會說什麼？你會對藥物說不嗎？你會對藥物戰爭說不嗎？你會對常見的非理性口號說不嗎？讓我們回顧過去一些戰爭口號，但不做任何評論：「從異教徒手中搶回基督的墳塋」；「打倒天主教」；「不自由毋寧死」；「棉花、奴隸制與州權」；「不自由毋寧死，波多黎各自由萬歲」；「以戰止戰」；「勿忘緬因號」；「北緯54度40分或開戰」。

這些口號已成為不可回復的過去的一部分。它們使得成千上萬

的人投入戰爭。它們必須爲成千上萬乃至於數百萬的死者負責。

原則：口號會模糊思考。

　以此導出：

教訓：提防口號，尤其是反覆出現的口號，它們通常錯得離譜。不斷重複的口號，意味著它的反面比較接近眞理。不斷重複的口號是一種激勵人心的形式，我們應該反過來想，爲什麼要激勵我們。

　你應該還記得「我們是主宰種族」這個出現在第二章的口號吧？誰是我們？當然是第三帝國。

　這句口號中的**是**是述詞，還是存在斷言？日耳曼人眞的是種族嗎？如果日耳曼人是種族，他們眞的是主宰種族嗎？事情有這麼簡單嗎？證據又在哪裡？如果日耳曼人是主宰種族，該如何解釋第一次世界大戰的失敗？日耳曼人是主宰種族可以導出什麼結論？（提示：如果有主宰種族，則必有奴隸種族。事實上，希特勒利用這個謊言合理化他的侵略與壓制行爲。）

　夏伊勒（William L. Shirer）的《第三帝國興亡史》（*The Rise and Fall of the Third Reich*），說明希特勒如何想到要成立宣傳部（之後擴大爲人民啓蒙與宣傳部）。希特勒任命戈貝爾（Joseph Goebbels）爲人民啓蒙與宣傳部長，並且命令他設計口號，即使愚蠢而不眞實，但只要不斷重複，人們終究會信以爲眞。所有的電台與報紙都在戈貝爾的掌握之下。要在第三帝國統治下當個編輯，首先必須在政治與種族上是「純淨的」。根據 1933 年 10 月 4 日頒布的法律，新聞事業是「公共性的職業」，國家必須管制，而編輯必須是德國公民，具有雅利安人血統，且未與猶太人結婚。於是，德國新聞界自然成爲一言堂，每天的新聞都是漫天大謊。少數幾個精於言詞煽動、操縱

群眾與欺騙的領導人，帶領整個世界走向悲劇的命運。

　　即便德國潛艇 U-30 在無預警下擊沉英國郵輪，造成 112 人死亡，其中包括 28 名美國人，希特勒仍命令廣播與報紙報導，這起事件是因為英國海軍大臣邱吉爾在郵輪上安裝了定時炸彈，而邱吉爾這麼做，是為了醜化德國！

　　讀完本書之後，你可以找夏伊勒的作品來看看，研讀納粹德國的歷史會是很有趣的經驗。你會注意到多重的思想錯誤助長了希特勒的權勢。注意希特勒向藥物發動的戰爭，以及隨後向藥癮者發動的戰爭，還有他持的種種理由。注意希特勒向槍隻私有制發動的戰爭，還有他反對武器私有制的論點。接著，檢視希特勒禁絕戀童色情文學的理由，然後再思考他的攻擊目標：「墮落的同性戀者」、吉普賽人、共產主義者、社會主義者、藝術家、作家，最後則是猶太人。就每個例子來看，對德國人口中特定族群發動的攻擊似乎言之成理。然而，只要你略為思考幾分鐘，這些理由即不攻自破。思考希特勒的作法及其背後的理由，除非從邪惡的角度出發，否則無法使之合理。現在，你應該明白，只要稍作思考，就能輕易揭發希特勒與納粹心中構想的殘酷計畫。如狄更斯（Charles Dickens）《董貝父子》（*Dombey and Son*）中邦斯比說的：「觀察方位的方式就是觀察。」[2]

複習

　　現在你應該知道該怎麼做了，就像前幾章一樣，複習本章。如果你覺得不需要複習，那麼就直接跳到下一章。如果你不確定自己是否需要複習，就回答下面十二道題目。如果你能答對 70% 或以上，就沒問題，如果少於 70%，最好重讀一次粗體字部分，不只本章，還要連同前面幾章一起重讀。

1. 想想這句陳述:「邏輯就像鋒利的刀劍,越是使用它,就越鋒利。」下列選項何者最正確?

　　A. 該陳述正確。

　　B. 該陳述是錯誤類比。

　　C. 該陳述是錯誤類比,因為鋒利的刀劍只會越用越鈍,但邏輯的使用只會與日俱進。

　　D. 邏輯是精確科學,所以刀劍類比不適用。

2. 想想這句陳述:「可樂是它。」

　　A. 該陳述是模糊的。

　　B.「可樂」與「它」仍未定義。

　　C. 該陳述是廣告口號,雖然未能明智地指出理由或證據,但越模糊,就越能將可口可樂販售給可能的消費者。精於算計的廣告人刻意讓陳述看起來模糊。

　　D. 以上皆是。

3. 九一一攻擊事件之後,小布希總統說:「只有膽小鬼才會做這種事。」字典裡對「膽小鬼」的定義是:「因恐懼而無法行動的人。」所以,總統的陳述究竟如何?

　　A. 該陳述為偽。

　　B. 該陳述是個說明積非成是定義錯誤的例子。

　　C. 總統應該說:「恐怖份子是懦夫。」因為「懦夫」這個詞指卑劣的為惡者,更能形容恐怖份子的形象。

　　D. 以上皆是。

4. 想想這句陳述:「大腦是電腦。」

　　A. 絕對不是。

　　B. 該陳述為真,因為大腦與電腦都能計算。

C. 該陳述為真，因為瞭解大腦有助於瞭解電腦。

D. 該陳述為真，因為大腦與電腦由類似的物質構成，並在相同環境下以相同方式運作。

5. 想想這句陳述：「歷史會重演。」

A. 歷史類比相當常見，但經常錯誤。

B. 歷史很少完全重演，因為現在與歷史處境很少完全相同。

C. 該陳述沒有提出任何論據，因此只是斷言歷史會重演。

D. 以上皆是。

6. 股票營業員告訴你，他將提供你完美的投資建議。他說，如果你遵循他的建議，就不可能賠錢。你從這個人的陳述得出什麼結論？

A. 他在說謊。沒有事情是完美的。沒有人能絕對地預測未來的投資績效。

B. 也許他真的善於投資。

C. 好壞難測，但還是可以給他一筆錢看看結果如何。

D. 以上皆是。

7. 想想這句口號：「向藥物宣戰。」

A. 這句口號藉由假定「向藥物宣戰是一件好事」來迴避問題。

B. 這句口號藉由假定「向藥物宣戰可以贏得勝利」來迴避問題。

C. 這句口號藉由假定「藥物問題是可解決的，而解決方式或其中一部分就是向藥物宣戰」來迴避問題。

D. 以上皆是。

8. 想想這句陳述：「又有一個政治人物被關進牢裡，這顯示政治人物毫不可信。」

　A. 該陳述是概括。

　B. 該陳述爲眞。

　C. 該陳述建立在完整、適當的證據上。

　D. 團體中少數成員的行爲，充分顯示出該團體一般成員的行爲。

9. 想想美國公共電視記者做的陳述：「在這座兩萬人的小鎮裡，每個鎮民都知道，此刻蓋達組織正在離此地十九公里的山麓激戰。」

　A. 該陳述不可能完全爲眞，除非每個鎮民都接受訪問，且每個鎮民都同意蓋達組織正在離此地十九公里的山麓激戰。

　B. 該陳述只是記者的誇大說法。

　C. 只要有一個鎮民不同意該陳述，該陳述即被證明爲僞。

　D. 以上皆是。

10. 想想 1988 年 12 月 23 日《華盛頓郵報》（*Washington Post*）的新聞標題：「華爾街輕鬆面對德萊瑟（Drexel）清償案」，以及「德萊瑟案可能嚴重衝擊華爾街」。

　A. 其中必有一個或兩個標題有錯，因爲兩個相反的事物不可能同時爲眞。

　B. 這兩個標題是個好例子，顯示新聞界使用的「雙重思考」（doublethink）技巧。這種技巧源於《一九八四》，指相反的觀念可以同時被視爲眞實。

　C. 兩個標題湊在一起構成了自我矛盾。

　D. A 與 C 是正確的。

11. 想想下列陳述：「戰爭即和平」；「自由即奴役」；「無知即力量」。

    A. 這三個陳述是口號。

    B. 這三個陳述是奇怪的矛盾，而且是雙重思考的例子。

    C. 這三個陳述是《一九八四》中大洋國政府英社黨的口號。

    D. 以上皆是。

12. 「這些是上好的無子葡萄，」雜貨店老闆這麼說，之後又加了一句：「你怎能期待上好的無子葡萄有這種價格？」

    A. 這兩個陳述彼此矛盾，因為第二句陳述顯示第一句陳述為偽。

    B. 在不知道無子葡萄是什麼的狀況下，我們無法判斷這兩個陳述的真偽。

    C. 雜貨店老闆的陳述反映出商人常見的思考錯誤。

    D. A 與 C 是正確的。

答案：

1. C 是正確的，因為它的答案最真實。D 是錯的，因為邏輯不是精確科學。誰說它是了？邏輯是不是科學，取決於「科學」與「邏輯」的定義。就這兩個詞的一般定義來說，邏輯既不科學，也不精確。事實上，我在導論中的確說過邏輯是科學，但也說過邏輯是藝術。邏輯之所以是藝術，在於它是即席、個人、創造與想像的技藝，需要機敏才能成功。

2. D

3. D

4. A

5. D

6. A

7. D

8. A

9. D

10. D

11. D

12. D

第五章

片面揀選證據

　　本章談的是「片面揀選證據」這個常見的思考錯誤，它使我們遠離眞理走向錯誤。爲了獲得眞理，我們必須考慮所有證據，而不只是部分證據。如果我們思考時排除了合理證據，我們的現實觀點將會模糊，犯錯的機會也會增加。

　　某方面來說，片面揀選證據是錯誤類比、過度概括與簡化等錯誤的根源。這些錯誤只從論證抽取部分元素，而忽視其他同等重要的元素，因此稱爲片面揀選。片面揀選也是另一種危害尤其重大的錯誤的根源，這種錯誤叫做偏見。

　　偏見不只損害被害者（因偏見而受害的人），也損害加害者（存有偏見的人）。有時，偏見使我們傾向於自我偏私，又稱**片面辯護**（special pleading），也就是只採納有利於己的論證，忽略有利於對手的論證。

　　以不適當、不完整或錯誤的證據爲根據的意見，是片面揀選，因此不合理。於是，評估證據就成了關鍵，但有四項困難：（1）思考時，必須考慮所有相關可得的證據；（2）必須判斷證據是否適當與充分，亦即是否有足夠的證據得出合理的結論，而證據是否能說明結論；（3）必須判斷所有證據是否合理；（4）如果不是所有證據都合理，必須判斷哪些證據合理，哪些不合理。

　　篩選證據、確認眞僞不是件簡單的事，特別在現代，許多人處心積慮要欺騙我們。除了公然詐欺，除了心靈的懶惰與愚蠢，妨礙我們正確評估證據的非理性因素，還有我們的情感。情感要素使我們的思考出軌，因爲我們基本上不完全是理性的動物。

當情感強過理性時

　　妄想是一種錯誤信念。一種最値得注意的妄想，是人類生來就是純然理性的。許多證據指出，在人類構思事物時，情感的角色比理性還重要。

　　有些心理學家甚至說，人類絕大多數都被熱情、貪婪與偏見所左右。我們最具自信的判斷與既有看法，與其說來自嚴肅思考，不如說來自本能。事實上，理性就像德行一樣，是一種能力，而且通常需要極大的努力才能獲得。

　　我們存有一種妄想，以為自己是純理性的，因為對受傷的自我來說，這麼想會比不這麼想舒服一點。我們傾向於選擇保護自我。而在潛意識心靈的運作下，我們不知不覺地採取這種作法。

　　是的，潛意識心靈。許多心理學與精神醫學的證據指出，我們的心靈生命由兩個部分組成：意識部分（思想以及可立即察覺的感受）與潛意識部分（這裡隱匿著人類的原始本能、非意識反應、對性與食物等的情感驅力，以及未浮現於意識層次的記憶，包括基於情感因素而壓抑、無法立即想起的重要回憶）。

　　在宴會中，如果有人想親吻我太太，我會生氣。當下我可能想殺了那傢伙。這樣的想法會閃過腦際，相信大家都不感到驚訝。五千年的文明不可能完全泯除二十萬年的野蠻本能。我沒有真的打那傢伙，相反地，我的飲料「意外地」灑到他的胯下。於是，審慎斟酌占了上風。我想殺死這個男人的驅力被壓抑下來。但它突變了，變成不同的形式，然後再次浮現，改扮成較溫和的威脅形式，並將此威脅（若有所指地）指向我潛意識心靈最關注的解剖學部位。

心靈機制隱匿情感真理。

　　我的反應完全不理性嗎？或許不是。深入的研究顯示，情感內容（有時）具有知識性。舉例來說，出於本能而不信任陌生人，使我們對聰明的騙子存有戒心。發覺有危險威脅我的家庭的平靜與美滿，我會做出那樣的行為不難理解。

　　意識心靈藉由心靈機制隱藏潛意識的情感真理，對此我們渾然不知，但精神科醫師卻看得一清二楚。這些機制包括壓抑、潛抑、投射、情感孤立、喪失現實感、喪失自我感、轉移、既視感等等。知道這些機制，將有助於深入了解情感生命，進而獲致情感真理。

這些心靈機制雖然與思考或邏輯沒有直接關係，但仍相當重要，你應該找本精神醫學教科書查閱一下。例如其中有種機制叫合理化，也就是為我們的意見或行動尋找錯誤理由，本章稍後將詳細討論這個機制。現在我們的任務是試著理解，潛意識的驅力如何妨礙清楚思考。

身為心理疾病的治療者，我瞭解精神錯亂是人性的一部分。人類的妄想、幻覺與反常的思想過程，往往反映在日常生活的思考上，差別只在於程度與性質，例如精神病患覺得自己就是蓋茲，至於一般做白日夢的人，則想像自己如果跟蓋茲一樣有錢，該怎麼花錢。想像自己贏得彩券頭彩，其實跟想像自己是有錢人差別不大。買彩券的人沒有不想贏的，也很少不會去想自己要怎麼花彩金。

看看下面這個病例：女性患者，三十二歲，穿著邋遢的軍裝。我問她是不是要跟我說什麼，她說：「我很美，但我必須扮醜。」

「為什麼妳要扮醜？」我問。

「因為我搭太空船來到地球，發現這裡的人喜歡殺美女。醫生，為什麼會這樣呢？」

「為什麼怎樣？」

「為什麼地球人喜歡殺美女？」

「我怎麼想不重要。重點是妳怎麼想？」我問。

「不要跟我扯那些精神醫學的鬼話！」

這名女性一身軍裝，好像要去打仗，所以我預期會有一場爭戰。注意，她知道自己不漂亮，但是自欺地認為自己很美。為了讓自己的想法與鏡中出現的相反證據吻合，她精心建構了幻想：她在抵達地球後發現，地球人會殺死美女。她的自我發現到，比起面對事實並改善自己的外表，抱持這種錯誤的念頭更令她感到心安。注意，當她邀請我進入她的幻想時，我並不支持她。支持或同意妄想違反我的醫療專業，因此，我詢問**她的**意見。她已經看過太多精神科醫師，知道我的詢問是一種策略。她憤怒地回應，無法忍受自己

在這個重要議題上有錯。為了維持內在和諧，她必須攻擊其他威脅她的妄想體系的人。事實上，她之所以來醫院，就是因為她在憤怒下刺傷了另一名女性（而這名女性是美女）。

這名病患與明知自己不美但希望別人說她美的女性，有很大的差別嗎？當我們看電影或讀小說，並利用這些素材來想像，藉以滿足現實無法實現的夢想時，我們跟這名病患有很大的差別嗎？

原則：根深柢固的情感需要，可能阻礙對真理的認知。

以此導出：

教訓：當反應超過刺激，或是出現詭異、未經說明或無法說明的理由時，注意是否有情感因素摻雜其中。

的確，人類心靈實在不該以這種方式運作。但現實就是如此：我們喜歡妄想自己很有名、以為自己無所不知，或是想像自己未來會成為富翁。

這種妄想阻礙我們依據現實採取行動，使我們無法藉由改正錯誤來改善處境。

人類心靈通常無法忍受衝突，總是盡其所能地追求某種虛假的和諧，這叫做姑息。為了驅除危害平靜的思想與觀念，心靈會不顧一切地展現非理性的一面。科學家知道這一點，並試圖以意識行動來制衡。

情感因素往往使我們揀選喜歡的證據，忽視不喜歡的證據。這種以情感為依據的片面揀選，不僅使我們無法看清現實，也是一種思考錯誤。

達爾文手邊有本筆記本，裡面記錄了演化論的反對意見。他發現，如果沒有在一想到反對意見時就寫下來，他就會忘記它們，只

記得支持理論的觀念與事實。因為理論的反對意見會造成心靈不和諧，心靈因此藉由忘記它們來保護自己。

之後，當達爾文因《物種原始》（*The Origin of Species*）而遭到各方攻擊時，他的筆記本剛好派上用場。由於他已經思考過絕大部分的反對說法，因此已經做好回應各方詰難的準備。

希望別人往自己臉上貼金，這種心態使人容易落入騙子、阿諛者的圈套之中。演藝人員與一些新聞雜誌編輯，也利用這種「覺得自己比人家好、認為自己比別人懂得多」的人性（非理性）需求。

主題公園也用了同樣的伎倆。這件事是曾在迪士尼公司工作的 L 先生跟我解釋之後，我才知道的。L 先生曾負責設計迪士尼樂園，因此我聘請他擔任顧問，協助我興建位於德州明湖的主題公園。我的主題公園名為德州古代世界，內容主要是打造與古代遺跡一模一樣的場景，例如埃及法老王的墳墓或英格蘭的環狀列石。我希望民眾來到主題公園能得到古文明的知識。L 先生告訴我，這個主意不錯，但裡面的場景必須是民眾認為自己已經知道的內容。不需要提供任何新資訊，也不需要更動任何舊理論或制式說法。簡言之，主題公園提供的，是民眾已經知道或自以為已經知道的東西。他解釋說，設施與展場的淨效應必須與民眾的心靈相符，也就是讓他們覺得自己確實已經知道所有實際上必須知道的東西。主題公園的目標，是滿足民眾膨脹的自我，而不是教導任何人任何事。

當然，我反對說：「這不是真的。」

L 先生向我保證這是真的，並引用資料佐證他的陳述，能呈現了無新意的場景的主題公園，往往相當賺錢，至於呈現真實資訊的則是慘賠。因此，我的主題公園若要成功，就必須簡化原有的複雜內容，訴諸情感與偏見，片面揀選歷史證據與給予錯誤的歷史圖像，這樣才能迎合遊客的心靈習慣。他向我保證，主題公園的現實處境就是如此，數百萬人所觀看的場景，全都是用來激勵歪曲的思考。

我說：「如果是這樣的話，那麼這個計畫不值得做。」

我付給他 18,000 美元的顧問費。他是對的，他指點我現實處境，幫我省下打算投資在德州古代世界的 300 萬美元。

原則：民眾看到自己想看的設施與場景。

以此導出：

教訓：當你聽到有人提到主題公園或電視節目，並且認爲它們是資訊來源時，唯一合理的回應方式是迎合他們。

葡萄那麼酸，我才不想吃呢！

合理化，也就是提出錯誤的理由，是常見的思考錯誤。

另一種避免衝突以保護自我的方式，是找出或甚至創造出理由。這種心靈機制稱爲合理化。合理化給予我們行動、信念與欲望的合理或看似合理的表面解釋或藉口，而未碰觸我們眞正的動機。

合理化很常見，因爲人們喜歡援引支持自己觀點的論證。但絕大多數的論證都不是眞正的理由，而是假冒的原因。其實，所謂的推論很多只是用來合理化，讓我們已經相信的事物看起來合理。有時，合理化不是用來說明自己的意見，而是爲了掩飾個人的無能。

狐狸搆不著葡萄，於是便認爲自己不想吃葡萄。狐狸不想吃葡萄，因爲牠認爲葡萄是酸的。但事實上葡萄並不酸，結論與事實不符，因此結論是錯的。

事實上，狐狸是在閃躲牠搆不著葡萄的眞正理由，如自身的缺點、不夠聰明、能力不足或不夠高。狐狸未能面對自身能力不足的問題，反而想出安慰自己的謊言：牠不想吃葡萄。但這個謊言太露骨。牠知道自己其實是想吃葡萄的，於是就想出更好的理由。爲了掩飾謊言，狐狸必須努力把謊言轉變成意識能接受的東西。通常，

謊言在經過加工之後，就成了幻想或合理化的說詞。狐狸選擇了後者，說自己不想吃葡萄，是因為葡萄很酸。

當人們無法得到自己想要的東西時，就利用「酸葡萄」的說詞來搪塞。因此，酸葡萄的託詞，往往會在失去對方的愛或對方對你的愛毫無回應的狀況下出現。不理性的思考大概就像這樣：她很美，但她不喜歡我，因此我不能擁有她。因為我不能擁有她，她不配得到我的愛。因為她不配得到我的愛，所以我不想得到她。這個理由經過加工之後可能還會涵蓋其他的事物，如她有口臭或她舞跳得很差，或是其他不知是真是假的說法。嚴重一點的可能惱羞成怒：她不愛我，所以我不愛她。我不只不愛她，而且還恨她。

人們也可能片面揀選瑣碎的缺點而予以過度強調：她很美，但她的美有瑕疵。她的手不美，所以我不愛她。事實上，我恨她那雙醜陋的雙手，因為我恨她的手，所以我恨她。

因此，由於一連串惡劣思考，愛因而生恨。而在某些極端的例子裡，恨很可能導致暴力行為。

聽起來怪異，似乎不可能？一點沒錯。它的確怪異，但不是不可能。這種錯誤而顛倒是非的連結，往往是造成激憤之下犯罪的根本原因。

片面適用倫理原則，是一種片面揀選，因此是錯誤的。

合理化通常用來為片面適用或誤用倫理原則開脫。當心中出現對立的兩套觀念時，合理化便會出面解圍，以避免內心的不一致。把行為孤立起來，並隱藏行為本身的意義，如此便能扭曲掉對立觀念之間的關係。

舉例來說，虔誠的教徒，並不會對自己逃漏稅的行為感到良心不安。他們會提出這樣的藉口：「政府會亂用這些錢」；「我跟我的家人比政府更需要這筆錢」；「大家都這麼做」；「騙政府與騙人不一樣」；「稅捐不公，逃稅有理」；「政府不缺我這筆稅款」等等。

在這裡先暫停一下，試著想想你自己用什麼藉口逃漏稅。我說試著想想，因為實際上要想起這些事不是那麼容易。我們喜歡從好的方面想自己的事，我們無法忍受自己居然是騙子。況且，我怎麼知道你有沒有逃漏稅？

另一個常見的心靈衝突，是本能與欲望的挫折。我們想買一部新車，卻無力負擔。我們想從銀行偷點錢，卻又知道那是錯的。

原則：本能與欲望的挫折，是心靈衝突最常見的原因。

以此導出：

教訓：幻想不能解決挫折。可能的話，盡量直接地、現實地滿足你的本能與欲望。

有時，合理化隱藏得十分周密，我們需要有所準備才能將它挖掘出來。分析脈絡與高度懷疑通常是必備的兩項工具。

如果我這本書得到劣評，我可能合理地認為，評論者帶有隱含的憎恨與深切的妒意。畢竟，書評家是一群缺乏創意的人，這是為什麼他們不是作家，而是評論家。我們根本不用理會他們。他們說的全都是偏見、不合理的話，有時完全是鬼扯。

如果第二天我看到正面書評，並因此讚揚寫書評的人，則可想而知，我先前的說法其實是合理化說詞。負面書評傷害我的傲氣，對我的書提出種種不悅的說法，衝擊了我的自尊，我的潛意識心靈因而試圖回復和諧。其實，我之前說的理由，並不是我討厭評論者的真正原因。我是因為討厭他們的評論，才編出那些理由。如果我明知自己的理由是假的，那麼我便是虛偽；如果我並未察覺到自己理由的真正（潛意識）根源，那麼我只是非理性。

任何批評所引起的情感反應的麻煩之處，在於自我妄想的安撫

效果無法持續。頑固的現實終究會戳穿假話，一廂情願的思考並不管用，只會傷害我們。

　　不理會評論家，意味著我不願為下一本書而建設性地改善自己的寫作方式。由於評論家有助於書籍銷售，因此從經濟利益的角度來看，我最好站在現實的嚴厲燈光下接受檢視，不管這光線有多明亮與痛苦。

讓我們一起跳下懸崖吧！

求同本能與團體迷思通常涉及片面揀選。

　　大部分人認為，要提出與一般既定想法不同的觀念是很困難的。極少數敢提出新原則的人，不僅要抵抗因標新立異而招致的迫害，還要與自己內心的求同本能奮戰。想想下面這封試圖說服我投資的誇大廣告信函：

隨著時間流逝，人們逐漸淡忘長期資本管理公司曾經帶來的混亂，從基金經理人到投資大戶，每個人的眼光全集中在避險基金上。
避險基金是投資圈歷久不衰的寵兒。越來越多的投資人將這種未受管制、未對外宣傳的投資工具，視為排除市場不確定風險的絕佳手段。從 1995 年以來，避險基金的資產便急速增加。

　　《投資者財經日報》（*Investors' Business Daily*）的魏斯（Christina Wise）是這篇垃圾報導的作者。

　　分析：我對長期資本管理公司的記憶並不模糊，所以第一句話不能用在我身上。事實上，我記得非常清楚，長期資本管理公司損失的資產高達 46 億美元。瀕臨破產的長期資本管理公司，必須仰賴葛林斯班（Alan Greenspan）的援手才能渡過難關。長期資本管理公司之所以吸引外界的目光，原因在於龐大的資產、巨額槓桿（這使

得原本就已相當龐大的資產更形巨大)、兩位重要合夥人的名聲(經濟學家莫頓〔Robert C. Merton〕與史柯茲〔Myron S. Scholes〕,他們的選擇權定價研究贏得 1997 年諾貝爾經濟學獎)。兩位世界級的大師失敗了,不僅損害自身的理論,還引發任何理論都未能預見的全球事件。

讓我們繼續分析《投資者財經日報》這篇愚蠢文章,「從基金經理人到投資大戶,每個人的眼光全集中在避險基金上」,這怎麼可能?這段陳述不可能是真的。有些人或許正在注意避險基金。然而,就算「許多」人正在注意避險基金,能說是每個人嗎?不行,至少我就沒在注意避險基金。或者說,我是用相反的方式在注意避險基金。

等等,我現在不就在注意避險基金嗎?因為我在這本書裡討論避險基金,所以我在無意間注意著它們。然而,我的「注意」,絕非魏斯所說的注意,因為我看到的,是害慘許多人的愚蠢。

如果這段文字是真的呢?如果每個人真的都越來越注意避險基金呢?那又怎樣,別人這麼做,我就要跟著做嗎?明顯地,這段陳述訴諸求同本能。作者希望我們這麼想:因為每個人都密切注意避險基金,所以我們也該注意避險基金。然而,從眾的問題,在於你不知道會有什麼結果,也許是集體跳下懸崖。

仔細想想,第一段並沒有提到人們如何或為什麼密切注意避險基金。注意不一定是好事。針對長期資本管理公司的各項調查已在進行,而反對避險基金的各項批評也已經出現,它們批評的理由,正是避險基金「未受管制」。

避險基金未對外宣傳的理由其實很簡單,它們被禁止對外宣傳。此外,法律規定避險基金的投資人流動資產不得少於 100 萬美元,或是年收入必須高於 20 萬美元。

注意第二段的情感語言。避險基金是投資產業的「寵兒」嗎?據我所知不是。我倒覺得它像害群之馬;或者,對那些投資長期資

本管理公司而血本無歸的百萬富翁來說，避險基金像門邊的野狼。

注意第二段與第一段矛盾。第二段告訴我們，有越來越多的投資人注意避險基金。越來越多？我還以為是每個人呢？當然這是訴諸求同本能。這個未經證明的斷言認為，既然有越來越多人這麼做，我們也該這麼做。

在投資世界裡，對錯不是由群眾決定。如果你的資料與推論正確，那麼你就是正確的；同時，勇氣必須排在適當知識與經過驗證的判斷後面。

與群眾的意見或行為一致是不合理的，因為這等於鼓勵我們在沒有佐證的狀況下盲目接受他人的意見與觀點。在群體中普遍流行的觀點，不必然為真或為偽。所有觀點，無論是個人或團體的主張，都必須受制於進一步思考與證據分析。與群體既有意見不同，或想在群體之中另組群體，這種作法不一定不合理，也不一定不可接受。然而人們往往會認為差異是不好的，因此往往以貶抑的詞語來形容差異，如**邪惡**、**差勁**、**不入流**、**惹人厭**等等。你是否常聽到這些說法：「墨西哥人很懶惰，而且不負責任地不斷生育」；「美國黑人英語不入流」。

為什麼求同本能如此深植於我們的思考結構中？沒有人曉得。有理論認為，數十萬年來，我們的原始人祖先之所以能存活下來，靠的就是在狩獵與防衛上充分合作。五千到一萬年的文明，幾乎未減損分毫古代部落傳統。可以說，這是人類遺產的一部分。要烹煮猛獁象或讓每個部落成員睡在相同的洞穴裡，必須組織團體行為。個人必須對團體行為保持敏感，必須擁有求同本能。這有什麼問題？

如果團體行為是對的，那麼跟著做就沒什麼問題。然而如果團體行為是錯的，那麼麻煩就在眼前。人們只需觀賞納粹在紐倫堡集會的老電影，就能了解團體行為會錯到什麼地步。過度的群居、過多的社會組織與控制，會導致災難。

傳統是求同本能的一種形式，其行事往往忽略證據。

　　盲從傳統是非理性的，因爲它阻礙我們理解傳統形成的原因，並且限制我們嘗試不同事物的自由。伊斯蘭教與猶太教禁吃豬肉，其原因可以追溯到遙遠的過去。這些理由現在可能依舊成立，但也可能不成立。傳統與其他事物一樣，必須持續以冷靜的理性之光加以更新，否則將會限制人類的進步。

　　耆那教徒對飲食有許多禁忌，導致許多人營養不良。天衣派耆那教徒認爲吃肉是一種侵犯，因此禁止吃肉。基於類似理由，耆那教徒也禁止從事農業。因此，耆那教徒能做的事情與能吃的東西極少。天衣派耆那教徒對於暴力的恐懼也外延到蔬菜上：因爲怕破壞植物，所以苦行者不吃任何蔬菜，只吃植物掉落的葉子與果實。這種飲食限制進一步延伸，理所當然得出耆那教僧侶不穿衣服的結論，因爲製作衣服也會造成傷害。獲得「全知」的苦行者完全不吃。什麼都不吃的結果就是死亡，這就是所有獲得「全知」的人將遭遇的結果。

恐懼孤獨是求同本能的一種形式。

　　群居的動物即使獨自生活，行爲的方式仍彷彿自己是團體的一份子。這是爲什麼狗兒吃東西時總是狼吞虎嚥，雖然牠們已不必擔心食物被搶。以人類來說，群居行爲持續的證據，表現在對生理、情感或心理孤獨的恐懼上。這些恐懼使得人們明明無話可說，卻仍想說話；造成人類樂於接受領導，並對名人感興趣。人們總是恐懼自己「在狀況外」、「一無所知」、「偏離主流」、「消息不靈通」、「跟不上流行」，或不被各種形式的團體所認同。這種恐懼對我們的理性思考造成反效果與負面影響，因爲它鼓勵我們不靠理性或證據，盲目接受團體的要求。如果多數意見通常是正確的，則盲從的問題還不大。美國的開國元勳注意到求同本能的問題，因此反對建立國教，並大力支持言論自由。因此，對審慎判斷來說，正確資訊的自由流通是絕對必要的。民眾應該可以自由接觸資訊，政府則不該有任何機密。

　　怪胎、怪人以及其他難以融入社會的人，也許是演化篩選的結果，他們的用處是協助大多數人改正錯誤思考，或藉由提出古怪的觀念來破壞社會的同質性，好保護人類免於絕種。

　　有個好例子可以證明上述說法的真實性。絕大多數科學與政治的偉大進展，來自拒絕接受當時之自明思想的天才與怪人。由於他們提出的古怪想法嚇壞了當時的群眾，因此許多偉大的人物都遭到迫害與處死。看看這些人的下場：耶穌、蘇格拉底、聖女貞德（Joan of Arc）、達爾文、伽利略（Galileo Galilei），還有在藝術、戲劇、文學、時尚、飲食等等有著卓越貢獻的同性戀者。

　　習俗也是一種求同本能，無所謂對錯，只有文化的相對性。

　　戴耳環的美國女性認為非洲女性戴鼻環是野蠻的行為。誰才是對的？耳環？鼻環？兩者皆對？兩者皆錯？明顯地，女性穿戴的物品屬於文化社會層面，既不能說對，也不能說錯。主張戴鼻環是錯的，是一種思考錯誤，因為它在沒有充分理由下，片面認定某種習俗是對的，而另一種習俗是錯的。那刺青呢？好還是不好？誰在乎呢？想刺青的人覺得刺青好，不想刺青的就覺得不好。

　　對於威脅心靈和諧的事物，我們往往會抗拒，這是我們不喜歡變遷的原因。當威雷特（William Willett）提出日光節約時間時，他受到各種虛假理由的責難。許多論證認為，調整時鐘是瘋狂或不切實際的。但這個計畫遭到反對的真正原因，在於它做了改變。

　　1846 年，波士頓牙醫莫頓（William Morton）首次引進乙醚拔牙。直到當時為止，人們必須忍痛接受手術，因此手術不會貿然進行。麻醉的好處，在於可以讓病人不感受到痛楚，因此能更輕鬆地進行手術。你可能會想，乙醚有這麼大的好處，人們一定會很快引進這種新藥劑來去除或減緩疼痛。然而，麻醉遭遇了重重阻力。一種反對的論證，是麻醉止痛是不自然而褻瀆神明的。如果上帝不想讓人類受苦，祂就不會創造疼痛。生產時進行麻醉的問題尤大，因為聖經明言女人生產兒女必多受苦楚。實際上，這個問題要比乍看

之下容易解決。創世記並沒有說生產兒女必受「痛苦」，而是必受「苦楚」。反對麻醉的眞正理由，是麻醉需要修改既有觀念。

原則：反對嶄新而不同的事物是不理性的，因爲這麼做是依循習慣而不思考證據，是片面揀選證據，因此是錯的。

　　以此導出：

教訓：除非有理由，否則嶄新而不同的事物既非好也非壞。只要這些事物證明比舊事物安全而有效，就該採納。

習慣通常是片面揀選。

　　是的，我們是習慣的動物，不喜歡變化。從嬰兒到成人，我們被教導要接受現在普遍流行的觀念、階級的傳統、國家的習俗，與主事者的意見，包括我們的父母。到了晚年，我們回首自己成長的世界，覺得那是可能出現的最好世界，並以選擇性的遺忘將年輕時代描述成「美好的舊日時光」。大部分的狀況下，習慣是如此根深柢固，以至於我們甚至無法用嶄新而不同的方式來思考。當我和一群美國觀光客到英格蘭旅行時，我聽到大家抱怨車子行進的方向與美國相反，使得美國人過馬路時特別危險。我輪休時，一位朋友來巴黎找我，他抱怨這裡的人只講法語，而不講比較容易理解的英語。

　　這些人不加思索地假定，除了他們碰巧持有的觀點外，別無其他觀點存在。從他們的角度來看，眞理只有一個面向。他們不在乎事物有多麼容易改變，只在意維持原先的舒適。

偏見是以片面揀選證據爲根據的求同本能形式。

　　偏見害人不淺，這在第一章討論過。我們看到那兩名被郡法官逮捕的警員。因此，偏見不僅傷害被害人，還傷害有偏見的人。存有偏見的人是不合理的，因爲他只以既有的意見爲根據，卻不仔細

檢視證據。記住，信念的合理根據在於事實。存有偏見的人對事實「未審先判」，因而得出未經證實的結論。

原則：偏見是一種思考錯誤。

　　以此導出：

教訓：不要抱持無法證明的意見。不要相信容易相信的東西。不要讓你的思考被感情或團體意見左右。

原則：所有個人的偏見都是錯的。

　　我認為醫生不該納稅，因為醫生承擔了重要的社會勞務，這種想法明顯不足採信；我是醫生，但我有可能將與醫療無關的個人因素考慮進去，像是我想買一艘更新、更大的遊艇。剛射殺一頭鹿的獵人可能告訴自己，這個行為是無痛的，鹿根本不會注意到，因為牠不知道是什麼擊中牠。獵人可能相信這個說法，事實上，獵人可能是對的；儘管如此，獵人仍存有偏見，因為他的結論不是基於事實，而是基於他從狩獵中得到的快樂，但狩獵是殘酷而無法客觀評估的活動。想想下面這句陳述：「狩獵是對鹿仁慈的行動。它減少了鹿群的數量，使牠們有足夠的食物。」

　　證據中有任何偏見嗎？

　　如果陳述是出自獵人之口呢？如果它是出自農作物被鹿群啃食的農夫之口呢？如果它是出自擁有動物管理學位的公園巡守員呢？

　　法律必須盡一切努力去除偏見，否則正義將會受挫。

　　法律瞭解偏見，並極力避免偏見。這是為什麼陪審團不許知道被告前一次判決的結果。如果他們知道了，則幾乎不可能不帶偏見地審理目前這個案子。某人有破門潛入的前科，但不能以此證明他

會再犯。

知道犯人的過去將影響判決。判決被告有罪的必要條件是證據，不是他前一次犯罪的證據，而是他現在被告有罪的證據。

證據法則、不自證己罪的憲法保障原則、共犯證言（特別是擁有證言豁免權的共犯）必須獨立證實，以及其他許多細緻的法律原則，都是為了避免偏見而設。如果小禮服上沒有留下 DNA 證據，陸文斯基（Monica Lewinsky）的證言又有何用？當陸文斯基在宣誓後當眾說謊，然後又改變部分證詞以求得司法部較輕的處置時，我們還會相信她的說法嗎？

法律承認自利容易使人產生偏見。如果出現利益衝突，當事人必須迴避。遺憾的是，在冷靜而嚴肅地檢視歷史之後，我們發現許多公僕並未致力於服務大眾，反而是精於中飽私囊。

當心既得利益，它們會造成麻煩。

當聖保羅在女神黛安娜的信仰重鎮以弗所攻擊黛安娜時，當地製作銀製女神像的同業公會反對他。當基督挑戰當權者時，他給自己惹來大麻煩。這兩個例子充分顯示，當既得利益受到威脅時，會發生什麼事。

「彼拉多就出來到他們那裡，說：『你們告這人是為甚麼事呢？』他們回答說：『這人若不是作惡的，我們就不把他交給你。』」（約翰福音 18:29-30）

注意這段陳述的套套邏輯與循環論證。群眾只是重述耶穌正在作惡或已經作惡，卻未說明原因。這個論證之所以循環，在於它說：「耶穌是罪犯。如果他不是罪犯，就不會被指控是罪犯。」罪行的類型與耶穌作惡的證據並未陳述出來。因此，這種論證不合理。耶穌惹禍上身的真正理由完全沒講出來。大祭司想讓耶穌被處死，只因耶穌批評他們偽善。

「彼拉多說：『你們自己帶他去，按著你們的律法審問他罷。』猶太人說：『我們沒有殺人的權柄。』」（約翰福音 18:31）

注意，群眾並不特別在意審判的形式或耶穌的罪行。他們在意的，是他們沒有權力處死耶穌。他們不想審判耶穌，只想殺了他。當時猶太法律禁止死刑，但並未禁止讓羅馬人做這件齷齪的事。聖經描述的猶太人犯了極爲嚴重的錯誤，他們完全不管證據，任由情感來決定對錯。

於是，彼拉多問耶穌：「你做了什麼事呢？」

注意彼拉多仍想把問題搞清楚。他就像一般的好法官，在意的是罪行的證據。而就像一般的好法官，彼拉多被群眾講的鬼話激怒。群眾只是想處死耶穌，但他們知道自己無權將他釘十字架。

「耶穌回答說……『我爲此來到世間，特爲給眞理作見證。凡屬眞理的人，就聽我的話。』彼拉多說：『眞理是甚麼呢？』」（約翰福音 18:36-38）

耶穌提出一個缺乏證據的斷言。他的概括不可能是對的，不可能每個屬眞理的人都聽他的話。彼拉多公正地要求耶穌定義**眞理**，因爲耶穌的回答似乎是在迴避問題（他的錯誤，在於主張仍未證明爲眞的事物爲眞）。應該是聰明人的耶穌，或許已經知道他的主張不足採信。或許耶穌只是想讓人瞭解他的核心訊息：眞理是重要的，重要到值得爲它犧牲性命。

事實上，耶穌惹上政治麻煩的根本原因，是他說出了希伯來人的眞實現狀。耶穌的實話激怒了文士與法利賽人。如果耶穌當初甚至試圖解釋他論證的前提，亦即文士與法利賽人是腐敗的，則他們或許已經拿石頭丟他了。群眾不願受教的程度，往往與他們的無知成正比。

在場的猶太人不同於彼拉多，他們還沒準備好要聽從耶穌的論證，寧可反覆喊著「釘他十字架，釘他十字架」的口號，於是反對的意見消失了。

這個故事說明了，當受人珍視的信念、長久存在的傳統與牢固的權力遭受威脅時，會發生什麼事。群眾會變得好鬥，停止思考，

開始高喊口號以激勵自己。

原則：反覆唱著相同曲調的群眾，是一群失去控制的人。群眾的信念越強，合理的程度越低。

以此導出：

教訓：反覆唱著相同曲調的群眾，意味著麻煩。通常群眾希望得到的都是錯的。不要跟群眾扯上關係。

「彼拉多又出來到猶太人那裡，對他們說：『我查不出他有甚麼罪來。』」（約翰福音 18:38）

彼拉多其實是在告訴群眾：沒有證據，無法起訴。這的確是正確結論，是法律上唯一合理的結論。

注意被貼上「顯然如此」標籤的真理。

儘管我們知道，科學與倫理學的重大進展，絕大多數來自於拒絕「顯然如此」的真理，但我們仍不加批判地遵守習慣與傳統。別忘了，人們曾經認為，心臟是靈魂的中心、紅血球是缺乏活動力的、地球是宇宙的中心、國王是上帝選定的等等。

對確定性的要求，以及認為確定性存在的非理性信念，是一種思考錯誤，這種錯誤通常源於片面（與過早）揀選證據。

人類心靈喜歡保持事物簡單不變。人類心靈尋求安適，因此過早解決懸而未決的問題。我們無法忍受各種要求存而不論的理由，我們無法生活在不完全合理的世界中；因此，我們建構了虛假的世界意象，即使是幻想，我們也把它當成現實。

想想各種政治、道德、美學、倫理的爭議。以地球繞日運行為例。為什麼要花這麼長的時間，才能讓地球繞日與地球不是宇宙中心為一般大眾所接受？再舉演化為例。為什麼要花這麼長的時間，

才能讓演化論（順帶一提，演化是事實，不是理論）為一般大眾所接受？男女平權呢？

越是受到熱情相信的事物，越有可能是錯的。

熱情相信自己了解問題所在，這種人的數量越多，越有可能是錯的。誠然在熱情相信的背後存在許多理由，但其中一個就是想避免不確定感帶來的不安。

原則：很少有事情像我們希望的那麼簡單。情感越多，理性的能力就越少。

以此導出：

教訓：儘管不安，但保持懷疑的態度或許比盲從來得有用。不管到了哪裡，意見都只是意見。情緒越激動，越無法清楚思考。

基於情感利益，我們容易察覺他人的偏見，而未能察覺自己的偏見。有個白血病患者告訴我，他的醫生從未告知他病情。聽到這件事，你會怎麼想？這個傢伙怎麼會每個禮拜做化療，卻仍說自己不知道為什麼做化療？這個可憐蟲拒絕相信自己可能會死，因為對他來說，面對事實太沉重。他得了重病，他的自我無法承受這麼痛苦的事。所以他藉由否認自己知情來否認自己的病情。他把一切都怪罪到醫師沒告訴他，以此來解釋自己為什麼不知道。這名病患未審先判，他扭曲事實來滿足自己的情感需求。要看穿他的謊言可說是輕而易舉！然而，我們可以看穿他人，卻不容易發現自己的自欺行徑。我們對財富或幸福的渴望，以及對破產與死亡的恐懼，使我們相信任何能確保我們想要的事物或防止我們恐懼的災難的說法。

這麼做的問題在哪？它根本沒用。

聽起來熟悉嗎？一廂情願的思考根本沒用，因為它悖逆了真

理，悖逆了我們身處的現實。

　　例如：「我持有的安隆股票從 30 塊跌到 6 塊。我要繼續抱股，直到它回升爲止。」這有用嗎？

　　下面這段從馬太福音摘錄的文字是什麼意思？「爲甚麼看見你弟兄眼中有刺，卻不想自己眼中有梁木呢？你自己眼中有梁木，怎能對你弟兄說：『容我去掉你眼中的刺呢？』你這假冒爲善的人，先去掉自己眼中的梁木，然後纔能看得清楚，去掉你弟兄眼中的刺。」

　　是的，看到別人的缺點、看穿別人信與不信的事物很容易，但相同的狀況發生在自己身上卻很難察覺，因爲拋棄自己的偏見是困難的。

　　有色的偏見是一種片面揀選，因此是不合理與錯誤的。

　　以單一特徵或性質來判斷任何人，等於是片面揀選證據，因此是不合理的。「愛爾蘭人是酒鬼。」「西班牙人是懶蟲。」「猶太人控制媒體。」這類以偏概全的陳述一定是錯的，就算不是錯的，也需要大量證據來支持，而後我們才能接受爲眞。

　　在常見的判斷錯誤中，我們看到了有色問題。只根據膚色來決定總統候選人，就跟根據眼睛或頭髮的顏色來決定總統候選人一樣不合理（除非你有特殊的考量，例如白皮膚對陽光特別敏感，黑皮膚則否）。顏色，不管是身體哪一部分的顏色，都與總統職位無關。

　　有色偏見帶來許多麻煩，它在南北戰爭中扮演著重要角色，也是 1960 年代造成美國社會動盪的要角。有趣的是，美國「獨立宣言」的起草者說：「我們認爲這些是自明的眞理，人人生而平等。」然而奴隸制度卻在美國存續了八十七年。怎會如此？開國元勳都是聰明人，一定能馬上察覺其中的矛盾之處。

　　可以說對，也可以說不對。

　　這正顯示人類心靈有多麼不願意擺脫偏見。當數百萬黑人淪爲奴隸時，他們的主人正大言不慚地宣示自由與人人生而平等的原

則。理想與現實的矛盾，自然讓一些敏感、有良知的人士感到困擾。反對奴隸制度的人指出，「獨立宣言」已經明言人人生而平等，不只是少數人，也不只是白人。奴隸主怎能無視於這個不可反駁的論證？然而轉念一想，如果你是奴隸主，你如何將擁有奴隸一事合理化，並仍然認同人人生而平等的理想？

　　答案：奴隸主認為，「人人」不包括黑人，因為黑人不是人，或者說，黑人是次等人種。還有人認為，黑人在智能與道德上都不及白人，而且無法教育。還有人宣稱，就算黑人年齡增長，他們也仍是孩童，因此需要有人照顧。推而廣之，如果黑人是孩童，則被主人（父母的化身）控制最符合他們的利益。

　　關於種族的主張依然持續著。當研究發現黑人平均腦容量比白人少 40 立方公分時，有人認為這證明了黑人的低等。這樣的推論有問題嗎？

　　這種論證除了過度簡化外，還假定大腦的能力與腦容量直接相關。其實兩者毫無關係。法國作家都德（Alphonse Daudet）死後驗屍發現，他的大腦重量只有正常人的一半，約 750 公克。愛因斯坦的大腦重量比一般人的大腦重量輕了 150 公克。一旦大腦尺寸的論證合乎種族主義者的需要，他們就不再繼續仔細研究這個問題。例如，玻里尼西亞人、卡菲爾人與愛斯基摩人的腦容量就大於歐洲白人平均腦容量。

以其人之道，還治其人之身

　　當論證支持我們的成見時，就使用它，反之，就拒絕它，這種作法稱為片面辯護。留意片面辯護，它是極為常見的思考錯誤。片面辯論通常在這樣的討論下出現：提出論證的人主張自己擁有特殊的豁免，但卻反對這樣的豁免可以適用在他人身上。

　　從我是醫生且將從免稅中獲得財務利益的事實來看，我對醫生

應該免稅的論證不禁令人起疑。從這個角度來看，免稅的片面辯護似乎完全出於自利而愚蠢，但美國的稅法確實充滿了各種自利而愚蠢的特殊免稅規定（通常稱爲漏洞）。這些特殊免稅規定適用於個人與公司，通常是爲了回饋它們對選戰的貢獻。

問題在於許多特殊免稅規定不爲民眾所知。例如，你知不知道某些美國國會議員可以從政府支領一筆高於薪水的金額，用以抵償他們的支出？在支領這筆款項時，他們不需檢附單據，而且也不用課稅，因爲它屬於正當的公務費用。這筆款項等於是支付給公職人員的免稅薪資，特別是國會議員。

有人認爲，這筆款項是用來吸引優秀人才進入政府，或維持公務的正常執行，但這種說法如果沒有相關而適當的證據支持，也是一種片面辯護。

歪曲思考的能手首推美國政府。政府爲不適用一般法的人設立了一套特殊例外。因此，聯邦僱員（包括參議員與眾議員）不用繳納社會安全捐。他們不用參與這個社會安全體系，因爲他們有自己的社會安全計畫。然而，一旦我因爲有其他的退休計畫而想離開社會安全體系，法律的強制力會阻止我這麼做。如果我堅持不繳社會安全捐，我會被送進監獄。政府機關大樓不適用各項管制非政府大樓安全的法規。退伍軍人醫院是美國最不安全的醫院，它們不適用各項管理其他醫院的法規；印第安人醫院亦是如此，巧合的是，它們也是由聯邦政府的公共衛生部門經營。直到最近，參議院仍不適用「職業安全與健康法」；現在，他們只有部分免除。

想想這段從 2002 年 3 月 30 日《紐約時報》摘錄下來的文字：「五角大廈尋求不適用保護瀕危物種及其棲地的法律規定，並表示該法妨礙從事訓練與武器發展。」停下來思考一下。有沒有片面辯護的證據？你如何反駁這個論證？

答案：這是片面辯護，因爲五角大廈將規定與判準適用在他人身上，卻拒絕適用在自己身上。五角大廈自利而愚蠢的論證認爲，

它應該不適用環境保護法規，這不禁令人懷疑，五角大廈將從中得利，並免於因過去的犯法行為受罰。

你如何論證來反對這項豁免行為？

「司法平等是好政府最堅實的支柱」，這句銘言刻在紐約市第二區最高法院大樓上。如果這句話是真的，而政府也相信它，那麼特殊豁免將有違司法平等的原則。因此豁免是錯的。

五角大廈沒有提供相關而充足的證據來說明豁免的需要。我和一些人都認為，武器計畫不只不該豁免，還該接受特殊檢查以確保符合環保法規，因為它們對野生棲地的破壞極大。

本書不是用來讓你武裝自己攻擊謬誤，或是贏得辯論，而是幫助你藉由推論來獲致真理。但政府的片面辯護是如此普遍而惡名昭彰，因此我將教你一些訣竅來有效反駁這類的論證。

攻擊片面辯護最有效的方式，是指控你的對手雙重標準、偏私或不一致。即便是在學術圈外，這些指控仍具有強大的負面意義，就算是五角大廈也不願背這些罪名。

另一個有效的攻擊是質疑特殊豁免的理由，並逐項加以檢視，顯示其荒謬性。

有時，為了釐清思考爭議，可以將豁免要求化約為「標準形式」，也就是三段論法：

前提一：環境保護法應該一體適用。
前提二：但武器發展如此重要，其重要程度不同於其他產業，所以五角大廈應該特殊豁免於環保法規。
結論：因此，環保法規不應該適用於五角大廈。

五角大廈一定同意前提一，因為它記載於憲法的平等保護條款中。大多數人，包括五角大廈，應該會同意前提二矛盾於前提一，因此，前提二導出的結論一定是錯的。

　　富人經常主張自己應該比窮人少繳一點稅。富人認爲自己需要金錢來創造工作與推動其他重要的社會目標。執行長相信自己需要高薪，因爲他們的工作有著特殊的重要性，他們的存款增加國家的財富，他們的花費維持充分就業。有時他們的論證更加愚蠢：以金錢增進富人的富足，可以雨露均霑，最後窮人也能受益。然而，當執行長享受高薪的同時，他們卻要求降低員工的薪資，以提高公司的淨收入、保護股東的權益、避免通膨等等。

　　這個論證在反轉後能否同樣令人信服？拿錢給窮人，人人都受益。付給員工高薪使更多金錢流通，能不能刺激景氣繁榮？

　　你如何反駁以下論證：「拿錢給窮人？門都沒有。窮人只會把錢花在啤酒與賭博上。」姑且不從一般的角度提出反對意見，我們可以轉換論證適用的脈絡，來顯示這句陳述的不一致，並讓提出這種愚蠢說法的富人承認他論證背後的假定。稍微思考一下，試著找出上述論證背後的假定。

　　還沒找到嗎？那就重讀一次陳述。難道當中不是暗指窮人不該如其所願地花錢嗎？若眞是如此，則認爲富人也不該如其所願地花錢，應該不致於前後矛盾，不是嗎？

　　是的，如此我們就找到片面辯護者的問題。逼迫他們將自己的假定適用在他們的要害上。在本例中，眞正的問題在於：「窮人有權如其所願地花錢嗎，即使是花在啤酒與賭博上？如果窮人無權把錢花在這些事物上，爲什麼富人有權把錢花在昂貴的法國葡萄酒、旅行、遊艇、私人飛機、美食、鑽石與珍珠等等上？」如果沒有人能將錢花在瑣碎的享樂上，那麼這個原則富人與窮人都該一體適用。否則，這個原則的適用就不具一般性，因此是謬誤的。

　　當然，不喜歡窮人把錢花在啤酒上的富人，一定強烈反對有人阻止他們把錢花在葡萄酒上。

原則：不好的論證很容易察覺，特別當它們牽涉到金錢、個人利益

與權力時。

以此導出:

教訓:如果有人的論證帶有既得利益,要小心,這個論證很可能是錯的。揭露他們的利益,並且藉由去除利益來反對他們的論證。一旦既得利益被揭露與去除,絕大多數的劣質論證將會消失。

如果石油公司高層表示:「我們應該在北極的野生動物棲地鑽探石油。這樣不僅能確保未來數十年的能源自主,還能維護我們的自由與降低汽油價格。」你如何反駁這個論證?

真相是石油公司可以藉由鑽油獲取暴利,但他們卻對此事隻字不提。要完全改變這個論證,我們可以主張,既然鑽油的地點是在公有地,則全部的獲利理應屬於民眾,而非石油公司。一旦獲利消失,我打賭那些支持鑽油的說法絕大多數都會消失。石油公司真正在意的是自己的利益,而非民眾的利益。

會計師發布的對外報告,主要是提供公司的財務資訊以供外部個人與企業審計。證交會要求上市公司每九十天發布季報,每年發布較為完整的年報。由於對外報告是獲得貸款、進行放款、吸引投資人與招募重要員工的必備之物,因此絕大多數非上市公司也會發布。

證交會要求三種對外報告:資產負債表、損益表與現金流量表。這三個表構成公司的財務報表。

財務報表由接受審計的公司之外的會計師事務所進行檢閱、審計與「認證」。證交會要求的財務報表必須合乎所謂的「一般公認會計原則」(GAAP),其中的概念、慣例、規定與程序合起來構成公認的會計實務。一般公認會計原則的重點,在於絕對不要高估資產或收入的價值,或是低估負債或支出的價額。

安隆在財務報表上詳列收入，卻塗銷負債，記錄了現金流入，卻隱匿現金流出。

如果我只記錄資產而未記錄負債，則我的個人財富圖像將比實際狀況來得好。如果我只記錄負債而未記錄資產，則我的個人財富圖像將比實際狀況來得差。所以藉由片面揀選證據，我可以「證明」我很有錢或我破產了。同樣地，藉由片面揀選證據，我們可以「證明」宗教是偉大的還是恐怖的，科學是美好的還是可怕的，公司是業績良好還是乏善可陳。

安隆與安達信片面揀選證據，將債務移轉給合夥公司以美化財報。結果，一般大眾、放款者與銀行等外部人士看到的安隆財務，遠比實際狀況來得好。如同導論中的飛機例子，即使身處幻想世界中，也不能改變墜機的現實。現實終究會向安隆討回公道。

原則：真理終將彰顯。

以此導出：

教訓：隱匿自己或他人的真相，只能得到暫時的好處，現實終將彰顯，有時還相當嚴酷。所以，別說謊。

會計就像其他專業一樣，是一門匯集大量判斷的藝術。商業活動的本質極為多變，會計原則不可能永遠完全描述每個局勢。會計師在實務上必須自行判斷。好的會計師通常不同意針對某些交易做特別處置，並應該以一般公認會計原則來說明自己的決定。

會計判斷要以何種判準來評估呢？當然是證據。但要是證據被摧毀了呢？指控安達信犯了詐欺罪，需要超越合理懷疑的證明，相反地，如果是民事訴訟，則只需要證據優勢的證明。無論刑事或民事訴訟，都需要證據分析。

　　但證據在哪裡？到處都找不到。這正是問題所在，證據已被碎紙機摧毀。由於證據是回復真相、獲致合理結論的重要之物，因此摧毀證據本身就已構成犯罪。

　　所以，安達信被控的不是會計不實，而是妨礙司法，因為它摧毀了重要證據。現在，起訴需要的是超越合理懷疑的證據，亦即證明安達信故意摧毀證據以妨礙司法。陪審團認為此事為真，並判決安達信有罪。於是，安達信失去了執行會計業務的資格，因而面臨倒閉的命運。現實終於展開報復了，安達信就此走入歷史。

幾種轉移焦點的論證形式

　　回想一下，套套邏輯是循環論證，也就是將相同意義的說法重述一次。重複相同的陳述更糟，而且不是合理的論證。重複顯示合理論證的缺乏。有些人喜歡以重複來強化自身的觀念；有些人則只是單純想聽自己說話。不管是哪種方式，重複必定是種套套邏輯，而且相當容易看出，這類陳述通常是：「這是規定」；「這不符公司政策」；「不喜歡也得忍」；「這是傳統」；「我跟員工討論過了，我們都同意這個結論」等等。

　　重複套套邏輯的對話看起來就像這樣：

護士：在醫師巡房時，病患不許走出病房。
病人：為什麼在醫師巡房時，我們不許走出病房？
護士：這是規定。

　　護士的解釋並沒有說明或釐清禁止的原因，只是以不同形式重述規則。護士的第二個陳述並無新意也無重點，而且是套套邏輯。病人有權回應：

病人：我問的是規定的理由。你卻只是告訴我相同的事兩次。我已經知道在醫師巡房時，我們不許走出病房。我想知道為什麼。

護士：病房政策。

病人（被激怒了）：我問的是理由，結果你完全在鬼扯。

　　離題的陳述看似提供了理由，其實不過是膚淺的推論，為的是鞏固推論不足的缺失。

　　例如有婦女說：「不要碰我。我是天主教徒。」這位女士不想被碰觸，這點毋庸置疑。但她是天主教徒一事，並不是她不想被碰觸的理由。她主張的理由是錯誤的，如同混亂的思想家，注意力被轉移或試圖轉移到與議題無關的地方。我們已經提過其他轉移焦點的論證形式，包括人身攻擊的論證與訴諸權威的論證。這兩種論證不僅提供錯誤的理由，也讓我們遠離真理。

　　武力不是合理的論證，因為它的根據不是證據。

　　在此，我要介紹相當常見的轉移焦點的論證。粗魯的人往往一開始就訴諸這種論證，比較聰明的人則會等到最後一刻才使用它。這種論證無視於眼前的大量證據，因此是極端的片面揀選：**訴諸武力的論證**（argumentum ad baculum）。

　　暴力不僅離題，也無法取代理性，更不能證明事情的對錯。訴諸武力的論證是最大的人類思想錯誤，在此，論證往往墮落成戰鬥。「強權即公理」是句名言，但強權實際上並不能造就公理。憑藉力量擊敗他人，不代表他對或錯、高貴或低賤、神聖或邪惡，甚至也不表示他是最強、最聰明或最幸運的，只代表他贏得戰爭，僅此而已。至於他為什麼贏，仍須找出證據加以說明。一般說來，當有人訴諸暴力或暴力恐嚇時，表示他已輸掉理性的論證，在不服輸下採取了孤注一擲的作法。

原則：訴諸武力不是理性的論證，而是不理性的縮影。戰爭意味著

已經失敗，所以才會採取這個最糟的解決方式。

以此導出：

教訓：暴力往往是最後手段，而且是孤注一擲。

　　另一種轉移焦點的形式，是針對對手論證的瑣碎部分予以反駁，顯示對方立場的弱點。然而，在支持的論證中發現錯誤，不表示論證一定出問題，還要看論證的結論與不正確的陳述之間的關係有多緊密，光以錯誤的事實來判斷是不夠的。

　　幽默往往是證明他人不足取信的方式。承諾每個車庫都能有一輛車的政治人物，其實並沒有真的因為有人插嘴說了句「我沒車庫」而被駁倒。這種詰問甚至不能算是聰明的思考，不過，它確實能讓演講者陣腳大亂，而且可能留下一種印象：演講者無能，無法回答對手的詰問。

　　人們就算一無所知，也敢在大家面前滔滔不絕講出一堆事後看來不過是廢話的東西。既然大家都不願花時間與心血瞭解爭論的內容，也就不可能有人具備權威、知識或經驗對爭議提出明智的見解，尤其是在可能喝上許多酒的晚宴中。在這些場合裡，許多公開發言通常根據的都是不適當、不完全而且錯誤的資訊，因此講出來的話往往不合理。

　　試圖訴諸群眾情感（如愛國心、忠誠、傳統等等）以產生影響的論證，稱為**訴諸群眾的論證**（argumentum ad populum）。這是另一種轉移焦點的論證，因為團體怎麼思考，並不能決定事物的對錯。團體可能正確，也可能錯誤。對錯與否，取決於證據，而非共識。「這不是美國作風！」、「我們不會這樣做！」、「絕大多數真正的美國人知道……」都是模糊焦點的句子。美國人也許不會要求鋼鐵廠必須像蘇聯那樣國有，但是要不要國有，跟是不是美國人無關。

原則：群眾強烈主張的意見，至少有部分可能有誤。

以此導出：

教訓：輿論與一般抱持的信念，不是贊成或反對的理由。不應盲目接受既有想法，應檢視證據，依此而行。

有紀律的思考要求我們無懼事實，公正無私地檢視所有證據，而非部分證據，不要因為證據不方便或令人不快而拒絕它，也不要因為證據符合既有意見就接受它。既得利益往往會妨礙有紀律的思考。潛意識心靈的祕密運作，阻止我們面對真理與有效處理現實。如果我們想獲致理性，就必須排除潛意識衝動的影響。我們必須瞭解這些衝動是什麼，以及在什麼脈絡下它們最有可能運作。我們必須有意識地防止自己片面揀選自己喜歡的證據，而拒絕自己不喜歡的證據。

因此，不要像醉鬼倚靠燈柱那樣去倚靠某個論證，就算一時找到了支撐，卻不能說明什麼。不要因為論證滿足你的自我、支持你的立場，或幫助你走入人群，就貿然接受它。

尤其應該注意讓你覺得不舒服或挑戰傳統信念的論證，如此可以盡可能避免陷入錯誤。

複習

像複習前面幾章一樣複習本章。如果你覺得自己不需要複習，就直接翻到討論團體迷思的第六章。

如果你不確定是否需要複習，那麼想想以下問題：美國有國債嗎？

你如何判斷美國有沒有債務？這個問題為什麼重要？如果沒有國債，稅率應該調升，還是調降？為什麼？在看我的答案之前，先記下自己的想法。

答案：美國有沒有國債要看證據。目前，政府只有列出負債，沒有列出資產。因此，要計算債務可能會有偏差。比較合理的作法，是列出資產與負債，然後兩相抵銷。政府的資產不計其數而且珍貴，包括聯邦擁有的土地與建築物、各種智慧財產權、諾克斯堡的黃金、生產設施等等。這些資產當然值錢，但在計算國債時卻從未列入考量。相反地，只有未償付的債務才會列入計算。此外，許多以政府債券形式發行的公債實際上由美國公民持有。如果美國人欠自己錢，這能算真實債務嗎？如果我開個 10 億美元借據給自己做憑證，是否就表示我有 10 億美元的債務？

政府為什麼要低估資產、高估負債？公債的數額一直是美國人負擔高稅捐的藉口，不是嗎？有沒有合理的論證解釋為什麼我們要負擔這麼高的稅捐？

稅捐是絕大多數家庭最重要且數額最大的開銷。因為你的所得、購買的東西、賣出的東西、擁有的不動產，以及死後遺留的不動產，沒有一件不用課稅。此外，隨著薪資提升，稅捐也隨之加重。有鑑於繳納稅捐的金額，以及人生中需要繳稅的時間，我們可以合理地說，絕大多數美國人一生當中大部分的時間是為應付各級稅捐機關而工作。現在，平均每個美國人繳納的稅率是史上最高。不可否認，高所得的邊際稅率過去是 90%，現在已經調降。但是平均每個工作的公民仍然必須花費一生三分之一的時間來繳稅。美國目前對每個工作者課徵的稅率遠高於八、九世紀查理曼（Charlemagne）對農奴的剝削。如果你還不認為稅捐是重要議題，該換個想法了。

重述一次關鍵問題並且直接回答：

美國有國債嗎？或許沒有。理由：片面揀選證據使美國看起來有國債。事實上，美國應該有國家盈餘。

你如何判斷美國有沒有債務？答案：通常的作法——負債減去資產等於債務。這個問題為什麼重要？如果有國債，我們可能希望還清或管理債務。如果有國家盈餘，我們可能希望分配這筆錢。如果沒有國債，稅率應該調升，還是調降？調降。為什麼？減少稅捐負擔。

第六章

團體迷思

　　社會影響力形塑我們的實踐、判斷與信念。與團體一致是普遍的作法。然而，當順從團體的焦慮牴觸了現實原則，遠離真理走向錯誤，並純粹以團體的想法作為判斷基礎時，就出現稱為**團體迷思**的現象。

　　團體迷思毫無用處，它是一種思考錯誤，使人脫離現實，得出錯誤觀點。團體迷思導致災難，例如豬玀灣（Bay of Pigs）事件、瓊斯鎮（Jonestown）集體自殺事件與天門教（Heaven's Gate）的集體自殺儀式。

　　社會心理學家發現，導致團體迷思的方式很多。成員通常太早接受錯誤解答。然後他們彼此回饋，於是整個團體以為自己做了正確選擇。團體成員在討論時不喜歡指出彼此思想過程的瑕疵，而且寧可將決定權交給強勢的領導者。通常，現實會闖進來毀滅一切，給團體一個該牢記的教訓：當我們的意見仰賴別人的意見，而非自己思考過的判斷時，我們很可能是錯的。

我們怎麼會這麼蠢？

　　團體迷思這個名詞源於詹尼斯（Irving Janis）的書名，他在書中分析團體發生錯誤的原因。凝聚、孤立與壓力，使團體過早達成共識以支持領導者最初的任何提議。團體領導者通常會片面揀選證據以確認自己與團體的意見，卻不思考其他與團體立場相違的證據。

　　詹尼斯詳細分析豬玀灣慘敗的原因。甘迺迪（John Kennedy）總統憤怒問道：「我們怎麼會這麼蠢？」答案是：團體中的成員太蠢。才怪，沒有這種事。真正的答案是：決策過程出了問題，也就是團體迷思。

　　入侵豬玀灣的計畫者涵蓋了美國最聰明的人士：麥克納馬拉（Robert McNamara）、狄倫（Douglas Dillon）、羅伯・甘迺迪（Robert Kennedy）、邦迪（McGeorge Bundy）、史列辛格（Arthur

Schlesinger）、魯斯克（Dean Rusk）與杜勒斯（Allen Dulles）。問題出在哪裡？

項目：他們自認為不可能失敗，因為他們知道自己很聰明。這麼聰明的團體怎麼會設想不出聰明的行動？這種自以為天下無敵的幻覺，使他們一股腦栽進只要稍加思考就能避免的錯誤之中。聰明人可以且確實會做出愚蠢的決定，豬玀灣事件清楚顯示這一點。真正重要的，不是你有多聰明或愚笨，而是你有多正確，至於你有多正確，取決於你對事物的推論有多透徹。要控制局勢，靠的不是意見、智商、過去的經驗或名聲，而是以證據支持的推論。推論越令人信服，推論與結論的關係越緊密，支持結論的證據越多，結論就越可能是正確的，同時也越能反映真理與現實處境。要控制局勢還是釀成災難，全在一念之間。

讓我們更仔細地檢視豬玀灣的決策。[1]它教導我們許多教訓。

項目：團體中的個別成員自我審查，不想提出反對意見，一方面擔心自己的說法被嘲弄，另方面不想浪費團體的時間。在備忘錄中，史列辛格表示入侵古巴是不道德的，但在參加幕僚會議時卻默不作聲。後來我們知道他之所以默不作聲，是因為羅伯·甘迺迪告訴他：「你可能對，也可能不對，但是總統已經下定決心，所以不要白費工夫了。」

項目：幾乎沒別的選擇可以考慮。甘迺迪總統在行動失敗後指出：「中情局只給我們兩個選擇：入侵或什麼都不做。」這個說法是真是假，不得而知。甘迺迪的公開說法顯然得罪了中情局。無論如何，總統自己可以改變決策，真正的主導者是他，而不是中情局。甘迺迪有許多選擇可以考慮，而不是只從中情局提供的兩難選擇中做決定。隨後中情局說，總統的幕僚不願意考慮、也不願意聽到入侵古巴會有什麼風險。這些幕僚似乎也沒有興趣知道豬玀灣駐紮了多少古巴軍隊。他們更不想了解更有趣的事實：絕大多數古巴民眾支持卡斯楚（Fidel Castro），並且願意為他的目標犧牲。

項目：團體的領袖甘迺迪總統，很早就表明自己支持入侵行動。這讓幕僚參生一種錯覺，覺得政策已經決定了，反對總統可能會為自己帶來政治風險。只有在自由討論各項證據，而非壓抑個別意見的狀況下，團體才會表現良好。日本公司要求由最低階的職員開始發表意見，最後才輪到主管。這樣可以避免主管在其他人還沒發言之前，就以表態的方式左右團體。

項目：這項決策既重要且複雜，而總統又壓縮幕僚討論的空間，使他們面對極大的壓力與束縛。人在壓力下所做的思考，往往不如在比較放鬆的狀況下周全。

結論：豬玀灣的決策不是祕密，會議討論的錄音紀錄是可取得的資料。幕僚之所以做出錯誤結論，是因為沒有人可以批評甘迺迪總統或他的判斷，反對多數的意見不被允許，其他可能選擇與相反證據沒有受到檢視，而幕僚商議時也處於孤立，既未徵詢公眾，也未諮詢國會議員。甘迺迪的幕僚未能考慮所有相關可得證據，最後只好承受自己思考錯誤的苦果。

這場挫敗不全然是壞事。豬玀灣災難帶來的一件好事，是甘迺迪與他的幕僚學乖了。豬玀灣教導他們下次遭遇大問題時該怎麼做會比較好，而他們接下來面對的就是古巴飛彈危機。

哈佛大學社會關係實驗室進行實驗，要求 123 名受試者比較一條線與其他三條線，而這三條線中只有一條線與第一條線長度相同。在個別作答時，受試者正確率超過 99%。在分組作答時（裡面摻雜研究助理，以錯誤答案誤導受試者），卻有 36.8% 的人接受團體的錯誤判斷。四分之一的受試者仍能在實驗中保持獨立思考。只要能維持獨立思考，他們就不會受多數人左右，自然也不會接受多數人決定的錯誤答案。未能獨立思考的人，無法不隨多數人起舞，最後接受多數人決定的錯誤答案。有些獨立思考者覺得多數人應該是對的，但認為自己應該「看到什麼答什麼」。未能獨立思考的人當中，有些人覺得「別人是對的，自己是錯的」，有些人屈服於多數

決，因爲他們「不想破壞結果」，還有些人認爲多數人有錯覺。大多數未能獨立思考的人，覺得與團體立異會暴露自己的無能，因此無論如何都要避免。所有屈從多數的受試者，都低估了自己屈從的次數，還說自己做決定比屈從團體好。但這些人全都沒有照自己的話做，他們知道最好該怎麼做，但卻做了最壞的選擇。

世界末日到了！

有近一千人死於瓊斯鎭。移居蓋亞那的人民聖殿（Peoples Temple）信徒，在瓊斯（Jim Jones）的帶領下，拿摻有毒藥的飲料餵食自己的子女，以毒劑直接餵食嬰孩，然後再呑食毒藥自殺。

爲什麼會發生這種悲劇？爲什麼一整個社群會用這種方式自我毀滅？

其實當中並無神祕可言。瓊斯在此事發生前二十年創立自己的教會。起初，他傳布各色人種本爲一家與互助合作的觀念。他的教會經常救濟貧民，並幫他們覓得工作。隨著信眾增多，瓊斯也開始加強紀律。1965 年，他與將近一百名信徒移居北加州。信徒稱瓊斯「父親」，而他也以彌賽亞的形象示人，最後成爲整個教會崇拜的對象。瓊斯要求忠誠、繳稅，並在傳道時預言核子大戰與世界末日的來臨。1977 年，瓊斯帶領大部分的信眾前往蓋亞那叢林。

1978 年 11 月，美國眾議員萊恩（Leo Ryan）訪問當地，調查關於瓊斯剝奪信徒人權的指控。有兩個家庭偷偷傳訊息給萊恩，表示他們想跟他一起離開當地。當萊恩一行人準備搭機離開時，卻遭到人民聖殿槍手埋伏射擊，五個人當場死亡，包括萊恩在內。

在槍殺了這群人之後，瓊斯在瓊斯鎭集合了所有信眾。他告訴大家眾議員一行人已經被殺，接下來要進行最終儀式「革命自殺」。在這之前，信眾早已演練過好幾遍，現在正式進行，並用錄音帶記錄下來。

一個婦女：我覺得，只要有生命，就有希望。

瓊斯：人總有一天會死。

群眾：對！對！

瓊斯：看在上帝份上，讓我們繼續進行吧……這是革命自殺，不是自我毀滅的自殺。（接著出現讚揚「爹地」及鼓掌的聲音。）

1970 年代初期許多陳述指證人民聖殿的惡行，包括信眾生活在毆打與羞辱的持續恐懼中。在脫離人民聖殿之前，米爾斯（Jeanne Mills）曾在裡頭擔任高階人員，她說：「教會裡雖未明文，但大家對於某些重要法律心知肚明。沒有人可以批評父親、他的妻子或他的子女。」

瓊斯說：「家庭也是敵人體系的一部分」，因為家庭使人無法全心信仰「最終因」。除了分離父母與子女，瓊斯也試圖打破夫妻的紐帶關係。他強迫配偶發生婚姻外的性關係，而且通常具有同性戀或羞辱的性質。許多強迫的性關係都是與瓊斯本人發生。

瞭解整個事件的來龍去脈了嗎？

讓我們重新用比較宏觀的角度來觀看這個事件。

在這個例子中，團體迷思的所有要素全都出現了：保持團體和諧的凝聚力、孤立、高度壓力，以及強勢的領袖。這些要素結合起來消滅了清楚思考，最後的結果是 914 人死亡。

我們沒有必要逐項檢視瓊斯的陳述來提醒你，他們犯了多少思考錯誤。遺憾的是，這個恐怖的教訓未能終結這個團體，還是有人繼續信從。你可以做到的是不要參與，不要給它機會。

米爾斯夫婦在叛教之後，成為批判人民聖殿最力的人物，也成為人民聖殿的頭號敵人。瓊斯鎮大屠殺之後一年，米爾斯夫婦與他們的女兒在柏克萊的住處遭到謀殺。在瓊斯鎮的最終錄音紀錄中，瓊斯曾經直接點名米爾斯。他誓言舊金山的信徒「不會讓我們白白死去」。

太空兄弟要接我們回去了！

波（Bo，原名艾波懷特〔Marshall Herff Applewhite〕）與碧
（Peep，原名尼爾森〔Bonnie Lu Nelson〕）創立了極不尋常的飛碟宗
教，認為人類可以透過心電感應與幽浮旅行者溝通。

波與碧在奧勒岡州某個洞穴裡的經驗，使他們深信自己是啟示
錄第二章中提到的兩個見證者，他們將成為殉道者並在三天半後復
活。令人吃驚的是，他們很快就為自己的新宗教招募到信徒。追隨
者恪守嚴格的日常規範，孤立於社會之外，過著一絲不苟的生活，
等待他們的「太空兄弟」接他們上天。

之後，波與碧稍微改變自己的教義，說自己是外星的靈魂寄寓
者，名叫踢（Ti）與都（Do）。靈魂寄寓者是靈魂實體，占據原宿主
已經離開的肉體。這有點像附身，不過，不同之處在於原來的靈魂
已被附身的外星人完全取代。

天門教事件於 1997 年 3 月 26 日登上新聞頭條，男女一共 39 人
陳屍在聖地牙哥近郊的豪宅中，所有志願自殺者都服用了巴比妥
鹽，並把頭蒙在塑膠袋裡。

留下的訊息顯示，他們要走出「身體容器」，進入緊隨海爾波普
彗星之後抵達地球的太空船中。他們留下的錄影帶與網站，指出彗
星將會撞擊地球，造成大規模毀滅。艾波懷特預言，彗星撞地球是
世界末日。他也指出我們的曆年有了偏差，1997 年其實應該是 2000
年，理由是大家都認為世界會在耶穌出生後兩千年終結，而既然末
日已經來到，當時自然是 2000 年，而非 1997 年。

根據艾波懷特的說法，數百萬年前，外星人在地球播下人類的
種子。現在，他們重返地球是為了收割成果，唯有精神得到發展的
人類才能登上飛碟。就算在天門教中，也只有被揀選的信眾，才能
晉升到這個超越常人的境界。其餘的人還有我們將留在地球上，被
彗星帶來的巨大毀滅所吞沒。

　　艾波懷特說：「地球文明即將再次循環：『重新翻土。』地球人拒絕演化，如同『雜草』覆蓋了花園，其敗壞的程度已無法彌補。」[2]

　　如果你想知道細節、最後的場景，與 1997 年 3 月 22 日「天門教的『遠離地球團隊』已經回到外太空」的宣告，可以到天門教的網站看看，www.heavensgate.com。

　　天門教的信徒，就跟人民聖殿的信徒以及甘迺迪總統的幕僚一樣，對於自己的想法過分自信。這些團體以為自己在某些重要的歷史事件中扮演著核心角色，它們「確信」自己絕對是正確的。這些團體孤立於社會大眾之外，被具有領袖魅力的人指揮，因而產生強烈的動機。它們拒絕接受與其意見相左的證據，並認為自己有著明確的任務與命運。

　　就甘迺迪總統的幕僚來說，他們「確信」自己將使美國免於無神的共產主義。就人民聖殿來說，主要事件是世界末日，而他們在這個事件中扮演著關鍵角色。就天門教來說，太空兄弟接走信徒之後，就會終止時間、毀滅世界並將信徒轉變成更高等的人類，永遠在銀河中航行。

　　現實重重賞了這些人一記耳光。入侵豬玀灣失敗，入侵者被捕，之後還得付錢贖回。瓊斯鎮的信徒自殺，但世界並沒有毀滅。海爾波普彗星繼續它的愉快旅程，完全沒有影響到地球。事實上，我們活得好好的！預言顯然是錯的。儘管如此，許多人白白喪失生命。這些人若不是瘋了，也接近羅森（George Rosen）所說的「瀕臨瘋狂的神智正常者」。這些人的現實感雖然不像精神分裂病患那麼糟糕，但也相差無幾。你的思考越是偏離現實，結果就會越悲慘。

第七章

詐騙

　　本章要告訴你常見的詐欺與欺騙的結構與功能，以擴展你對現實的理解。了解騙徒的手法，可以保護自己不被各種形式的騙術迷惑。此外，你也能學到如何在雖然處於灰色地帶、但仍屬合法的交易領域保護自己的利益。面對現實吧：在誠實的交易與詐欺之間，不存在清楚的分界線，絕大多數的商業交易都具有欺騙的元素。

牢記並辨識詐騙的六個部分

　　利用電話推銷毫無價值的股票、佛州房地產、金礦與鑽油平台等各種大型詐騙案件，有著一個開山祖師，就是名犬詐騙，所以我們要先簡單描述名犬詐騙的模式。

　　有個男人帶了一條狗（通常是混種的梗犬）進酒吧。這個人告訴酒保，這條狗的品種相當珍貴，可能還會出示牠是冠軍犬的文件給酒保看。但這個人無法久留，他已經約好要跟銀行行員見面，但狗又不能進銀行。於是他希望酒保能代為照顧狗兒兩個小時，事後會給他 10 美元的報酬。

　　狗主人離開後，另一名顧客出現了，他點了飲料，注意到這條狗，並且大為讚賞。意外的是，這個客人居然願意出 100 美元買這條狗。想當然爾，酒保不能把狗賣給他，因為狗不是他的。

　　「聽好了，」客人說：「我不是在唬你，這條狗的品種很珍貴。我是懂狗的人，我願意花 5,000 美元跟你買狗，現在就給錢。怎麼樣，要不要賣一句話！」

　　酒保覺得回絕這筆交易是不智的，於是告訴對方，真正的狗主人很快就回來了，他會轉告狗主人這個提議。

　　客人說：「那就看你的囉！我現在必須離開一下，三小時後回來。如果你能幫我搞定這件事，我會付你 5,000 美元買狗的錢，外加 200 美元傭金。」說完客人就走了。

　　不久，狗主人回來，一副心情沮喪的樣子：「我不知道接下來

該怎麼辦，貸款泡湯了，我需要現金。」

就在這個時候，酒保說，自己願意出 500 美元買他的狗。可想而知，狗主人當然不願意自己的狗只賣這個價錢。最後，價錢拉高了一些，順利成交。原先的狗主人走了之後，酒保開始等啊等，等著那位買狗的客人出現。不用說，那個客人是不可能出現的，因為這兩個人是串通好來騙錢的。

騙子想馬上獲取現款時，會設下這類騙局，在商業上，這種詐騙模式又稱為簡易詐騙。當被害人不是酒保而是有錢的商人，當標的不是雜種狗而是金礦、油井、珠寶或佛州溼地時，獲利可以達到數十萬美元。小心：不管是哪種標的，你可以確信它其實跟狗沒什麼兩樣。

原則：詐騙可以分為六個部分。

牢記詐騙的六個部分，如此當有人試圖騙你時，你就能認出模式並加以反制。

部分一：勸誘。勸誘的工作通常交給下套人來做，他們的任務是讓被害人進入圈套中。下套人會用各種方式取得你的信任，少數人會出示證件，但絕大多數是訴諸個人魅力與推銷術。

部分二：誘因。誘因是被害人遭到詐騙的主因。在典型的騙術中，誘因通常是快速致富，其他的好處則包括性行為（例如假賣淫真詐財或仙人跳）。有時誘因來自於助人，例如慈善捐款。當然在詐騙的例子裡，慈善是假，錢進了騙子的口袋是真。

部分三：誘餌。絕大多數的騙局會使用誘餌，也就是第三人，這些人有時為配合演出還會裝笨，或者裝做與雙方沒有任何利害關係，好誘使被害人上鉤。在拍賣會上，假買家會哄抬價格。誘餌也會讓被害人知道，要贏得果殼遊戲與三張牌賭局有多容易。

部分四：調包。騙局裡總會出現調包，也就是用假貨來取代真

品，例如被害人以為自己拿到了真的翡翠，其實是啤酒瓶碎片。或者是被害人取得一枚兩千年前的古羅馬錢幣，結果是昨天做的。在性詐騙案中，花錢找來的妓女遲遲不出現。在仙人跳的例子中，花錢找來的妓女出現了，但卻讓被害人惹上意想不到的麻煩。她可能跟被害人一起上床，卻沒有真的「上床」。因為在關鍵的時候，她的「丈夫」（誘餌）或「徵信社人員」（也是誘餌）突然闖進房內。誘餌會要他付一筆遮羞費，否則就要把醜事公開。

有時，詐騙集團調包的技巧十分拙劣，例如用鉛磚代替金磚，這種騙術在 1970 年代盛行於紐約市，有不少老人受騙上當。最近，佛州的 EDS 公司愚弄了數百名老人，除了讓他們購買不存在的金磚，還要他們為這些金磚付一筆保管費。EDS 定期寄金磚照片給那些投資金磚的老人。這些老人實際上買的，只是塗上金漆的磚頭的照片以及偽造的認證標章。

在其他的例子裡，調包不是有形的，而是無形的，例如引人上鉤然後調包的廣告：哇！我們昨天廣告的那台便宜的新力六十四吋電視，一小時前才剛剛賣出。

部分五：壓力。在調包前後，詐騙者會施壓催促被害人交易，或讓被害人無法謹慎交易。通常的作法是加諸時間限制，要不是說以後沒機會，就是說有別的買主出了更高的價錢。這種「現在就做，動作要快，不要考慮」的壓力，是詐騙集團常見的伎倆。

部分六：遲滯。這是最後一項重點，它的目的在於阻止被害人報警。遲滯是詐騙計畫的核心部分，主要分為兩種類型：法律遲滯與時間遲滯。

法律遲滯：通常被害人不願報案的原因，在於被害人本身也犯下了走私、偽造或賭博等罪行。如果行為沒有明顯違法，那麼鎖定的就是個人名譽，性詐騙就是這樣。難道你想告訴警局或媽媽，自己花錢找妓女，結果進了房間後被乾洗？

時間遲滯：有時候，時間會無限拖延下去，因為被害人不知道

自己低價買進的鑽石是贗品，他從未將假鑽拿去估價。而他不拿去估價的原因，在於他買的是贓物，拿去估價會被揭穿。有時候，時間遲滯是有限的，像是被害人無法在特定期間內將假的鈾礦股票變現。時間遲滯的目的，通常是要讓詐騙集團能順利脫身。

記住，大多數詐騙手法之所以能成功，在於被害人相信自己的野心、偏見或貪婪能因此被滿足。所有的詐騙手法都是換湯不換藥，全由以上這六個部分組成。因此，名犬詐騙（受騙的人很多，而且被害人經常是酒保）本質上與股票詐騙（又稱「拉高出貨」，將無價值的股票賣給貪婪的股民，後者以為自己能很快地以更高的價格賣給別人）沒什麼不同。

沒有任何書籍能毫無遺漏地介紹各種詐騙。所以最好的作法，是訓練自己辨識這六個部分，好認出詐騙。當你讀完以下描述的一些典型詐騙事件之後，分析每個案例，看看能不能從中辨識出這六個部分。

我曾為一名在休士頓執業的律師擔任醫療諮商，他告訴我最近他正在進行一樁大買賣。你會怎麼看待他的大買賣呢？

律師：有人進到我的辦公室，問我是不是國際法的律師。
我：可是你根本不懂國際法。
律師：我知道，不過我還是說是。
我：這是說謊。
律師：他需要一名中間人與某位哥倫比亞人合作，協助取得哥倫比亞政府的允許，打撈一艘沉沒在哥倫比亞西北方五海里海域的寶船。這筆交易已經敲定，而哥倫比亞官員已經收下賄賂。據說這艘船上有價值 8,600 萬美元的西班牙金幣。
我：你該不會要付錢給對方吧？
律師：雖然困難，但我最後還是說服對方與他的合夥人讓我加入這項交易。那個合夥人是不折不扣的混蛋，他不願讓我加入。但我告

訴他們，如果不讓我加入，我會向哥倫比亞政府與聯邦調查局揭發整件事。他們相信我會這麼做，所以讓我加入，條件是我先支付 40 萬美元，因爲他們現在亟需現金。

我：現金？

律師：是啊，那是賄款，必須用現金。

我：而你現在不知道他們在哪裡。

律師：你怎麼知道？事實上，自從我交錢後，就沒再見過他們。

我：不用擔心。我知道他們在哪裡。

律師：你知道？太好了！他們在哪裡？

我：他們在……某個地方花你的錢。這是尋寶詐騙，算是名犬詐騙的複雜版。

律師：不！這不是詐騙。他們把地圖留在我這裡當作擔保，你看！

　　律師展示了一幅手繪的哥倫比亞海岸地圖。在哥倫比亞西北海域五海里處，確實畫了一個斗大的紅色馬爾他十字，標記著沉船的地點。

　　分析：尋寶詐騙的手法和名犬詐騙沒什麼差別。有人拿了一筆不能對外宣揚的交易跟你接觸，這筆交易看似合理。誘因也是快速致富。名犬詐騙中的誘餌是潛在買家，尋寶詐騙的誘餌是不情不願的合夥人。調包是實際上根本不存在有價值的東西：雜種狗不過值 5 美元，藏寶圖也不過值 3 美元。壓力是必須在別人得到機會之前完成交易。遲滯來自於等待以及被愚弄的恥辱，加上試圖做不誠實的事的羞赧。

　　另一種騙人的伎倆，是將無價值的礦藏賣給興致勃勃的蠢蛋。騙子在帶買主探勘礦脈之前，會先在入口處灑上一點金屑，所以買主在將這些金屑帶回去化驗後，自然會發現這是貨真價實的金子。

　　中國移民經常被這種手法騙走錢財，於是大家開始留意這種詐騙，並要求由自己而非賣家選擇探勘地點。這種作法相當合理，可

以避免片面揀選證據，但詐騙集團也想出反制方式：死蛇詐騙。

騙子先殺死一條蛇，預先放在擔任誘餌的人的口袋裡。擔任誘餌的人會陪著買主前往他所選擇的探勘地點，趁他不注意時把蛇丟在地上，然後對著死蛇開槍。由於他們早就把槍裡的鉛彈換成金屑，於是死蛇的周圍出現大量金屑，使得該地看起來就像真的金礦。

分析：勸誘者是假金礦的賣家。這種人通常是年老的探礦家，他們準備退休，因此打算把無價值的礦區賣給容易受騙的人。誘因來自每個人心中的淘金夢。誘餌是賣家與他的助手，兩人一同在騙局中擔任要角。調包是在買家選定的區域使用死蛇詐騙的手法耍弄買家。壓力是你不買後頭還有一堆人等著買。遲滯是當買家發現金礦的黃金已經挖光時，賣家早就遠走高飛。

假賣淫真詐財

莫菲向一個剛到鎮上的外地人搭訕，表示可以幫他找個女人陪伴一晚。莫菲擺出皮條客的架勢，告訴對方各項服務的價碼。然後要求對方先付款給他，因為對方若直接付錢給女人，可能會吃上買春的官司。被害人於是付錢給莫菲，讓他領著進了旅館。莫菲要求被害人在大廳等著，他先上樓跟妓女商定，確定沒被條子盯上再說。結果他上了電梯，從另一個出口溜了，留下空等的被害人。

另一種版本：莫菲成功說服被害人，告訴他房間號碼，並要他過一段時間再上樓。可想而知，當然不會有女人。通常也不會有房間。或者是有房間，但沒有人在裡面。或者是有人在裡面，卻是一對不知道發生什麼事的老夫婦。

分析：勸誘者是莫菲，他會特別留意來開商務會議的生意人，這些人大老遠來出差，通常會利用這個機會尋花問柳。誘因是不可告人的性行為。誘餌也是莫菲，他佯裝自己是皮條客，實際上則是

詐騙者。調包是有女人同意了，但實際上這個女人並不存在。你猜得出來壓力是什麼：這個寶貝很辣又性感，床上功夫一流，再不快一點就會被訂走，你就什麼也吃不到。遲滯是讓被害人在大廳等待，莫菲可以從容逃逸。但遲滯也跟個人名譽有關。被害人不會報警，因為這樣會讓買春的醜事曝光。

從某個角度來看，假賣淫真詐財的被害人是幸運的，因為房間裡沒有女人。要是有女人，被害人可能會捲入仙人跳中，到時麻煩可就大了。

仙人跳與假賣淫真詐財的情節類似，差別只在於真的有女人出現。她可能真的上了床，但她不會真的跟你「上床」。因為在關鍵時刻會從門外衝進「徵信社人員」、「警察」或憤怒的「丈夫」，向你要封口費。更糟的是，有時詐騙會變成勒索，被害人被「抓姦在床」的相片可能會寄到被害人妻子手中，除非他付錢、付錢，再付錢。

另一種仙人跳版本，是若顧客看起來很有錢，那麼就以九歲到十四歲的女孩為餌。原本是憤怒的丈夫衝進房間，這回換成女孩的「雙親」。「母親」怒斥女兒並賞她幾記耳光，有時力道大了些，還會讓她的口鼻流血。這個場面太真實，讓被害人瞠目結舌。而自稱是「父親」的傢伙在被害人面前揮拳咆哮：「我要把你關進監獄，關一百年！」受到這等威脅的人，往往付出數千美元作為封口費。順道一提，女孩口鼻流出的血，是裝在塑膠袋的雞血，她被打時咬破袋子，血就流了出來。

果殼遊戲與三張牌賭局

果殼遊戲與三張牌賭局是現今街頭上最常見的詐騙手法。有些民眾終於瞭解三張牌賭局是騙局，他們發現做記號的牌早在被害人猜牌前就調包了。三張牌賭局騙不了人，騙徒轉而玩起果殼遊戲。果殼遊戲的歷史悠久，可上溯到二世紀埃及的「杯子與球」遊戲。

以下是遊戲的玩法。

　　幾個年輕人在街上擺桌子，開始玩起三個果殼。由一名或多名夥伴當誘餌（假裝是下注的人），另一個人當莊家。莊家又稱「變戲法的人」，因為他能藏起豌豆，卻不被被害者發現。莊家讓幾個誘餌贏，使遊戲看起來可以輕鬆獲勝。被害人被容易取勝的想法吸引，也想參與遊戲。然而當他一開始玩，馬上就輸了。事實上，他很快就發現，要贏得錢財就跟贏得愛情一樣困難，他看不出哪個果殼下放有豌豆，因為豌豆根本就不在三個果殼裡。基本規則是絕不能讓被害人贏，他贏了錢一定馬上走人。因此，豌豆已經移出果殼，藏在莊家的掌心。

　　以下是玩果殼遊戲的最佳方法。

　　前三次先用小額金錢下注，然後全輸給莊家。接著莊家第四次移動果殼，買定離手之後，你可以提議把賭注加大，接著把錢掏出來放在桌上。如果莊家也同意增加賭注（通常旁邊助陣的誘餌也會跟著加入，因為他們知道這是穩贏不輸的賭局），這時你可以掏出手槍，右手拿著放在桌上。你宣布，這次你要賭的不是哪個果殼有豌豆，而是哪兩個果殼沒有豌豆。用左手翻開兩個果殼（此時你右手仍握著槍）——裡面當然沒有豌豆。用左手拿錢，然後說：「我想沒有必要掀開剩下的果殼。我相信你們都誠實得很。」退後，注意對方有沒有輕舉妄動，除非確定自己已經安全，不要背對著他們。

　　或許你會問：「如果我沒有槍呢？」我的回答是：「給自己搞一把，不然就別玩。」

連鎖信詐騙

　　連鎖信要求讀者寄幾塊錢給名單最頂端的名字，之後重打一次信件，刪去最頂端的名字，把自己的名字加在最底層。凡是照著做的人，這封信承諾會讓他們變得有錢。連鎖信的收件者會像滾雪球

一樣越來越多，但只有前幾個寫連鎖信的人，才有機會賺大錢。連鎖信的原則是金字塔式的，頂端少而底層多。所有的金錢都流向頂端，底層的人是支付者，而非接收者。

在使用金字塔詐騙手法的騙徒中，龐奇（Charles Ponzi）是最有名的，他的名字甚至因此成了英文單字：凡是由隨後加入的受騙者付錢給原始投資者的騙局，都稱為龐氏騙局。

剛開始，龐奇發現他可以在國外低價購買國際郵政聯盟回信郵票券，然後在美國以五成的獲利賣出。雖然獲利不錯，但規模太小，龐奇希望能把生意做大。他告訴人們，如果他們願意出資，他能在三個月內讓他們獲利五成。之後，他把時間縮短到四十五天。而當龐奇開始付息時，至少有四萬人爭相出資。龐奇收到的款項在1920 年超過 200 萬美元，這些錢來自最新加入的賭徒，他們把自己銀行帳戶、床墊下、餅乾盒、送報與擺熱狗攤的錢全拿出來。

龐奇募得的款項越多，能付出的利潤就越多。他能付出的利潤越多，能募得的款項就越多。這種連鎖反應，使得龐奇的辦公室、小櫥櫃乃至於垃圾桶全塞滿了鈔票。

有一天，《波士頓郵報》（Boston Post）挖出了龐奇過去的紀錄，發現他曾因偽造支票在加拿大坐過牢，後來又因偷渡外籍人士來美而在亞特蘭大服刑。這些歷史足以讓龐奇的投資人停止出資。當然，一旦金錢停止湧入，騙局也就隨之瓦解，只留下四萬名破產的投資人，絕大多數都是貧困的義大利移民。

股市詐欺

說股市充滿了詐欺或許沒什麼錯，至少有些人是這麼認為。卡彭（Al Capone）因規避所得稅被捕時說：他不懂政府為什麼要找他麻煩，卻任由股市繼續存在。股市就像保險業（史上最大的騙局之一），從原本合法的行業逐漸轉變成廣泛的詐欺事業。不相信嗎？想

想以下證據。

與你素不相識的經紀人打電話告訴你，他們下禮拜就能讓你成為富豪，前提是你要在他們那邊開戶，並買進一些低價股。你買進股票能不能賺錢還在未定之天，但他們肯定會因為你買進股票而賺錢。如果他們推薦的股票這麼好，為什麼他們需要你買進？為什麼他們不自己買，自己賺錢就好？

許多低價股是假經紀人組成的假公司發行的假股票，用意是為了欺騙投資大眾。就算你從回函中收到精美的股票，也毫無意義。股票要印多少就有多少，有時候連股票都是假的。

如果你匯錢給這些經紀人開戶或買股票，這些錢十有八九回不來。這些電話經紀人甚至不是經紀人，而是假經紀人，他們是坐在電話前的騙子，一邊念著腳本，一邊騙你買假股票。只要細聽他們說話的內容，你就會發現詐騙的六個部分在裡頭一個都不少。

即使這些低價股是真貨，它們仍有其他壞處。財力有限的人特別喜歡買低價股，但他們往往會因驚恐而賣出持股。

近來，低價股已成為典型市場操縱的新手法，又稱「拉高出貨」。當你了解什麼是拉高出貨後，可以試著找出它與名犬詐騙的相似之處。

例如，有人設了網站，免費提供投資人熱門低價股的投資建議。這個人在提供建議的同時，先行買進建議個股，等到聽信明牌的投資人大量買進抬高價格之後，他再獲利了結。於是股價暴跌，毫無警覺的投資人血本無歸，出貨的人輕鬆獲利。這種行徑不僅惡劣，而且違法。東京喬（Tokyo Joe）是網路知名的股票大師，根據證交會的調查，他要求跟單的民眾購買特定股票，自己趁股票上漲時獲利了結，犧牲跟單者的利益自肥。

聯邦調查局與國會的調查顯示，1990 年代首次公開發行的公司以相同的方式操縱股價，內部人士利用首日交易股價飆漲之際賺進數百萬美元，而一般民眾則在隨後的股價下跌中損失數百萬美元。

分析這種情況，令人感到困惑：為什麼在缺乏基本財務表現支持下，首次公開發行的公司的股票仍能飆漲？為什麼飆漲持續的時間通常很短？

現在我們知道，股價一開始狂飆，不久即跌落谷底，乃是首次公開發行公司在「拉高出貨」。首次公開發行是人工吹出來的泡沫。瞞著主管機關或投資大眾，參與投資的銀行與首次公開發行的公司串通好，在發行股票後的前幾天拉高公司股價。公司與銀行也約好停止拉抬股價的時間，讓內部人士知道何時可以順利出貨。

拉高出貨與首次公開發行騙局跟名犬詐騙很類似，它們讓人相信不值錢的東西很值錢。教訓是什麼？

教訓：如果你懂得提防名犬詐騙，那麼也該提防拉高出貨與首次公開發行的公司。

順帶一提，如果你一定要投資股市，不要相信首次公開發行公司的未來事實。只投資已經證實擁有財務績效的公司。你該注意已經發展一定時間而且業積穩定的公司。

你忘記你的思考技巧了嗎？希望沒有。在思考下面這些例子時，試著重拾已經學過的技巧。研究每個例子的情況，指出當中出現的思考錯誤。對照你我的答案。我的答案不完整，但是會指出你應該用到的分析方式。一般的詐騙案件，勸誘的方式大致相同。執行長往往在利慾薰心下參與詐騙。勸誘的說法如：「想在短時間內賺大錢嗎？」通常只要抱著高度懷疑，就能避免金錢損失。

戴納基：能源銷售無法獲利。但是你說服投資人相信，能源銷售未來必將獲利。接著你與其他能源貿易商達成協議。根據協議，這群能源貿易商向彼此購進數百萬千瓦的能源，或者是佯裝購買，也就是不需要真的把電力輸送到任何地方。突然間，你看起來就像操縱市場的大人物。股票飆漲，你在高點獲利了結。

瑕疵：推論悖逆事實。能源事業很慘淡，沒有銷售，也沒有獲利。未來可能有獲利的信念，完全植基於假的證據，而假證據根本不是證據，根據假證據做的決定很可能犯錯。在本例中，買進戴納基的股票大錯特錯。

　　未來尚未確定，不可能準確預測。因此，所謂的預期獲利（以及為了獲利而付出的成本）不可能確定。某方面來看，預期獲利不是真實的，因為它根本不存在。預期獲利尚未確實出現在現實中，因此不該記入資產負債表。未來的事實不是事實，頂多只是偶然。在戴納基的例子中，未來的事實甚至不能說是偶然，而是不可能。事實上，真正可能的是戴納基毫無未來：它的股價從 95 美元跌到 2.07 美元，足足跌掉了 98%。

阿德菲亞：你與顧客簽訂契約，讓投資人把目光集中在簽了多少約，而非這些約能帶來多少獲利。這一次你創造的不是想像的交易，而是想像的顧客。隨著顧客快速增加，華爾街的股票分析師也給你較高的評等。股票飆漲，你在高點獲利了結。

瑕疵：推論悖逆事實。企業並未成長，顧客全是假的。沒有銷售，也沒有獲利。未來可能有獲利的信念，完全植基於假的證據，而假證據根本不是證據，根據假證據做的決定很可能犯錯。在本例中，買進阿德菲亞的股票大錯特錯。

　　未來尚未確定，不可能準確預測。因此，獲利（以及為了獲利而必須付出的成本）不可能確定，而且也不是真實的，因為它根本不存在。預期獲利尚未確實出現在現實中，因此不該視為真實。未來的事實不是事實，因為未來是偶然的。阿德菲亞運用太多詐欺的手法，例如內線交易、以放款為名免稅移轉資金給公司高層事後又未追討、假造顧客等等，因此未來的獲利不僅不是偶然，而是不可能：阿德菲亞的股價從 105 美元跌到剩下 0.01 美元，跌掉了 99.99%。

安隆：簽訂契約，保證未來三十年能源供應無虞。故意低估成

本。將未來銷售的預期獲利列入本年度淨利。突然間，你似乎擁有一個高獲利的企業。趁著股價狂飆時賣出，獲利了結。

　　瑕疵：片面辯護。獲利與成本應該在同一時間以同一方式計算。以某種方式計算獲利，卻以另一種方式計算成本，這種方法上的不一致造成了片面辯護。它扭曲了現實，因此是錯的。

　　未來尚未確定，不可能準確預測。因此，獲利（以及為了獲利而必須付出的成本）不可能確定，而且也不是真實的。預期獲利尚未確實出現在現實中，因此不該視為真實。未來的事實不是事實。安隆的股價從 83 美元跌到 0.18 美元，跌掉了 99.78%。

　　（安隆的崩潰可能與虛增利潤的企業詐騙行為有關。雖然原理簡單，但通常需要數月或數年的時間進行。虛增利潤的第一個步驟，是詐騙者要取得公司的權力，並把錢送進自己口袋。在虛增利潤的過程中，通常需要一個表面上代表公司的人物，又稱「鉛筆」。「鉛筆」往往不是詐騙集團的一份子，而是誠實但愚鈍的公司高層，由他負責公司日常業務運行，好讓詐騙者能專心行騙。當詐騙者逃走、離開公司或是公司破產時，「鉛筆」往往遭受連累。屆時，他往往要費盡唇舌證明自己沒有參與騙局。安隆前執行長雷大概就是「鉛筆」。費斯托成立好幾家又稱「猛禽」的境外公司，來隱匿安隆的成本與債務，他很可能才是實際的詐騙者。）

　　世界通訊：你創造的不是想像的銷售，而是把營業費用列入新設備的購買價中，以此隱匿真實成本。營業費用被當成資本費用，因此真實成本被移到未來。成本低估，無法獲利的企業在帳面上成了高獲利。華爾街分析師調高你的評等，股價飆漲，你在高點獲利了結。

　　瑕疵：推論悖逆事實。企業並未成長。獲利不是真實的，因為成本造假。如果成本如實扣抵當時獲利，則獲利將侵蝕一空。因此，獲利根本不存在。獲利可能建立在假的證據上，而假證據根本不是證據，根據假證據做的決定很可能犯錯。在本例中，超過 70 億

美元的獲利蒸發，因為這些獲利根本不存在。這是史上最大的會計詐欺案。

片面辯護。獲利與成本應該在同一時間以同一方式計算。以某種方式計算獲利，卻以另一種方式計算成本，這種方法上的不一致造成了片面辯護。它扭曲了現實，因此是錯的。世界通訊的股價，從 60 美元跌到 0.13 美元，跌掉了 99.78%。

環球電訊：這家公司破產時，前執行長溫尼克（Gary Winnick）獨得 9 億 3,600 萬美元，其他股東卻一無所有。2002 年 6 月，溫尼克表示光纖網路價值 270 億美元，但到了同年 9 月拍賣時，竟只有 2 億 5,000 萬美元。這個估價上的重大差異不禁令人疑惑：267 億 5,000 萬美元怎會憑空消失？環球電訊股價從 61 美元跌到 0.01 美元，跌掉了 99.97%。

安隆、環球電訊、世界通訊、阿德菲亞等股災牽涉到的，是比企業獲利衰退更嚴重的問題，像是不實財報。公司高層因股價飆漲陡然而富，但當詐欺曝光時，員工與股東卻一無所有。

那麼，我們該怎麼做？關於這一點，一切操之在己。賠錢並不好玩，聰明的投資人或許可以運用在本書學到的清楚思考方法，在股市中賺錢。投資人閱讀本書，也等於在為未來的投資做準備。

裝神弄鬼的騙局

裝神弄鬼（gaslighting）是一連串有系統的技巧，用來摧毀目標的心靈均衡狀態。這些技巧相當微妙，不會讓人想到是有人惡意捉弄或報復，因此這個不幸的目標並不相信有人對他做了壞事，而只是認為自己運氣不好。「裝神弄鬼」這個詞源自 1944 年由布瓦耶（Charles Boyer）與褒曼（Ingrid Bergman）主演的電影《煤氣燈下》（Gaslight）。在電影中，布瓦耶飾演的角色試圖讓妻子相信她瘋了，他構思了各種事件讓妻子看起來健忘、無判斷力與混亂。

　　我們沒有篇幅或時間進一步討論裝神弄鬼，也無法適當地討論其他詐騙手法，例如健保詐騙、藥品詐騙、人為意外、詐保、詐賭、郵件詐騙、不動產詐騙、猜謎節目詐騙、引誘詐騙等等。如果你對這方面有興趣，可以參閱桑托洛（Victor Santoro）的《詐騙大全》（*The Rip-Off Book*）與西法奇斯（Carl Sifakis）的《騙局與詐騙》（*Hoaxes and Scams*）。我的作品《用韻律和韻腳找出現代投資珍珠》討論股市詐騙。舒爾特（Fred Schulte）的《詐財》（*Fleeced!*）詳細討論電話行銷詐騙的伎倆與如何避免上當。

　　上述以及其他書籍，還有你的清楚思考素養，可以讓你免於受到詐騙，但並非萬無一失。如果有人騙了你，不用把事情看得太嚴重，也不用苛責自己。記取教訓，下次改進。

複習

　　看看你能不能看穿這個在紐約市皇后區行之有年的騙局：

　　星期天下午，一名穿著入時的男子出現在林肯汽車經銷商，他願意按照標價買車，因為他馬上就要車。但這裡有個意想不到的麻煩：因為當天是星期天，經銷商沒有辦法向銀行查詢這名男子的信用狀況。然而，這名男子確實信用良好，而且身分證明文件齊備，但他堅持不想等：「如果你現在不把車賣給我，我會找其他願意賣車給我的車商。」經銷商賣了車，拿了張 4 萬美元的支票，開了轉讓證書。

　　一小時後，這名男子出現在另一家經銷商。他想賣掉剛買的林肯汽車，因為亟需用錢，這輛車他賣 2 萬美元。第二家經銷商有點疑慮，因為他注意到這張轉讓證書是一小時前開立的，於是他打電話給第一家經銷商，告訴對方他認為這名男子開了空頭支票，現在試圖將車子轉手拿走現金。第一家經銷商

很生氣，他告訴第二家經銷商暫時拖住這名男子，他要報警抓人。警察接到通報之後，隨即逮捕這名男子。

問題：這名男子詐騙了什麼？用什麼勸誘？誘因是什麼？誰是誘餌？什麼被調包？壓力是什麼？遲滯了什麼？

想不出來嗎？

我不怪你。這是詐騙手法中最精巧的一種，說它卓越也不為過。它可說是人類心靈創造的偉大藝術品，儘管它不具藝術品的救贖性質。

真正詐騙之處，是星期一早晨，銀行順利承兌支票之時。這意味著這名男子遭到錯誤指控與錯誤逮捕。此外，這名男子解釋他之所以需要錢，是因為他有賭馬的熱門情報，而賠率是二十二比一，因此要是他能拿到 2 萬美元下注，就能賺進 44 萬美元！因此兩家經銷商與警察不僅要為錯誤逮捕造成的損害負責，還要賠償不能下注的經濟損失。

通常第一家經銷商要負擔絕大部分的賠償，其中當然包括免費贈送一輛林肯汽車。

勸誘是第一家經銷商能依照標價賣出車子，賺進大筆利潤。任何一個神智清楚的人，都不可能依照標價買車。誘因是快速賺進大把鈔票。誘餌是這名穿著入時的男子事實上是騙子，而非買家。調包在於他開的支票是真的，不是假的。壓力一開始是做成買賣，之後則是為了避免巨額損失而解除買賣，並報警抓這名詐騙的買家。遲滯是低價賣車完全合法。由於賽馬已經結束，結果也已公開，因此沒有理由質疑買家的說法：他把錢押在冠軍身上。

第八章

迴避問題

　　對各位來說，本章應該是簡單而輕鬆的一章，因爲它介紹的是迴避問題的概念，這個思想錯誤曾在之前簡單提過。

　　在缺乏證據的狀況下接受隱含假定，會讓我們的思考遠離眞理走向錯誤。如果我們接受有爭議的觀點，或在缺乏證據下理所當然地相信某事爲眞，則我們是在迴避問題。

固定聯想

　　迴避問題通常以情感語言來表現。稱某人「懦夫」或「蠢蛋」隱含著責難，然而除非有證據支持這項斷言，否則就是迴避問題。特別當對方是以吼叫與咆哮的方式表達看法時，更有可能是迴避問題。

　　政治人物的陳述最容易迴避問題，而選戰是觀察迴避問題的最好時機。因爲人們喜歡讓自己看起來是在理性思考各方論點後，才進行投票。因此，候選人莫不假裝訴諸理性，但他們心裡清楚，眞正的吸票機是情感與偏見。他們的黨充滿未來、進步、和平與繁榮，對方的黨活在過去、退化、好戰與衰退。這些僅僅是斷言，需要證明；若無證明，則是迴避問題。

　　在政治上，贊成或反對的固定聯想對選民的影響很大。你是否常聽到「共和黨是有錢人的黨」，以及「民主黨是好戰的黨」？這種一竿子打翻一船人的陳述或許有幾分眞實，但絕非完全眞實，因爲它們太模糊，也太概括。

　　固定聯想（特別是廣告）迴避問題。

　　大腦學習事物的基本原則是聯想。一旦兩個物件在意識中牢牢聯結在一起，則看到其中一個，必會想起另一個。這種機制使人類心智產生偉大成就：既創造了文學、藝術與音樂，也促進了科學。

　　但若造成錯誤的事實或情感聯想，我們的思考便可能偏離常軌。這可見諸維珍妮細菸的廣告。維珍妮既是香菸品牌，也是女性

名字。由於維珍妮這個名字經常與年輕美女的畫面一起出現，因此我們自然產生「畫面中的女子名叫維珍妮」的聯想，而這正是廣告商所希望的。

「細」這個字的確翔實描述了這種香菸比其他牌子來得細，但它也指纖細的腰圍。

在同一個脈絡中使用具有兩種不同意義的字詞或措詞，卻不做任何區分，這種作法稱為模稜兩可。如果說出模稜兩可的字詞或措詞的人明知自己模稜兩可，那麼這是欺騙。如果他們不知道自己模稜兩可，就表示他們完全不知道自己在說什麼。

當維珍妮細菸首次上市時，它在廣告中顯示的雙重意義，曾讓美國聯邦貿易委員會感到頭痛。但菸草公司成功讓委員會相信，香菸名稱合理陳述了事實：維珍妮細菸確實比其他牌子的香菸來得纖細。這個理由並未減少我們可能產生的自然聯想，也就是廣告商可能希望我們產生的聯想：維珍妮細菸似乎可以讓廣告畫面中的女子（這名女子比絕大多數女子來得瘦）變得纖細，推而廣之，抽維珍妮細菸可以讓女性纖細。這項說法並非不合理。一般來說，吸菸者的體重會比同年齡、同性別的未吸菸者輕。但這不是重點，重點是藉由固定聯想，廣告商希望我們看到維珍妮細菸時能聯想到下列事物：年輕、性感，以及纖細而端正的體態。

在缺乏充分證據下，這類主張未能受到證實，它是非理性與錯誤的，而且還迴避問題。

套套邏輯

套套邏輯迴避問題。

循環論證是隱匿無知的好方法。我們知道尿液之所以是黃的，是因為當中含有尿色素，而尿色素是黃的。我們知道嗎啡之所以讓人想睡，是因為嗎啡具有催眠性質。這兩句話只是重複原來的說詞

好迴避問題：黃色的色素是什麼？爲什麼嗎啡讓人想睡？

　　瞭解這一點後，看看這句陳述有什麼問題：「玻璃破了，因爲玻璃易碎。」

循環證明是套套邏輯，因此不能證明什麼。

　　耶和華見證人有時試圖援引聖經來證明上帝存在。他們引用舊約權威，宣稱聖經是神啓的。另一種說法認爲，上帝存在，因爲我們擁有上帝啓示的文本。這種說法迴避問題：「聖經眞是神啓的嗎？」要是它眞是神啓的，我們如何確信這一點？

　　在清楚思考的課堂上，我喜歡舉牛津大學數學與邏輯學教授道奇森（Charles Dodgson，筆名爲卡洛爾）的《愛麗絲夢遊仙境》爲例。回想愛麗絲與赤郡貓一起的愉快場景：

「『那個』方向，」貓咪說，揮舞著右腳掌：「住著一個帽子師傅。而『那個』方向，住著一隻名叫三月的兔子。妳要拜訪哪一家都行，反正他們都是瘋子。」
愛麗絲說：「但是我不想跟瘋子在一起。」
「哦！這可由不得妳，」貓咪說：「這裡的人都是瘋子。我是瘋子，妳也是瘋子。」
愛麗絲說：「你怎麼知道我是瘋子？」
「妳當然是瘋子，」貓咪說：「不然妳就不會來這裡了。」
愛麗絲覺得他在強詞奪理。[1]

　　愛麗絲想的沒錯：赤郡貓是在迴避問題。她接著問：「那你怎麼知道自己瘋了？」她知道要證明貓咪陳述爲僞，只需顯示在那裡有一個人沒瘋。她有效地將論證轉移到貓咪身上。她希望有證據證明貓咪是瘋子。愛麗絲知道，要是證據不相關且不適當，貓咪的陳述就無法得到證實。

「首先，」貓咪說：「狗沒瘋，妳同意嗎？」

愛麗絲說：「我同意。」

「好，妳看」貓咪接著說：「狗生氣時會咆哮，高興時會搖尾巴。但我卻是高興時咆哮，生氣時搖尾巴。所以我是瘋子。」[2]

這次，赤郡貓的推論出現更多瑕疵：狗高興時搖尾巴，生氣時咆哮，這樣的狗沒瘋。但赤郡貓生氣時搖尾巴，高興時咆哮，剛好跟狗相反。因此，如果狗沒瘋，那麼跟狗相反的赤郡貓一定瘋了。赤郡貓的類比明顯有瑕疵：狗不是貓。正常的狗所做的事，對貓來說不一定正常，反之亦然。狗與貓也許有一些共同特徵，但其他特徵不一定相同，因為狗與貓是不同的動物。此外，注意愛麗絲如何質疑赤郡貓的「咆哮」定義，以及意義在同一脈絡中的細微變化：

「我覺得那是呼嚕聲，不是咆哮聲，」愛麗絲說。

「隨妳怎麼說，」貓咪回答。（為了自己的論證，赤郡貓必須選擇彈性定義。）赤郡貓被愛麗絲的推論逼得走投無路，於是改變話題：「妳今天要跟女王打槌球嗎？」[3]

轉移焦點是很常見的詭計，為的是讓你偏離主題。當對方轉移焦點時，只要把對方拉回主題就行了。你很可能因此贏得辯論。

誘導性問題

虛張聲勢的字詞通常表示迴避問題。

幸運的是，迴避問題的人常常用虛張聲勢的措詞開頭：「不可否認」；「再明顯不過」；「再簡單不過」；「理所當然」；「小學生都知道」；「大家都知道」等等。

除非我們陳述事實並對情感語言存疑，否則不可能做到清楚思考。當有人告訴我們該信什麼、該要什麼、大家都怎麼想的時候，我們可以合理懷疑與認定對方迴避問題。

誘導性的問題常常用來迴避問題。凡是企圖誘導出特定答案的問題，都是在迴避問題：「你不同意嗎？」；「這種說法不對嗎？」；「你不覺得這有可能發生嗎？」；「你不認為這麼想是合理的嗎？」。有時候，對方故意提出一些問題，讓你答出他想要的答案：「你愛我，不是嗎？」；「這瓶酒我花 3 美元就買到了，很便宜，不是嗎？」；「你不覺得這輛撞得稀爛的車是件偉大的藝術品嗎？」。

想想這個問題：「我們做愛的時候，我可以在上面嗎？」她要求在上面，但她迴避了什麼問題？這個問題其實有兩個。一個是能不能在上面，另一個問題被迴避掉了，她已經預先假定他會跟她做愛。但對方想不想做愛還不知道，應該先討論。在決定誰要在上面之前，應該先討論要不要做愛，這個問題才是最重要的，不是嗎？

*愛麗絲跟著姐姐坐在河岸旁，無事可做，不久就覺得厭煩：她偷偷瞄了幾眼姐姐正在看的書，但上面既沒插圖也沒對話。「這本書有什麼用，」愛麗絲想著：「既沒插圖也沒對話？」*4

愛麗絲已經藉由問題的形式在心裡回答這個問題。她不需要明確地將問題陳述出來，不過如果她這麼做，她會說：「沒有插圖或對話的書沒什麼用。」

在法庭上，像愛麗絲提的這種問題是不被允許的，因為它們已經設定了正確答案，或是帶有某種含意，使人傾向於回答某種答案，因此，律師一定會針對這個「誘導性」問題提出異議。經典例子如：「你看到車前燈破掉，那個時候，你人在哪裡？」

異議：誘導性問題。假定的事實不是證據。車前燈破掉的事實尚未得到確認。此時必須重新提問：「你有沒有看到破掉的車前燈？」

另一個經典例子：「你現在還會打老婆嗎？」

　　異議：誘導性問題。複雜問題。假定的事實不是證據。被告毆打妻子的事實尚未得到確認。不管被告回答是或不是，等於默認毆打妻子的指控屬實。

原則：提出缺乏理由或無法接受的假定，是迴避問題。

　　以此導出

教訓：留意默示或未明示的假定。大家喜歡提出這類假定，但它們很可能是錯的。

複習

　　以複習前幾章的方式複習本章。思考以下例子：

1. 幾年前，有位政治人物從共和黨跳槽到民主黨，因而改變美國參議院的權力平衡。這位參議員飽受攻訐，共和黨員尤其把他攻擊得體無完膚。
　　共和黨員提出了一項他們自認為頗具殺傷力的論點：跳槽的舉動顯示這位參議員不是「正牌」共和黨員，否則他就不會轉換政黨。然而，他不是「正牌共和黨員」的唯一罪證，卻是他離開共和黨這件事。他之前的投票紀錄完全與共和黨的方針一致。
　　共和黨的推論出了什麼問題？
　　我的答案：這是在迴避問題。共和黨定義「正牌」共和黨員為絕不離開共和黨的黨員。這裡的爭議只有定義適不適當的問題，與其他事實主張無關。

2. 叔叔對念高三的姪子說：「明年你要上哪所大學？」這是不是迴避問題？

答案：是。叔叔假定姪子想上大學。實際上，姪子想加入海軍見見世面。

3. 「如果沒有人想對這個愚蠢的議題發表意見，我們就要進行下一章。」這是不是迴避問題？

答案：誰說這個議題愚蠢？為什麼愚蠢？教授的陳述表明他不願深入討論這個議題。既然教授不想深入討論，只想繼續上課，學生也就不會冒險違逆教授的意思。

4. 2002 年 3 月 26 日，《休士頓紀事報》刊載了莫朗（Kevin Moran）的文章，作者提到美國公立大學聘請一名馬克思主義者擔任教職，卻招致許多人的反對，其中前加爾維斯頓郡法官霍爾布魯克（Ray Holbrook）說：「我覺得事情似乎很清楚，史密斯博士信仰的是具有顛覆性的反資本主義思想與反自由企業哲學，我認為他不適合待在公立的高等學術單位，這樣會破壞美國的自由基礎。」

問題在哪？

答案：霍爾布魯克法官沒有說事情「確實」很清楚，而是說「似乎」很清楚。這表示他也不確定自己對不對。然而，他說話的方式顯示他「確實知道」。但「似乎」一詞帶有的不確定性，卻讓人懷疑他的觀點是否真的正確，因為就連他自己都充滿懷疑。法官從未直接接觸過史密斯博士，也沒上過他的課，他無法確實知道史密斯博士教了什麼或沒教什麼，更甭提史密斯博士信仰的理念。因此，我們有充分的理由懷疑法官的說法。

馬克思主義是一套複雜的學說，當中到底哪個部分具有顛覆

性？哪個部分反資本主義與反自由企業？馬克思主義有許多觀念，霍爾布魯克法官反對的是哪些觀念，又為什麼討厭？為什麼在高等學術單位表達相反觀點是不適當的？那麼應該在哪裡表達才適當？如果法官認為這種觀點應排除於「高等」教育之外，那麼是否表示它適合於「基礎」教育？若是如此，有多基礎？小學？幼稚園？學前？到底哪一種？當然，最諷刺也最矛盾的是，法官認為史密斯博士想什麼與做什麼的自由應受限制。言下之意，為了保障與促進一般自由，必須限制個人自由與限制政府聘任教授。法官說，美國是個自由國家，但並非為史密斯這種教授而設，因為他表達的是不受歡迎的觀念。這是片面辯護。我們可以發現，這位法官自以為能決定別人說什麼與做什麼的自由。

值得慶幸的是，理性者得勝。董事會在經過兩個小時的公開聽證會之後，無異議通過史密斯博士的聘任案。

霍爾布魯克法官對著董事會大吼：「我們剛剛看到的是一場政治集會。」[5]之後又對聲援史密斯博士的學生吼叫。他的行為正應了這句話：「誰開口大吼，誰就沒了道理。」

5. 「你喜歡這場表演嗎？」這是不是迴避問題？

答案：是。回應者回應的範圍受限於問題的形式，問題本身已經設定答案將表現出某種程度的愉悅。開放的問題形式通常能得出較多訊息，像是「你覺得這場表演如何？」；或者，更好的作法是完全不問任何問題，保持沉默，如果對方想說話，就專注聆聽。

要是你一定要問問題，就問不具任何假定的問題。哈姆雷特就問了一個開放的問題：「母親，您覺得這齣戲怎樣？」它使哈姆雷特的母親葛特露從無數可能的回應中選擇了自己最感興趣的一種，而這個回應恰恰成為她的內心寫照。她從未

對眼前這齣戲表露情感，然而她的回應離題，卻又表露了一切。葛特露告訴哈姆雷特她對伶后發誓不再婚的感想：「我想那女人發的誓太重了。」

6.「獨角獸以為愛麗絲是傳說中的怪物。」[6]這是不是迴避問題？

答案：是，否則它怎麼會成為本章的問題。在獨角獸眼中，人類看起來一定很滑稽。我們身處於一個哲學上呆板無趣的年代，數百萬隻理性怪物靠著兩條後腳行走，透過一對小鏡片觀察世界，每隔一段時間就把有機物質從臉上的洞塞進去以供給能量。這些怪物看膩了自己，但對鳥類、貓咪與動物園裡的動物倒是興致勃勃。

7. 想想下面這些出自《愛麗絲夢遊仙境》的文字：

瓶口上掛了一張標籤，上面印著漂亮的大字「喝我」。「喝我」，意思相當清楚明瞭，但聰明的小愛麗絲不打算急著做這件事。「不，我得先看一看，」她說：「看上面是不是標示著『毒藥』」；愛麗絲曾經讀過一些有用的小故事，有些孩子被燙傷、被野獸吃掉或是遭遇其他不幸的事，因為他們沒有牢記朋友告誡他們的小規矩：例如，不要握著燒得火紅的火鉗太久，免得燙傷；如果你用刀子割手指割得太深，通常會流血；還有愛麗絲從來沒忘記過這一點，如果你喝了太多瓶子上標示著「毒藥」的東西，遲早身體會不舒服。

然而，這個瓶子沒有標示「毒藥」，於是愛麗絲冒險嘗了一口，覺得滋味不錯……她很快就把它喝完了。[7]

愛麗絲的思考有什麼問題？

答案：這段文字除了很有趣外，還充滿了思考錯誤。我只簡單提幾個。瓶子上掛了一張「喝我」的標籤，不表示愛麗絲應該喝它。標籤迴避了許多問題，例如：它安全嗎？它的用途是什麼？為什麼我應該喝它？誰做這個標籤的？為什麼那個人要我喝下瓶中的東西？（維多利亞時代的藥瓶既沒有可旋緊的蓋子，瓶身也沒有標籤。它用軟木塞塞住，瓶子上掛著紙標籤。）

「愛麗絲不打算急著做這件事。『不，我得先看一看。』」

大家注意到了嗎？愛麗絲其實早就決定要喝下瓶中的東西。她只是想先看一下再喝。因此，她不理會「我該喝嗎？」的問題，而是用「我該什麼時候喝？」的問題來取代。對於第二個問題，她早有定見：只要我看過上面沒寫「毒藥」，就可以喝。做任何重要的事之前，一定要深思熟慮。

愛麗絲在行動之前，只需稍做理性的考量，但她的思考脫離常軌，而且充滿瑕疵。愛麗絲提到的有用小故事並不是那麼有用，儘管它們提到小孩被燙傷、被野獸吃掉或遭遇其他不幸的事，但這些幾乎與她眼前面對的問題毫無關聯：喝或不喝？此外，火紅的火鉗與瓶子潛伏的危險又有何干。無論何時，只要你握住火紅的火鉗，馬上就會燙傷，不用等到握「太」久。況且，多久才叫「太」久？刀子也是一樣：割手指不用「太」深，只要一割就流血。

瓶子有沒有標示毒藥，並沒有太大意義，毒藥就是毒藥，跟標不標示沒有關係。愛麗絲認為，既然瓶子沒有標示毒藥，就可以安心飲用。愛麗絲的思考可以表述如下：「只要是毒藥都會做標示。這個瓶子沒有標示毒藥，因此它不是毒藥，因此可以安心飲用。」前提一已經是錯的，隨後導出的結論當然也是錯的。

就算前提一正確且液體不是毒藥，結論一與結論二也不一定

為真。有許多不是毒藥的物質喝了並不安全，例如被污染的水。其他不是毒藥的物質並不好喝，例如醋。還有一些液體究竟是食物、毒藥，還是藥物，必須從定義判斷，可能不適合小女孩飲用，例如威士忌。

愛麗絲注意的是與主題無關的事物，因此她相信喝下瓶中的東西不會有事。能明確解釋她的行為的真正原因，是她對於接下來將發生的事感到好奇。

提到好奇，我對下一章的內容也感到好奇，因為我不知道自己寫了什麼。既然我不知道，也就沒辦法告訴你。讓我們翻開下一頁看看吧。希望下一章不會標示著「讀我」，然而，我有一股不祥的預感。

第九章

讀我

本章談的是**齊一場論**，這是一種能協助你達致真理的知識理論。為了得出這項理論，我們必須考察各種清楚與歪曲思考的例證。透過歸納，我們可以概括人類活動的本質，並找出探求現實的一般原則。所謂一般原則（也就是齊一場論），指理解所有證據，並以此為根據正確地知覺真理。

推論本身即是一種證據形式，根據定義，證據是指出真理的指標。作為一種證據形式，推論必須被正確詮釋。因此，確切思想的規則、清楚思考的指引以及各種謬誤的分析（也就是前面幾章提到的規則、法則與箴言），簡單地說，就是真理齊一場論的應用。

但在實務上，我們很難湊足所有的證據。我們唯一能做到的，就是正確地詮釋一切**可得的**證據。

因此，最後定論並不存在，因為它不是以所有證據為依據。未來的證據尚未出現，過去的證據可能被掩蓋、不可得、遺失或實際上是偽造的。因此，所有結論都是以片面、不完整、有時甚至是錯誤的證據為依據。

既然結論不可能依據所有證據而產生，因此所有結論都是暫定的。如果所有結論都是暫定的，那麼在出現可得的新證據時，這些結論必須接受修正與可能的變更。

因此，在追求真理的過程中，最重要的是證據問題。這種問題的形式如下：「為什麼？證據是什麼？你怎麼確定？」這類問題可以帶出證據，並導出關於現實與真理的正確結論。

思考證據的原則，是證據必須相關且適當。如果證據缺乏實質的相關性或適當性，也就是說，如果證據不相關或不適當，結論就無法得到支持。

為了在記憶裡強化與固定這個觀念，請馬上大聲複誦這句話：齊一場論認為，如果我們要正確知覺與理解現實，必須先正確詮釋可得的證據。

以此導出：

教訓：分析證據很重要。證據必須相關且適當，否則無法得出堅實或合理的結論。

為了達成分析的目的，有時可以將正確的證據分析分成兩部分：相關性與適當性。這兩個部分彼此類似，卻又不盡相同，但都屬於齊一場論。如前所述，相關性與適當性的建立，不一定要蒐羅所有的證據，只需要可得的證據。相關性與適當性都很重要，但一開始考慮證據時，要特別重視相關性。

證據的相關性

相關性的類定義：若證據直接且不帶感情地關聯於系爭立場且支持該立場之結論，則該證據具有相關性。未直接關聯於結論，或未支持結論的證據，是不相關的證據。

相關性的分割定義：證據是相關的，若證據

· 直接關聯於結論。
· 對於知覺真理的結論提供了可信的理由、有利的支持或具有一定的影響。
· 不是情感性的訴求。

如果證據無法合理關聯於結論，則證據不相關，而結論也因此無法獲得證明。優良的證據必須關聯與支持結論，或是對結論的真偽有確實的影響，否則證據不相關。嚴格說來，一切情感訴求與任何結論的真實性並無直接關係。因此，情感訴求不足採信，因為它們可能不相關。

火紅的火鉗，與愛麗絲是否該遵守「喝我」的標籤無關。

我們已經檢視過許多缺乏相關性的形式。火紅的火鉗會燙手，

這是事實，卻與愛麗絲思考的議題無關。瓶子可能裝了毒藥，這才與愛麗絲思考的議題有關，因為誰都不應該喝下毒藥，而她正在思考是否要喝下瓶中的液體。愛麗絲接下來的思考出現偏差，因為她認為，既然瓶子沒有掛上標示毒藥的標籤，就表示瓶中的液體可以喝。除了毒藥外，還有許多液體是不能喝的，瓶子沒有掛上毒藥標籤，不代表瓶中的液體不是毒藥。毒藥就是毒藥，不會因為有沒有掛上標籤而改變。

留意偏離主題的健全論證（sound argument）或有效論證。它們不相關。

愛麗絲思考的滾燙火鉗論證，確實具有真實的前提：滾燙的火鉗確實會燙手。因此，不該握住滾燙的火鉗。但這個論證卻與該不該喝下瓶中液體無直接關係。它偏離主題，因此不相關。毒藥可以殺人，這是事實。不應該喝下有毒液體，與愛麗絲思考的議題有直接關係，因此相關。

權威不相關。

引用權威不一定相關，因為權威可能是錯的。我們會比較重視權威人士提供的理由，但這只是基於權威的資格與地位。然而，除非權威提出的理由相關，否則我們毋需接受。過去的經驗顯示，只要離開自身的狹隘領域，權威就不再是權威，而且有些權威意見多少帶有偏見。當然，引用匿名的權威，或引用無法檢驗與質疑的權威，也不一定相關。

原則：因為理由而接受權威，而非因為權威而接受權威。

以此導出：

教訓：把焦點放在理由而非權威。對於帶有偏見、不符資格或匿名的權威，不用太認真，因為他們並不相關。

　　證券經紀人雖然是股票市場的權威，但由於他們是靠幫你買賣股票為生，所以免不了有偏見。因此，當他們推薦你買賣股票時，這些建議除非有理由支持，否則不相關。

　　看看這個例子：「你知道美國人排行第一的離婚原因是姻親的介入嗎？」

　　「你怎麼知道？」

　　「我在今天的《歐普拉脫口秀》（*The Oprah Winfrey Show*）聽來的。」

　　你引用的權威就是歐普拉本人嗎？若是，她為什麼有資格這麼說？權威是歐普拉訪問的來賓嗎？若是，她為什麼有資格這麼說？權威是現場觀眾嗎？是推銷新書的作家嗎？一個受邀前來、身分不明的「專家」？如果權威符合以上分類，則其主張與結論不相關，無法證明任何事。即使這位專家是貨真價實的社工教授，研究離婚議題多年後才得出這樣一個驚人的結論，我們還是必須檢視實際數據，以判定結論是不是符合數據而能獲得證明。

　　另一個例子：「一位地位崇高的公眾人物在《美國新聞與世界報導》（*U.S. News & World Report*）中表示，日後歷史學家或許會認為柯林頓總統在後冷戰時期，制定了前瞻而明確的外交政策。」

　　對於這種沒名沒姓的權威，不用太認真。我每次讀到這類文章，馬上就跳過去，因為內容乏善可陳，而且也不可靠。我在幾個星期後才知道，這位「地位崇高的公眾人物」，原來是柯林頓主政時期的國務卿歐布萊特（Madeleine Albright）。我喜歡歐布萊特，有些人不喜歡，其他人則無所謂，然而這不重要，因為喜不喜歡她與結論沒有實質關係。唯一與結論真偽有關的，是歐布萊特本身的偏見。歐布萊特參與了柯林頓時代的外交政策，因此，當她近乎阿諛地稱讚柯林頓的外交政策時，等於間接吹捧了自己。此外，國務卿是受總統差遣的角色。從權力關係來看，歐布萊特不大可能提出與總統相反的意見，就算她與總統意見不同。有偏見的權威完全不算

是權威。

單純的斷言不相關。

無論如何，我們無法得知歐布萊特偏見的內容，因為她的斷言沒有附上理由。她只是告訴我們，柯林頓的外交政策很棒，但沒有告訴我們原因，因此沒有相關理由可支持她的結論。歐布萊特可能懷疑自己是個有偏見的權威，所以不用真實姓名表示意見。她沒說「我相信……」，而是引用不知姓名為何的未來歷史學家的說法：也許，未來的確有人會提出跟她相同的主張，但那是未來的事，現在的我們根本無從檢證這一點。因此，她引用的權威不僅不知姓名為何，搞不好根本不存在。也許未來的歷史學家真的能找到證據支持歐布萊特的自我吹噓，但也有可能找不到。

因此，閱讀她的陳述完全是浪費時間。不要相信這類說法。

團體迷思、求同本能、流行的說法、廣泛接受的信念以及（所謂的）常識，通常都不相關。

訴諸愛國主義、傳統與共同意見，等於訴諸高度爭議的權威或完全不真實的權威。這些訴求偏離重點，因此不相關。從眾與共識不代表什麼。電影賣不賣座與你是否要看它無關。你的品味可能不同於大眾，而大眾可能是錯的。

這個主張如何？「如果曬出古銅色的肌膚真的不安全，那麼數百萬美國人就不會每個星期都去做日光浴。」

「真的嗎？你怎麼知道？」

有多少人認為是真的，以及有多少人這麼做，與實際上是不是真理無關。日光浴的好處與危險，無法從日光浴是否受歡迎演繹出來。絕對不要從大多數人的作法或想法推論任何事情。別忘了有很多人相信占星術、念力、第六感、靈魂出竅等等。曾經，絕大多數人相信地球是平的，而且還是宇宙的中心。民意調查顯示，相信鬼魂、鬼屋以及與死者溝通的比例在最近十年有提升的趨勢。我們沒有理由相信這些荒謬說法。

　　有時候，就連科學也會往錯誤的方向跳躍，如冷核融合的（過早）發現、皮爾當人（Piltdown man）騙局，與不存在的 N 光。你是否曾從新聞得知某種醫學發現，卻在一年後聽到另一則完全相反的研究？

　　近來，針對兒童神經母細胞瘤早期精確診斷進行的篩檢顯示，對這類腫瘤進行早期精確診斷無助於存活。事實上，絕大多數檢測到的早期腫瘤都會經歷一段自發性的退化過程，因此不需要治療。根據最近的追溯性對照研究，雌激素替代療法會提高心臟病致命率與失智症罹患率，而非之前所說的降低。

虛假的理由不相關。

　　我們討論過人們如何使用虛假的理由來解釋早已接受的結論。通常結論應該在思考理由後出現，而不是先有結論再找理由。在合理化的過程中，陳述的理由通常與結論少有關係或根本無關，它只是合理化啓人疑竇的立場。

　　舉例來說：「是的，我訂了《好色客》（Hustler），但我是因為裡面的文章不錯才訂的。」

　　這可能是合理化的藉口。我從未在《好色客》上看過好文章，倒是看過不少漂亮的裸女照片。此外，即使《好色客》有時的確會有好文章，但那不是他訂閱它的真正理由，也不是我訂閱它的理由。為了支持某個主張而編造出來的虛假理由，與真理無關。天底下已經有太多假東西了，不需要再多添一項。

訴諸情感不相關。

　　訴諸傳統或個人境況，訴諸嘲諷或**誹謗**（obloquy），訴諸聯想定罪（guilt by association），訴諸諂媚、同情、羞辱或慈善，訴諸暴力威脅或暴力本身（這些作法有時確實能讓人順利得到自己想要的東西），這些都與結論不相關，因此是不合理的。

　　情感或許會影響我們，但它往往與主題無關。情感訴求與推論的結論不相關，也難以取代真實證據。情感無法取代理性成為得出

真理的利器。千萬不可訴諸情感。

　　例如：「相信我，沒什麼好怕的。」要求人家相信，卻沒有提出支持的理由，這種訴求不相關。因此若遇到上述斷言，最好小心提防。

　　或者：「除非跟我上床，否則妳這堂課甭想及格。」利用對方不願接受的狀況威脅對方接受，而非提出能證明自身觀點的證據來說服對方，這種作法不相關。指出特定行動將產生特定結果固然沒錯，但提出要脅卻是不相關的訴求，因為威脅與結論沒有推論關係。要求對方以性來交換及格是惡劣的論證。為了看出其中的惡劣之處，可以將這個論證表述如下。括號中的字句即是隱含的前提：

因為我想跟妳做愛，

所以我希望妳跟我做愛。

因為我能決定妳能不能及格，

（因此控制了妳未來的職業生涯，）

（而妳應該不想危及自己的職業生涯，）

（如果妳不跟我做愛，我就會危害妳的職業生涯。）

（結論：）因此，妳會跟我做愛。

　　這種論證無法說服理智的人相信這項行動是正確的，然而它可能比我們想像的還要容易讓人屈服。這是達到目的的有效手段，但論證使用的威脅前提及隱含前提與結論不相關。

　　讓你心情不好或產生罪惡感的論證不相關。「你的意思是說，我們免費招待你渡假，而你居然什麼都不買？」捐客發動強硬的情感攻勢，讓潛在的客戶因接受招待卻不購買產品而產生罪惡感。以情感訴求來影響行動，這種作法不相關。

　　適當回應捐客的方式如下：「我們沒有義務買你的東西。你在小冊子裡寫明了，你提供我們免費的渡假行程。我們感謝你的招

待，但我們沒有購買你們產品的意願。」接下來，你可以大方地告訴對方不買的理由，如果你有的話：「我們不喜歡你們的產品，因爲＿＿。」

賄賂與訴諸官員的個人利益不相關。

藉由個人利益來影響政府官員，這種作法是情感訴求，因此不相關。以金錢說服政治人物支持或反對某事，這種作法不相關，因此不合理。報酬與賄賂不是支持結論的理由，因此是錯的。

許多政治不正確的事項不相關。

舉例來說，拋媚眼行嗎？天曉得。有些人認爲不行，因爲女性這麼做時，男性會感到不適。然而從另一個角度來說，女性拋媚眼似乎再自然也不過，不可能傷害到誰。如果有女性對我拋媚眼，我可一點也不在意。

可能有人會建構出自然論證來爲拋媚眼辯護：女性可能以向男性拋媚眼作爲調情的前導，而調情可能是示愛的前導，示愛之後可能是上床、婚姻與繁衍下一代。因此，不管是對是錯，拋媚眼屬於自然景觀的一部分，就跟煎牛排時不由自主嗅一下味道是一樣的。是的，女性將繼續在地球上對男性拋媚眼，直到太陽燃燒殆盡爲止。因此，拋媚眼另一個比較好聽而無偏見的說法是「仰慕」。所以，女性將繼續仰慕男性，直到太陽燃燒殆盡爲止。這是現實，因此反對女性拋媚眼似乎不怎麼正確。斯坦頓（Elizabeth Cady Stanton）在「情操宣言」（Declaration of Sentiments）中也用了類似的自然論證：「無疑地，凡阻礙女性依其良知在社會上占有一席之地，或將女性置於比男性劣等的地位的法律，皆悖逆於自然的偉大原則，因此不具力量或權威。」[1]如果這種支持女性權利的論證是合理的，那麼我認爲女性仰慕男性與男性仰慕女性也是合理的，因爲那也是自然的。

諂媚或任何形式的讚美無法合理取代證據。但因爲我們容易被肯定的話語影響，因此也就容易被廉價的諂媚伎倆操縱。

「我眞的不想向你借錢，你向來是個仁慈而慷慨的人，但這次能不能再借我十萬元？我覺得我可以向你借錢，因爲你跟那些吝嗇的混蛋不一樣，你有眞正的基督徒慈善精神。」借款者利用諂媚而非舉出理由的方式提出請求。事實上，除了可疑的道德論證（眞正的基督徒應提供貸款）外，借款者並未提出任何需錢孔急的證明。

再看看這個例子。「我這個月的業績落後，求你買下這台電視吧，我的業績就靠你了，我一家大小也靠你了。」訴諸同情不能證明需要，也無法合理說服我們購買電視。我們應該有條有理地討論電視能給我們什麼好處。營業員推銷的電視符合我的個人需求嗎？螢幕有多大？有環繞音響嗎？有高解析度嗎？價格如何？支付方式？這個星期就能送到嗎？這些事項都與我該不該買的問題相關。營業員當月的業績慘淡與我的決定不（應該）相關。

政治人物以善於利用不相關證據而惡名昭彰。

「裴洛（Ross Perot）先生，依我看來，如果你當選總統，你必須共事的國會恐怕不會採取合作的態度。」

「我想，如果我當選的話，大概會有一半的國會議員心臟病發死掉，到時我的問題就少了一半。」

裴洛沒有正面回應記者的問題。相反地，他以幽默的口吻轉移了人們對眞實議題的注意。

1984 年美國總統大選期間，雷根總統的年齡成爲許多人關注的焦點。我記得在一場電視辯論上，雷根面對年齡問題的挑戰，此時他的對手正是比他年輕許多的孟岱爾（Walter Mondale）。

記者：總統先生，你的年紀是否會影響你處理核子戰爭的能力？
雷根：完全不會。而且我不會利用對手的年輕無經驗。

雷根沒有正面回答問題（他只是全盤否認，而沒有提出佐證），反倒以幽默轉移焦點。雷根明智地指出，以年齡作爲唯一標準來評

價總統處理核戰的能力，對年長者也同樣有利。

有時候，政治人物使用的不相關證據一點也不幽默，反而相當愚蠢。眾議員狄雷（Tom DeLay）被錄下一段談話：孩子不該去上貝勒大學或德州農工大學，「因為這些大學的宿舍允許男女同寢，而且校方也不教導創造論（creationism）」。狄雷有權利提出意見，但當他出示意見背後的理由時，他的理由就必須受到眾人的分析與批評。在選擇大學時，考量的內容不該僅限於狄雷提到的那兩項理由。光憑兩項片面揀選的證據就認定貝勒大學不好，等於無視於可證明貝勒大學優良的大量證據。任何基於片面揀選的證據而產生的結論都是錯的。此外，狄雷認為，因為宿舍允許男女同寢且校方不教導創造論，所以貝勒大學不適合所有學生就讀。然而有些學生可能在這種環境下發展得很好，就跟《哈瑞德實驗》（*The Harrad Experiment*）一樣。[2]因此，狄雷的陳述完全是一種概括說法。任何基於過度概括產生的結論都是錯的。此外，如果以上述兩項理由來評斷教育機構，則哈佛、哥倫比亞、普林斯頓、耶魯、史丹佛、索邦以及世界各地的優秀大學都將被排除在外。就算不考慮這些，我們也很難以創造論教學作為評價教育機構的標準。事實上，不教導創造論才是對的，因為創造論忽視了數千種科學研究以及有 250 萬年歷史的化石紀錄。一個無視於仔細蒐集而來的廣大科學證據的學科，不值得人們關注。

當狄雷被問到這一點時，他說：「錄下我的談話的人，是前美國公民自由聯盟的成員。」不管錄下狄雷談話的是不是前美國公民自由聯盟成員、現任成員或根本不是該聯盟成員，都與狄雷的陳述合不合理無關。狄雷訴諸不相關的人身攻擊論證，藉此轉移焦點，避免為自己的陳述辯護。

空泛的慰問不相關。

「議員先生，我是個退休人士，過著入不敷出的日子。如果你投票贊成續增財產稅，我不知道接下來我怎麼活下去。」

「你必須咬緊牙關，因為日子還會更苦。你還算幸運，因為你住在這個鎮，另一個鎮的財產稅更高。」

這是常見的轉移焦點形式，用來塞住反對者的嘴，並阻礙更深入而理性地討論議題。稅率調高的理由付之闕如，取而代之的是重申增稅的立場。這位退休人士沒有得到明智的討論，反而得到空泛的慰問，而慰問不過是為了轉移訴願者的焦點，進而主張訴願者應該滿足於目前這個令人不滿的處境，因為「日子還會更苦」或其他人過的日子比他苦。

「日子」幾乎總是會更苦，但「日子」也幾乎總是會更好，因此這不是真實議題。在某個地方與某個時候，總會有這樣一個機會，日子會變得更苦。但在某個地方與某個時候，也會有這樣一個機會，日子會變得更好。這是個微不足道的自明之理，是毫無訊息價值的套套邏輯。

轉移焦點到假議題上，只是為了逃避對方的抱怨。反制轉移焦點論證的方式，是指出顯而易見之事：日子可能更苦，但日子也可能更好。

另一個例子：「要吸菸請到外面，不要在這裡。」

「二手菸不會比外頭空轉的卡車排放的柴油廢氣來得髒，那都是些有害身體的煙霧。」

是的，柴油煙霧有害身體。那又如何？這只是對辦公室二手菸的空泛慰問，它並未正視這個議題：在室外抽菸對辦公室內工作的人比較好。轉移焦點到危害更大的柴油煙霧上，使人覺得二手菸看起來比柴油煙霧好（實際上亦是如此），然而這種作法不相關。此處的探討重點不在於二手菸與柴油煙霧哪個好，而是對辦公室的人來說，乾淨空氣比被二手菸污染的空氣好。然而這個重點卻遭到忽略。為什麼不同時避免二手菸與柴油煙霧呢？

模糊定義與語言混淆不相關。使用與誤用模糊措詞、錯誤定義（不管是不是積非成是）、雙關語、模稜兩可，以及毫無差異的區

別，這些全不相關：

1. 「麥克斯熱愛網球甚於他的妻子。」
2. 「人們不該在一個星期之內吃兩次在伊利諾州抓到的魚，因爲裡面含汞。」
3. 問題：「我錯了嗎？」
   回答：「沒錯！」
4. 「對我們美國人來說，挫敗不是挫敗。」

　　上述模稜兩可的措詞與不適當的表達，阻礙人們得出正確結論。我們不知道是麥克斯對網球的喜愛勝過他對妻子的喜愛，還是麥克斯比他的妻子還喜愛網球。第二個例子的意思，應該是人們不該在一個星期之內吃兩次魚，因爲同一條魚不可能在一個星期之內被抓到兩次。第三個例子我們完全無法判斷，因爲「沒錯」有兩個意思：「沒有錯誤」與「肯定對方確實有錯」。至於最後一個例子，挫敗的意思當然是挫敗。這句口號是矛盾的，因爲挫敗不可能既是挫敗，又不是挫敗，這不管在邏輯還是物理上都是不可能的。不管美國人再怎麼有決心，邏輯與物理上不可能之事終究在邏輯與物理上不可能。我猜這句口號眞正的意思是挫敗不會長久或徹底地擊倒美國人，因爲美國人有決心面對並克服挫敗。然而遺憾的是，口號不是這麼說的。它非但不是這麼說，而且還暗示挫敗不是什麼大問題，因此不需要動腦筋去找出適當的解決方法。這句口號並未鼓勵我們思考現實處境，反而要我們不理性地將問題拋諸腦後，因爲「挫敗不是挫敗」。

未能得出正確結論的陳述不相關。

　　總之，當搞不清楚事情時，問就對了。不要因爲詢問自己不瞭解的事而感到羞赧。不要因爲質疑你認爲可能表達不適當的措詞而感到困窘。寧可多疑或冒著讓自己看來天眞或愚蠢的風險，也不要

做出錯誤結論。

毫無差異的區別不相關。

舉例來說：「我沒有作弊。我只是看她的試卷來喚起我的記憶。」這個論證試圖區別作弊與看別人的試卷以喚起記憶，然而這種區別毫無差異。口頭上宣稱的差異不是真的差異。被抓到作弊的學生試圖以毫無差異的區別來規避作弊的懲罰，這是不相關的轉移焦點論證。

另一個例子：「我沒有騙你，我只是告訴妳妳想聽的。」他的確說謊，或許他說謊是爲了上述原因。那又如何？他試圖區別出說謊與有理由說謊的不同。在這個例子裡，他說他說謊是爲了安慰她。他希望她認爲他有正當理由說謊，因爲他的謊言給予她想聽的話。然而，謊言與有好理由的謊言並無差異，謊言就是謊言。精心做出毫無差異的區別與結論不相關。

迴避問題不相關。

迴避問題、循環論證、套套邏輯、**冗言**（pleonasm，多餘的措詞，如「特別獨特」）、複雜問題、誘導性問題、單純的斷言等，這些都不相關。之前舉的例子說明了這一點。

現在你應該能回答這個問題：「你喜歡說俏皮話嗎？」提示：答案不一定是喜歡或不喜歡。這個問題必須拒絕回答。否定的回答表示你說俏皮話，但不一定樂在其中。當在證人席上被問到這種問題時，我通常只會坐在那裡沉默地瞪著提問者，直到對方改變問法爲止。

未經證實的假定不相關。

未經證實的假定包括連續體的謬誤與訴諸傳統的論證。就某個意義來說，錯誤類比是以未經證實的假定爲基礎，就跟「新穎的謬誤」一樣，認爲新穎的事物總是比較好。在非黑即白的思考上，我們討論了錯誤選擇的謬誤。在一廂情願的思考上，我們討論了人類希望的誤用：你希望某事成眞，某事不會因此成眞；你不希望某事

成眞，某事不會因此不成眞。

　　組成的謬誤、分割的謬誤與平均值的謬誤是三個彼此關連的未經證實的假定。部分不一定相同於整體，整體也不一定相同或類似於部分。平均值只是數學的抽象物，不一定與討論的主題相關。

對整體為真之事，對整體的部分不一定為真。

　　認爲對整體爲眞之事對整體的部分必定爲眞，這種想法是基於片面揀選證據而做的未經證實的假定，因此與結論不相關：「瑪麗很不錯，約翰也是。他們兩人結婚不是一件很棒的事嗎？」看到他們兩人結婚也許很棒，但婚姻本身不一定如此美好。「婚姻」這個整體，要比組成婚姻的各個部分的總和多得多。兩個美好的人相加，不一定構成美好的婚姻。

　　水分子由兩個氫原子及一個氧原子組成。氫與氧結合很容易引起爆炸，但結合成水卻不會爆炸。水就是水，它的性質完全不同於它的構成元素氫與氧。

　　與這種錯誤密切相關的是「分割謬誤」，這種謬誤認爲，對整體爲眞之事，對整體的每個部分亦爲眞。這是一種未經證實的假定。想瞭解這一點，只需回顧水的問題：對水爲眞之事，對水的構成元素氫與氧不一定爲眞。

　　「小甜甜布蘭妮（Britney Spears）有張美麗的臉孔，因此她的鼻子一定很美。」布蘭妮有張美麗的臉孔，這也許是眞的，但這不一定表示她臉上個別的部分（如鼻子或耳朵）也很美。因爲整體的特點不一定等於每個個別部分的特點。

　　「平均值的謬誤」認爲平均值總是比較好而正確。這種謬誤又稱「中庸的謬誤」。觀點是不是屬於或接近平均值，與結論不相關，因此毋需考慮。中庸的觀點可能是最好的觀點，這點沒有疑問，但卻不是爭議的重點。眞正的爭議點，在於中庸觀點之所以是最好的觀點，不是因爲中庸的緣故。支持中庸觀點的理由，必須來自證據。爲了解決爭論而妥協，這種作法並沒有錯，但若脫離證據而假定妥

協是最好的解決方式，這種思考就是一種錯誤。

　　例如：「既然你想花 2,000 美元買一台電視，而標價是 2,800 美元，我們就折衷一下，賣你 2,400 美元。」雖然這個妥協看起來公平，但它可能不是最好的解決方式。如果電視只值 1,900 美元，當然就不是最好的解決方式。與營業員過招時，別忘了店家早就考慮到妥協的空間，因此所謂的妥協不是妥協，只是店家獲利的方法。

　　另一個例子：「2 加 2 等於 4。」

　　「不對。2 加 2 等於 6。」

　　「這樣吧，我們折衷一下。你說 4。我說 6。我們取中間值 5，好嗎？」

　　2 加 2 等於 4，現在如此，未來也如此。這一點要牢牢記住。絕不可以為了妥協而犧牲真理。《一九八四》的主角在日記中寫道，能隨心所欲地說出 2 加 2 等於 4，這份自由是根本的真理：「所謂自由，就是能隨心所欲地說出 2 加 2 等於 4。只要這份自由得到允許，其他的自由就隨之而來。」[3]

　　「陪審團在聽了兩名主要證人彼此矛盾的證詞之後，認為真相必在這兩套證詞之間。」這是未經證實的假定。沒有證據顯示可以在兩套證詞之間找到真相，也不能因為有兩套證詞，就認為可以從中找到真相。可能其中一人說了謊，甚至是兩人都說了謊。

　　與平均值謬誤密切相關的是，經由統計得出的「未經證實的概括」。統計得出的結論，往往無法適用在個案上：「貝隆里吉的平均房價在 30 萬美元以上。因此，住在該地的人都是肥羊。」統計是正確的，但不能導出這樣的結論，因為當地有些居民的房產價格低於平均值。此外，「肥羊」這個詞也缺乏清楚定義，所以我們實在不知道這段陳述是什麼意思。

缺乏代表性的揀選產生不相關的證據。

　　1936 年，《文藝文摘》（*Literary Digest*）預測，共和黨總統候選人蘭登（Alf Landon）將以壓倒性的票數擊敗民主黨現任總統小羅斯

福。這個預測使得《文藝文摘》停刊，因爲壓倒性的票數確實出現，只不過倒下的是蘭登。選前，《文藝文摘》曾透過電話進行民意調查，發現有超過八成的選民會投票給蘭登，然而它的調查樣本卻未包括沒有電話的選民。家中沒有電話的選民，其數量遠超過擁有電話的富裕選民，這些人深受經濟大蕭條之苦，他們希望小羅斯福贏得選舉。統計推論的正確性只局限於接受調查的人（電話擁有者）。片面揀選的證據、未經證實的假定、過度概括與偏差樣本，使得《文藝文摘》這本好雜誌做出愚蠢的結論，最終摧毀了自身的信譽，只能關門大吉。

　　這段陳述如何？「美國被定罪的白種男性比黑種男性多。」這個統計的目的，在於使我們相信法律之前人人平等。統計是眞實的，但它無法得出這樣的結論，原因很簡單，因爲美國白種男性與黑種男性的人數是九比一。唯有當被定罪的白種男性與黑種男性的人數也是九比一時，我們才能推論社會正義的確存在。白種男性或黑種男性被定罪的人數孰多孰少，不是我們關心的重點。眞正的問題，是哪個種族團體犯下最多的罪行以及多少罪行。定罪所反映的，應該是犯罪的數量而非其他。

　　另一個統計：「美國已婚男性感染愛滋病的人數多於未婚男性。」雖然這個統計是事實，但「已婚男性感染愛滋病的風險較大」的結論卻非事實。美國已婚男性與未婚男性的人數是四比一，因此，雖然已婚男性感染愛滋病的人數多於未婚者，並不表示他們比未婚者更容易感染愛滋病。事實上剛好相反：未婚者的染病率比已婚者高。

反面證據如果相關，必須列入考慮。

　　齊一場論要求我們考慮所有可得證據。只考慮一部分證據，等於是片面揀選，而且可能導致錯誤的結論。尤其重要的是，我們必須考慮反面證據。這能避免陪審團在每次審判中入人於罪。如果你曾擔任陪審員，你就知道我的意思。在檢察官說明案情後，你很確

定被告有罪，並且不瞭解為什麼還需要費事審判。然後被告律師起身說明他對此事的看法，接著你想盡快釋放眼前這個可憐的無辜者。於是，你專注評估所有證據，不管利或不利於被告，試圖得出合理的結論。不考慮檢察官的說法，無法得出合理的結論；但不考慮被告的說詞，也同樣無法得出合理的結論。比起只考慮部分證據，檢視所有證據更能指出有罪或無辜的真相。

《愛麗絲夢遊仙境》中有個例子：

「脫下你的帽子。」國王對帽子師傅說。

「這不是我的帽子。」帽子師傅說。

「那就是你偷來的！」國王轉身向陪審團喊道，陪審團隨即就把這件事實記錄下來。

「我這些帽子是要賣給別人的，」帽子師傅緊跟著解釋：「我沒有自己的帽子。我是做帽子的。」[4]

如果帽子師傅沒有提出附帶證據，陪審團可能就認為他偷了帽子。可以想像，帽子師傅一定承受很大的壓力。

脅迫、威嚇與勒索造成不相關的證據。

「把證據交出來，」國王說：「不用緊張，否則我當場處死你。」[5]

最好的證據是在沒有壓力或脅迫下，由對方自願而客觀地提供的。若非如此，則證據有瑕疵，而我們也將遠離真理走向錯誤。

例如：「我不管生物學課本上說了什麼，反正我的祖先不是猴子。」由於這個人不把悖於他的信念的證據列入考慮，他的結論就無法得到證實。跟這種人做進一步的討論是浪費時間。

另一個例子：「下雨天騎摩托車不僅不舒適，還比較危險，因此應該禁止人們騎摩托車。」還有許多因素影響人們擁有摩托車的

意願：摩托車比較便宜、較不耗油、比汽車容易操控等等。除非已經詳細檢視這些考量，否則不該妄下定論認爲不該騎乘摩托車。

反事實的陳述不相關。

反事實的陳述以及有關未來事實的陳述不相關。例如：「要是希特勒沒有進攻俄國，他就不需要兩面作戰，而德國也將贏得戰爭。」希特勒的確進攻了俄國，也的確進行了兩面作戰，而德國也的確輸掉了戰爭。因此，這個陳述與事實相反，也與任何合理論證不相關。這種主題在小說中或許很有趣，但與事實相反的論證忽視既有的證據，因此是錯的。

或者：「如果阿拉法特（Yasser Arafat）能更像個領袖，而不是被輿論牽著鼻子走，那麼以色列早就獲得和平。」由於以色列現在並未獲得和平，對於過去事件可能改變境況的猜測，並不能造成今日的事實境況，因此不相關。

同樣地，未來事實很容易受人質疑。未來尚未被決定，因此任何有關未來將發生什麼事的斷言都缺乏證據，因此不相關。

舉例來說：「美國的繁榮力道將毫不減弱地持續到 2010 年，聯邦盈餘將大幅成長。因此，減稅的理由十分充分。」關於未來可能發生什麼事的陳述，無法以未來的證據來支持，因爲未來尚未存在，因此證據也不存在。以不存在的證據爲依據的論證不相關，上面那句出自某美國參議員的陳述便是一例。事實證明他的陳述是錯的。短短一年的時間，美國經濟急轉直下，跌破絕大多數人的眼鏡。根據 2003 年 1 月 6 日《紐約時報》的報導，2002 年的聯邦赤字超過 2,300 億美元。

對未來的預測通常不相關。

在這種情況下，不管證券分析師有多聰明與多周延，他勢必使不上力，因爲從本質上來說，他試圖預測的是不可預測之事。分析師之所以如此在意於預測未來，主要是因爲他們想說服投資者預先對未來的行情做鉅額投資。因此，人們可能投注大量精力進行研

究，卻仍難以獲利。如果利潤未能如預測般地實現，則投資人可能面臨暫時的嚴重損失，甚至是永久的嚴重損失。

證據的適當性

　　適當性的類定義：證據不僅必須與結論相關，還必須具有充分的數量、種類與重要性來支持結論。符合這些判準的證據是適當的，不符合的證據則不適當。

　　分割定義：證據是適當的，如果它在

1. 數量
2. 種類
3. 重要性

上足以支持結論。

　　齊一場論要求我們考量所有可得的相關證據，並檢視所有相關證據的適當性。

　　換句話說，相關的證據是必要的，但它們不足以達成有關現實與真理的結論。有些人對於如何區別**必要的**與**充分**感到困擾。讓我們徹底搞清楚這個區別。如果某件事物需要另一件事物才能發生，則所需事物是**必要的**。如果某件事物只需要這件事物就能發生，則所需事物是**必要的**也是**充分的**。如果某件事物還需要別的事物才能發生，則原本所需事物是**必要的**卻非**充分的**。例如，汽車需要汽油才能行走。我要開車到某個地方，汽油是必要的，卻非充分的；汽車還需要火星塞、機油、電池等等。

　　植物需要水才能生長。不過你所做的如果僅限於澆水，別期望你的植物會生長。只是澆水，不保證植物會生長，還需要許多其他條件。要讓植物生長，水是必要的，卻非充分的。

相關的證據是必要的，但非充分的。

正確的結論需要相關的證據。因此，相關的證據對於達致正確的結論來說是必要的，但非充分的。證據也必須適當，它必須有適當的數量、種類與重要性以支持結論。

但什麼是適當的證據呢？

這是個好問題，而這個問題似乎沒有絕對的答案。證據是否適當，取決於時間、地點與考量證據的人。

在法律上，清楚而具說服力的證據是指控時所必需的。在刑法上，陪審團必須找到超越合理懷疑的被告罪證。法律非常合理地承認懷疑總是存在，這一點無庸置疑。但法律主張合理懷疑的判準是刑事判決的標準。如果證據顯示被告的罪證超越合理懷疑，則陪審團應該判決被告有罪。如果證據未顯示被告罪證超越合理懷疑，陪審團應該判決被告無罪。

在我購買某件物品之前，我該要求相關性多高的證據，以及什麼類型的證據？這取決於時間、地點與個人。

以我為例，我最近添購了 CD 唱盤，我考慮了顏色、音質與 14 美元的低價。購買的決定花了不到兩分鐘的時間。另一方面，用 30 萬美元購買房屋的決定，需要許多調查、思考、分析與專家建議。

另一個例子：「傑克親我的手，對我說他愛我與他想娶我，所以我跟他上床。」對有些女性來說，親手就已足夠。其他女性也許需要愛的宣言與婚姻的承諾。還有一些女性喜歡看到自己手指上的鑽戒。有些女性不需要任何事物就會跟人上床。有些女性還需要律師擬定的正式婚前協議書、兩個見證人，由郡長公證與建檔。重點在於所謂適當的證據，取決於時間、地點與相關人士。由於證據的適當性是程度的問題，所以接下來我要提供一些評價證據適當性的方針，它們不是嚴格而不可變更的規定，你可自行選擇要怎麼做。

適當證據的分析，主要分成兩個範疇：因果謬誤與遺漏的證據。

前幾章已經談過過度概括與在此之後的謬誤。前幾段也說明了**必要的**與**充分的**之間的混淆。在其他的因果謬誤中，我們必須知道的是共同原因的忽視、因果的混淆、越少越好謬誤、越多越好謬誤、賭徒謬誤，以及心理謬誤。

忽視共同原因的論證是不適當的。

兩個從外表看來毫無因果關係的事件，卻可能與第三事件有關，這個第三事件是它們的共同原因。在時間上聯結的兩個事件未必有因果關係，因為它們可能關聯於其他事件，我們從在此之後謬誤中學到這一點。這裡我們要介紹相同的東西，以任何方式連結的兩個事件未必有因果關係，因為它們可能與其他事件有關。由於閃電看起來先於雷鳴，因此許多觀察家相信閃電導致雷鳴。事實上，閃電與雷鳴都是大氣內部突然放電造成的。由於光的速度比聲音快，因此儘管兩者是在同一時間由同樣的放電過程產生，但放電時產生的光會比聲音先抵達。

再一個例子：「酗酒者有營養不良的傾向。貧乏的飲食必定是造成酒精中毒的原因。」更可能的狀況，是酗酒者之所以營養不良，是因為他們忙於酗酒。換句話說，營養不良與酒精中毒關聯著共同的原因，就是乙醇的成癮性。

第三個例子：「企業管理者擁有大量語彙。因此，如果你想在商場上擁有成功的事業，就研讀單字吧！」這句話把企業管理者與語彙連結在一起，而語彙被認定是企業成功的原因。比較可能的是，企業成功與大量語彙是由許多共同因素造成的兩個事項，這些因素包括大學教育、廣泛閱讀、高智商等等。由於這兩個事項與其他未提及的一連串事項有關，因此證據不適合支持成功與語彙間的因果結論。這也意味證據不適合支持這樣的預測：研讀單字可以讓企業成功。

混淆因果的論證，無法提供適當證據以導出結論。

當我還是個參加夏令營的童子軍時，每個星期日我們都吃炸

雞，這是我們在整個星期當中唯一像樣的食物。星期日是懇親日，我的父母因此認爲夏令營的膳食相當不錯。若因此推論我的父母似乎總知道我們何時有好東西吃，並專挑那一天前來懇親，那麼就錯失了因果關係，甚至是倒因爲果。夏令營故意挑懇親日當天辦好伙食，爲的是讓父母留下好印象。

休士頓失業處一景：「難怪這些人找不到工作。他們很容易動怒！」反轉因果可以得到較合理的解釋。失業者之所以容易動怒，是因爲他們找不到工作。

或者：「遊民之所以無家可歸，是因爲他們沒有家。」這是個套套邏輯，而且也忽略了共同原因；至於當中所犯的思考錯誤，就留待讀者自行解答。提示：遊民不是因爲沒有家才無家可歸。遊民之所以無家可歸是因爲別的理由。什麼理由？

越少越好與越多越好謬誤都不適當。

這與我們的主題只有部分相關，但仍值得深入探討。越少不一定越好。壓力是不好的，但沒有壓力也不好。在高劑量下，維生素 B6 會毒害神經。但缺乏微量微生素 B6，神經也無法運作。太多不好，太少也不好。我們需要的是適當的量，不多也不少。因此，在毫無證據下，以越少越好或越多越好的論點進行推測而得出的論證是不適當的。

例如：「脂肪是不好的。它造成心臟病與中風。因此，完全沒有脂肪最好。」但飲食中若缺乏脂肪，就無法吸收維生素 A、D 與 K。由於這些維生素是維持生命所需之物，因此飲食中缺乏脂肪將造成嚴重疾病。

越多越好謬誤比**越少越好**謬誤更常發生。主要是因爲在許多事例中，只要我們增加事物的量，事物的效果就會增加。但要記住，一小撮鹽也許很好，但連加二十次就會毀了味道。許多**越多越好**謬誤是過度概括與簡化，說明了謬誤可能同時橫跨幾個邏輯領域。

藥物效果通常不會隨劑量增加而增加，但副作用會。

　　需要不斷求證，才能斷定增加劑量只會增加藥效，不會增加副作用。可利斯汀（Colistin）是一種強效抗生素，可以治療嚴重的腎臟感染。但在高劑量下，它會造成腎衰竭。正確的劑量符合現實原則，錯誤的劑量不符合現實原則。過度攝取可利斯汀會導致死亡。

　　賭徒謬誤既不適當又不相關。

　　賭徒謬誤是相當特別的謬誤，要說這本書有什麼需要記住的，則非此莫屬。

　　已發生的隨機事件，並不會改變未來該事件發生的機率。認為機率會改變的人犯了賭徒謬誤。這個謬誤的名稱，來自於有些賭徒誤以為過去的一連串事件會增加獲勝的機會，像是「我不會輸，因為我賭運正旺」，或是「我就要鹹魚翻身了，因為我已經輸了一整晚」。這兩種人都未察覺到如擲銅板、擲骰子或轉輪盤等隨機事件的結果，完全獨立於之前擲銅板、擲骰子或轉輪盤的結果。

　　「親愛的，讓我們再試一次。因為我們已經連生三個女孩，這一次一定是男孩。」或許不是如此。事實上，生男的機會幾乎等同於生女，也就是二分之一。人們不能從過去的隨機事件推論出生男有較高的機率，因為支持此類主張的證據既不適當又不存在。

　　例如：「五年來我每個星期都購買德州彩券，我一定很快就會中獎。」這段話隱含的前提，是對隨機事件的錯誤因果分析，因此無法支持結論。贏得特定樂透的機率，不會因過去的失望而增加。

　　或者：「過去十五次我都沒有釣到青魚。總有一天我會釣到的。」對此你不必抱太大期望。

　　或者：「市場一定很快就會起死回生，因為我們已經連續三年景氣低迷，這是 1940 年代以來未曾有的。」市場是否起死回生或何時起死回生，不是決定於景氣低迷的時間長短，而是決定於其他一連串的現實，包括政府政策、利率、能源成本、執行長的心理、戰爭等等。認定市場連續衰退三年必定很快就要反轉，未免過於簡化。抱著這種想法投資日本股市的人，將深陷十年以上的泥沼，而

且還不見得有翻身的一天。

心理謬誤是不適當的理由。

任何結論都必須有證據與理由支持。之後，我們才能引用自己認為可能的原因來進行解釋。解釋能支持結論，正如動機的發現能支持犯罪理由。但解釋本身並非行動的正當理由。某人恨他的岳母，不表示他可以殺死她。要證明行動是正當的，我們必須先建立道德標準，而後才能相信行動是對的。這些正當理由終究必須訴諸道德原則，例如自衛就是殺人的一項正當理由。光是解釋本身，並不能證明結論正當。

「你為什麼刺死她呢？」紐約市皇后區檢察官歐康諾（Frank O'Connor）問道。

「因為她不肯放開皮夾。」[6]

這名青年當然能合理解釋為什麼他刺死那名女子。這個解釋我們都能理解，也相信是真的，但並不表示殺人是對的。

心理解釋不是正當理由。

我們確實可以藉由心理動力、心理力量、情感、習慣、潛意識驅力、目的、態度等等，來解釋某人做出某事的原因。但緊接而來的問題是：這個解釋能證明他的行動是正當的嗎？一般而言，這個問題的答案是否定的。解釋事物無法使事物正當化，正如揭露利益衝突無法證明利益衝突是正當的。揭露利益衝突與利益衝突是兩回事。解釋與正當化是兩回事。這兩個永遠不相干。當解釋被當成正當化時，我們被帶離真理走向錯誤，因此犯了心理謬誤。

葉茨將自己的五名子女浸在浴缸裡淹死。許多精神科醫師與心理學家在作證時解釋，是複雜的妄想信念導致她做出這樣的行為。然而重要的問題不在於她有沒有理由做出這樣的事，而是她的行動在道德上是不是站得住腳。這件案子的重點不在於她為什麼殺死孩子，而在於陪審團的判定：葉茨或多或少知道自己在做什麼，也知道自己做的是錯的。陪審團認為她的行動違反道德，判處她終生監

禁。從判決可以看出，陪審團理解這個罪行的心理解釋，但他們認為心理解釋並不能正當化罪行。陪審團根據德州法律做出結論：如果加害人知道自己所做之事，以及知道自己所做之事為惡，則無論基於何種解釋，包括理由充分的心理解釋，該行為均屬犯罪，依所犯罪名處刑。

遺漏的證據不適當。

根據不適當或遺漏的證據得出的結論是一種錯誤，它使我們遠離真理走向錯誤。關於這一點，我們已經討論過無知的觀點、悖逆事實的假說、團體迷思與常規謬誤、片面揀選證據，以及片面辯護。還有一些事項也不可忽略：不充分的證據、關鍵證據的遺漏、不可能精確的謬誤，以及脫離脈絡的證據。

不充分的證據不適當。

要證明結論，必須有足夠的證據。如果沒有足夠證據，那麼證據就不適當，結論也不合理。

矛盾的證據是不適當的，不足以支持任何結論。例如冰箱門上的字條寫著：「媽咪，我恨妳。愛妳的吉米。」

呃，到底他是什麼意思？他恨他的媽媽，還是愛她？兩者皆是？兩者皆非？我們不知道。證據是矛盾的。如果他恨她，為什麼他在字條末尾寫上「愛妳的吉米」？如果他愛她，為什麼他說他恨她？兩段陳述彼此矛盾，因此無法提供證據支持任何一種結論。

如果有人說：「我不在乎黑人搬到我家隔壁。我只是不希望他們到我這個街區來。」那麼，說話者對黑人到底有沒有偏見？

這些陳述的虛假，源自對自身陳述的否認，可將之表示為：S 與非 S。S 可以是任何陳述，而非 S 則是對前項陳述的否認。

「經驗告訴我們，人絕對無法從經驗中學到任何教訓。」這句據說出自蕭伯納的話隱含著矛盾，你能看出原因嗎？

有了這樣的理解，我們現在可以準備回答這個千古難題：「當無堅不摧的矛碰上無懈可擊的盾，會發生什麼事？」

答案是什麼事都不會發生，因為無堅不摧的矛與無懈可擊的盾無法同時同地存在，原因在於它們彼此矛盾。這等於說：「現有力量 F 與物體 O，F 可以推動 O，卻又不能推動 O。」

矛盾很容易察覺，而且極為戲劇性地顯現在證據缺乏上。其實，證據缺乏並不表示無法證明。但證據缺乏無法滿足齊一場論的證據要件。在沒有證據的情況下，我們就是無法知悉某事。在無法知悉的情況下，我們無法得到有關真理的結論。

然而大部分情況下，證據並不缺乏。在多數時候，證據只是不一致或不充分，因而無法得出結論。當證據在數量、種類與重要性上有所不足時，我們必須保留判斷，不要跳躍到未經證明的結論。急於判斷、匆促下結論，以及過早採取行動，通常是沒有必要的，特別是當爭議很複雜時。急忙之下所做的決定，通常會導致災難。

孤證通常是不適當的證據，無法得出一般結論。

「那個義大利肉販偷斤減兩。義大利人都是騙子。」這種只有一個例子的證據稱為孤證，不足以斷定義大利人都是騙子。沒有足夠的資料證明一般性的結論。最有可能的解釋，是那個義大利肉販確實是騙子。但從一個樣本推論出義大利人都是騙子的結論是不成立的，人們只能認定那個義大利肉販是騙子。證據看起來強烈支持結論。當然，如果這個肉販下回又偷斤減兩，結論將會更堅定地受到確認。然而證據仍不足以包含所有的義大利肉販，甚至也無法包括大部分的義大利肉販。這個瑕疵必定與資料不充分有關。證據的數量太局限，樣本太少，所構成的證據不足以推導出涵蓋所有義大利人的結論。

另一個例子：「我的前妻跟我處不好，我們的關係惡劣。我不懂為什麼有人想結婚。」一次婚姻經驗使他相信，婚姻對他並無益處，連帶使他認定婚姻對其他人來說亦無好處。對婚姻的正反意見進行綜合評估，所需的證據不能僅限於一對夫妻的經驗。或許他們婚姻觸礁的原因與婚姻制度本身無關。或許錯在妻子、丈夫或兩者

皆有。或許全是岳母的錯。

　　無代表性的資料是片面揀選與不充分的。

　　與不充分的證據密切相關的，是誤將無代表性或偏頗樣本的意見歸類為大多數人的意見：「最近的研究顯示，98% 的美國民眾支持平民可以擁有機關槍。」

　　這個調查顯示，它的受訪對象可能僅限於擁有執照的美國機關槍交易商。但若因此認定，因為這群人這麼想，所以大多數人也這麼想，則是個錯誤。我每天受到政黨及利益團體蒐集來的意見資料的轟炸，我知道裡面的內容相當可疑。如果有人想知道校園內部對足球的看法，他不能只調查大學代表隊的隊員，也不能只調查運動員以外的人。

　　本書談的是尋求真理，而不是贏得辯論。為了得到真理，我們必須思考所有的證據，一項也不能遺漏。思考時，如果遺漏了支持結論或能明確證明結論有誤的關鍵證據，我們就無法進入真理的核心，就像調酒時忘了放酒。

　　例如：「我們結婚吧！我們喜歡一起釣魚。我們對食物與電影有相同的品味，而且我愛妳的貓。」他給的理由，或許可以支持他向妳的姐妹或妳最好的朋友求婚，並在妳與他之間維持一種柏拉圖式的關係。但這些理由並未觸及妳與他是否有充分的愛情，可以一起渡過餘生，這一點對有些考慮結婚的人有一定的重要性，對絕大多數人來說則至為重要。

　　若精確、完美不可能辦到，則所謂的「精確」、「完美」無意義。

　　當所謂的精確是以推估得到，或是人們使用無法得知或獲取的資料時，其證據是不充分的，因此論證有誤。

　　例如：「人類只使用了 10% 的腦力。」這種聽起來合乎科學的陳述必定是錯的，雖然絕大多數人都對這個說法印象深刻，因為它似乎指出我們要比表面上看來聰明許多。然而，這個說法是可疑

的，因為我們不太可能得到關於這種被模糊描述為「腦力」的東西的資訊，更別說是精確加以計算了。較為合理的陳述是：「我們每個人都有未曾使用過的腦力。」

另一個例子：「他整個人生都被他高中時犯的一個錯誤毀了。」你認識幾個人在高中時只犯過一個錯？我在高中時犯的錯可多了。事實上，我還被我就讀的第一所高中退學。這個人可能跟我一樣犯了不少錯，其中包括那個毀了他一生的錯。這句話之所以使用這樣的措詞，是因為說話者是名律師，他試圖博取陪審團的同情。總之，他的當事人只犯了一個錯，就這樣毀了一生。這樣公平嗎？難道你們不願大發慈悲救救這個當事人？

另一個例子：「這張桌子不完全乾淨。再擦一次。」恪守不可能的標準，並因此責怪某人未能嚴守標準，其荒謬程度與前面例子不遑多讓。桌子不完全乾淨或許是事實，但如果這裡的桌子是放在後院的餐桌，則這樣的事實不相關。反過來說，幾近完美的標準，應該適用在手術室或組裝電腦晶片的桌檯上。

或這句：「巴頓（George Patton）將軍，你進攻德國的計畫並不完美。」面對國會的批評，巴頓回答：「今天的好計畫勝過明天的完美計畫。」之後他獲得授權，率領第三軍團穿過法國直搗德國。

或這句：「你這本書寫得很好，但不夠完美。請重新修改後再提出。」比較具建設性的編輯，會指出需要改善的特定部分，以及舉例說明如何才能做出改善。

或這句：「吉米，你的代數又不及格了。」

吉米說：「沒有人是完美的。」

的確，沒有人是完美的。但這與討論的議題不相關。它當然不是解釋吉米為什麼代數不及格的適當證據。

脫離脈絡的證據是片面揀選，也是不適當的。

當《前線》（*Frontline*）就我對隆乳的研究進行訪問時，我對自己的表現感到相當滿意。我長達十五年的研究顯示，隆乳無法產生

美麗的胸部。相反地，在許多病例中，乳房因為以下原因而變形：植入物破裂，或是植入物中的矽膠在原部位擴散。絕大多數的病例顯示，矽膠會引起強烈發炎反應，致使乳房被厚實而堅硬的疤痕組織所環繞。

當介紹我的研究的節目在電視上播出時，沒有人比我對結果更感到驚訝。透過對影片與陳述進行巧妙剪接與重新排列，我在節目裡看起來就像蠢蛋。事實上，節目中的我甚至不相信自己的研究。當然這不是真的，我非常相信自己的研究。

例子：「派頓博士，國際整形外科學會主席說你是垃圾科學家。你要怎麼回應？」

「我是垃圾科學家。」螢幕上的我說了這句話。

但實際上，我說的是：「我是垃圾科學家，因為我一直研究垃圾。隆乳是垃圾，不管是過去、現在，還是未來。」

這個節目把我的說法抽離原來的脈絡，並把其他部分去掉，只留下「垃圾科學家」的稱號，藉此誤導觀眾以為我做了可怕的坦承，然而實際上並非如此。觀眾未能聽見我其他的陳述，而這些陳述會讓我的說法具有完全不同的意義。

脫離脈絡的引用，是電視人最喜歡玩的把戲。不要被電視脫離脈絡的騙局所愚弄，它們通常以聳動片段的形式出現。請接受我的忠告：完全不要看電視，電視只是心靈的垃圾食物。

原則：大多數電視與所有聳動片段都是簡化的片面揀選。

以此導出：

教訓：絕對不要迷戀或相信聳動片段，因為聳動片段是簡化論證中最化約的部分。

　　評估所有相關且適當的可得證據以判定真理。證據必須直接關聯結論，並且必須在數量、種類與重要性上足以支持結論。

　　在你處理某件事物之前，務必確定它具有重要性。首先問自己：那又如何？誰在乎呢？如果答案是你不在乎，以及這項資訊與你無關或不適用在你身上（包括電視上 99% 的內容），那就忘了這件事，去做其他有趣的事。如果答案是你在乎，那麼就處理這項資訊，並運用以下的摘要表，測試證據的相關性與適當性。

複習

1. 情感訴求不相關，包括
   ・同情
   ・力量
   ・威脅
   ・特殊或個人利益
   ・賄賂、勒索，或檯面下的強迫活動
   ・強烈情感，包括慈悲、愛、羞恥、罪惡感
   ・阿諛奉承
   誹謗、諷刺、侮辱或影射惡行（包括人身攻擊的論證、你也一樣論證等等）都不相關，因為它們依據的是情感，與結論的真理毫無關係。

2. 訴諸權威不相關，包括
   ・常識
   ・輿論
   ・以年長或年輕為依據
   ・無知（與輿論有密切關係，但仍然是錯的）

・言之成理，但不是理由的理由
・傳統、文化、風俗、個人與團體，但它們並非永不犯錯
訴諸「專家」通常不相關，包括教科書作者、老師、律師、政治人物、醫生、電影明星、新聞記者、評論者。他們是誰不重要，重要的是他們拿出的證據：只有相關而適當的證據，才能支持結論。

3. 語言混淆不相關，包括
　・模糊定義
　・歧義（包括語法上的歧義或**雙重論證**〔amphiboly〕）
　・積非成是的錯誤定義

4. 循環論證不相關，包括
　・套套邏輯
　・冗言
　・迴避問題
　・誘導性問題
　・聽似合理實則荒謬的話語
與此密切相關但有所不同的是超義務。超義務傾向於質疑說話者為什麼必須提出遠逾需要的證明、斷言與陳述。這個謬誤的另一個名稱是「那女人發的誓太重了」。

5. 未經證實的假定不相關，包括
　・未受證據支持的斷言
　・（所謂的）自明真理
　・連續體論證（包括實然應然錯誤：因為事物存在，不代表它理當或應該繼續存在）
　・新穎的謬誤（與連續體謬誤相反，但仍然是錯的）

- 組成的謬誤
- 分割的謬誤
- 一廂情願的（或**祈願的**〔optative〕）思考謬誤
- 平均值的謬誤
- 錯誤類比
- 忽略共同原因
- 越少越好謬誤
- 越多越好謬誤

6. 轉移焦點的作法不相關，包括
- 對瑣碎小事提出異議
- 轉移焦點的幽默或荒謬話語
- 延伸、扭曲或錯誤陳述反方的證據或論證
- 毫無差異的區別
- 令人分神的花招、聽似合理實則荒謬的話語、喋喋不休，以及空洞的談話

如果證據通過相關性的檢閱，接下來必須接受適當性的檢查。

7. 因果謬誤創造出不適當且不充分的證據，包括
- 「必要的」與「充分的」的混淆
- 過度簡化
- 在此之後謬誤
- 因果混淆
- 骨牌理論
- 賭徒謬誤
- 心理謬誤（解釋了原因，但不能正當化）

8. 遺漏的證據絕對不適當，包括

- ・矛盾
- ・不一致（包括矛盾修辭法）
- ・不充分的證據
- ・不具代表性的證據
- ・提出的未來事實彷彿一定會發生，而非出於偶然
- ・悖逆事實的斷言
- ・不可能精確
- ・片面辯護
- ・關鍵證據的遺漏
- ・反面證據的否認
- ・反面證據的忽視
- ・脫離脈絡的證據

問題

你可以利用下面這些問題來得出陳述的真值：

1. 主題是什麼？爭議點或爭論點是什麼？主要結論是什麼？它看起來正確嗎？如果看起來不正確，那麼到底哪裡出了問題？

2. 什麼證據能支持結論？這些證據相關嗎？（如果證據不相關，結論就很可疑。）

3. 是否出現不一致、矛盾或套套邏輯？資訊是否出自偏見或自利？（如果是，結論就很可疑。）

4. 如果證據相關，證據在數量、種類與重要性上是否足以支持結論？（如果不足以支持結論，則證據不適當，而結論也不合理。）

5. 陳述所使用的詞語意義或一般性意涵是否可疑？（模糊的內容必須予以釐清，而後才能理解結論；當然，能理解結論，不表示結論就是正當的。）

6. 哪些理由與結論衝突？（必須證明這些衝突的理由是錯誤或不相關的。如果不能做到這一點，也必須說明這些理由對於結論的正當化會有多大的影響。）

第十章

愛麗絲的邏輯

　　最後一章是趣味橫生的一章。在本章中，你將實際演練先前學過的東西。以下的例子有些是新的，有些是重溫，但全都來自卡洛爾的《愛麗絲夢遊仙境》。

　　筆名卡洛爾的道奇森害羞、古怪，終生未婚，在牛津大學基督教堂學院教授數學。他喜歡思考數學、邏輯與文字遊戲，書寫荒謬故事，以及小女孩的陪伴，尤其是基督教堂學院院長利德爾（George Liddell）的女兒愛麗絲。

　　道奇森的熱情催生了兩本偉大的英國文學鉅著，它們的主角都是愛麗絲。他所有的牛津大學同事加起來，還不如他的不朽幻想名氣響亮。

　　如果這兩本與愛麗絲有關的書籍，除了娛樂小女孩外，還有其他的「海豚」*，那應該是給予讀者邏輯與哲學上的樂趣，以及如卡洛爾在《初學者導讀》（Introduction to Learners）中說的：「給予一個能大幅提升心靈愉悅的機會。」[1]

　　卡洛爾的特殊天分，表現在他有能力將自己的嚴肅關懷改扮成迷人的外貌，並將說教的核心轉變成充滿樂趣的內容。在愛麗絲的故事中，我們面對的是一個非常奇異、複雜的荒謬，它探索語言使用與濫用的可能，而且以清楚思考的規則、非形式與形式邏輯、符號邏輯與人性的廣泛知識為基礎。事實上，卡洛爾的概述與笑話，絕大多數都是邏輯規則的反轉與扭曲，或者是語言歧義的展現。理性在這裡是為了服務想像，而不是反過來。

　　關於那些行為奇特的角色，我喜歡這麼想：他們其實就是真實世界裡的愛麗絲熟識的牛津教員。他們聽起來就像那些專精於蘇格拉底邏輯、擁有壓倒對方的辯才，以及做出不協調且完全缺乏自我意識的奇特行為的教員。

---

*　　譯註：典故出自《愛麗絲夢遊仙境》，海豚（porpoise）與目的（purpose）的英文發音近似。

　　卡洛爾為闡明哲學所呈現的材料極為豐富，幾乎可說是無窮無盡。我讀得越多，想得越多，就發現得越多。事實上，我得到的結論，是《愛麗絲夢遊仙境》其實是相當深邃的故事。

　　我希望讀者能自己把這本書讀過一遍。你可以在神志清醒時輕鬆閱讀，也可以在醉眼矇矓時任意翻覽，如此可以讓你的左右腦充分享受這本書帶來的樂趣。在閱讀的過程中，你可以試著捕捉卡洛爾豐富的機智與智慧，如同我從以下例子中試圖捕捉到的。

掉進兔子洞

愛麗絲跟著姐姐坐在河岸旁，無事可做，不久就覺得厭煩：她偷偷瞄了幾眼姐姐正在看的書，但上面既沒有插圖也沒有對話。「這本書有什麼用，」愛麗絲想著：「既沒插圖也沒對話？」[2]

　　愛麗絲是個迷失在未被充分理解的世界裡的孩子。她的處境反映了我們每日生活或多或少經歷的小世界，不管我們是成人，還是孩子。當然，這是卡洛爾的一個主要意旨，但暫且讓我們撇開這項意旨，觀察愛麗絲的思考。

　　當我們假定有爭議的觀點，並理所當然地將這個待證觀點視為真實時，我們是在迴避問題。愛麗絲假定沒有插圖的書籍是不好的。因此，她迴避問題。未經證據支持的假定（包括那些被迴避掉的假定）不相關。因此，以這些假定為基礎的結論可能是錯的。

　　愛麗絲的假定有概括的毛病，她理所當然地認為，因為她不喜歡沒有插圖的書，所以其他人也不喜歡沒有插圖的書。自我中心的世界觀不僅限於書本裡的小女孩才有，大家對此應該心知肚明。

　　要證明愛麗絲的概括陳述是錯的，只需找到一個例外，一本沒有插圖也沒有對話卻仍然有用的書。沒有插圖與對話的書有數十萬本，說這當中沒有一本是有用的，實在不太可能。

　　愛麗絲從眾多判準中挑出兩項來判斷這本書，她片面揀選證據（而且還是微不足道的證據），編織一個容易擊倒的假想敵，而且得出的結論也無法證明：因為她根本沒念過這本書。所以，她無法明智地判斷這本書是否有用。

　　此外，愛麗絲忽視了事實證據：她的姐姐對這本書很有興趣。事實上，她的姐姐完全沉迷於書中世界。因此，這本書對她姐姐來說是有用的。所以，愛麗絲實際上否認了手邊的證據。否認或忽視任何可得的相關證據是一種思考錯誤，而且悖逆了正確推論原則。

　　愛麗絲的思考單純且過於簡化，而通常來說，書是相當複雜的東西。作家長時間工作，努力使自己的作品正確，他們折磨自己的靈魂，從混亂中創造出某種深奧、聰明、有趣的事物，有時還十分美麗。書評家應該跟作者一樣，勤勉地評價書本。沒有複雜的分析，無法得到書籍是否有用的合理結論。

　　可憐的愛麗絲！她應該使用理性思考來評估所有證據、主張與信念，包括她自己對何謂有用的書的偏見。

　　愛麗絲的結論也有語言混淆的問題，因為她對「有用」這個詞有其獨特的用法。模糊的定義阻礙了邏輯結論。除非我們知道她的「有用」是什麼意思，否則我們只能猜測她的定義。我覺得愛麗絲的「有用」是指「有娛樂性、容易觀賞與閱讀」。其他人可能會認為這種書沒什麼用，像我就是。無論如何，所有的模糊必須加以釐清，而後才能理解結論，乃至於證明結論正當。

　　記住，凡是循環論證都不相關。愛麗絲的推論可以表述如下：

1. 沒有插圖的書沒什麼用。
2. 我姐的書沒有插圖。
3. 因此，我姐的書沒什麼用。

　　雖然這個論證在形式上有效，但結論錯誤，因為前提錯誤。

大前提（前提 1）需要加以證明。事實上，前提 1 為偽，因為沒有插圖或對話的書也有用處。前提 2 或許為真，不過我們不是很確定，因為就連愛麗絲本人也不確定。她並未從頭到尾看過那本書，只是「瞄了幾眼」。如果這本書有兩百頁，她可能只看了四頁就放棄了，也就是說，她的樣本只有實際頁數的 2%，因此，我們可以合理推測其餘頁面可能有對話或插圖。所以，即使前提 2 也可能為偽。

前提 2 是否為真，其實並不重要，因為前提 1 已經為偽。任何結論，只要它根據的前提為偽，則一定不健全，而且通常有誤。

小心！愛麗絲「覺得厭煩」，因此，煩悶的情緒很可能阻礙她的判斷與觀察，也影響了她對書本的看法。事實上，愛麗絲已經厭煩到「打算編個雛菊花環，但又不知道起身摘取雛菊是不是太費事了（她努力地盤算，但是炎熱的天氣令她昏昏欲睡）」。[3]

我們理解，假使愛麗絲說她不喜歡沒有對話或插圖的書，就不會有這場爭論。我們必須完全接受她的偏好。但是，一旦愛麗絲為她的意見添上理由時，就必須接受探討與反駁，因為她的理由不被相關而適當的證據支持。

「啊，」愛麗絲心想：「經過這麼一跌，以後就算從樓梯上摔下來也沒什麼大不了！家人會說我多麼勇敢！哪怕是從屋頂摔下來，也沒什麼好吹噓的！」[4]

哈哈！這很有可能發生，因為要是她真的從屋頂摔下來，恐怕脖子就跌斷了，甚至因此死亡，哪還能吹噓自己摔下來或其他的事。這裡的錯誤類比，在於既然這次摔落似乎未能傷害到她，那麼此後所有墜落也不會傷害到她，不管是從樓梯上，還是從屋頂上。連續體的謬誤是不合理的，除非有相關而適當的證據支持。

此外，愛麗絲的焦點偏離主題。她沒有把注意力放在真正的重點上，也就是當她墜落地面時會不會受傷，反而關心未來發生類似

墜落時，她要怎麼告訴別人這件事。而且她關心的是別人會怎麼看她：「家人會說我多麼勇敢。」愛麗絲對墜落說了什麼，或別人對墜落說了什麼，與墜落帶來多大傷害的主要問題並不相關。

忽視真實處境的鴕鳥行徑不相關，不管是透過幽默還是轉移焦點，因為它將導致遠離真理而走向虛假的現實觀念。這裡，愛麗絲的焦點遠離了對自身持續墜落的真實關切：自己會受傷嗎？

是的，愛麗絲處於自由落體的狀態。她應該擔心撞擊地面的結果。她不應該想著未來的墜落有多美好。因為未來尚未確定，愛麗絲與任何人都無法精準預測它。因此，愛麗絲犯了未來事實的錯誤。未來尚未存在。因此，她賴以下結論的未來尚未存在。以不存在的證據為基礎的結論，通常只是一種幻想，而且多半是錯的。

無論如何，因為她在這次墜落平安無事，就認為下一次也會平安無事，是犯了連續體的謬誤。尤其是這次墜落還沒平安結束，因此她錯得離譜。

每次墜落是一項獨立事件。未來將發生什麼事，取決於下一次墜落的詳細狀況。事實上，沒有任何證據可以支持愛麗絲安全落地的結論。這類墜落的結果通常是身受重傷。愛麗絲在下結論時，應該要以合理的預期為根據，這是面對未來不利事件與避開可能麻煩的唯一方式。

忽視之前的經驗與否認反面證據通常會導致災難，但在童書的幻想世界中則否：愛麗絲墜落地面，毫髮無傷，並繼續尋找白兔。

很快地，她的目光落在桌子下的小玻璃盒上：她打開盒子，發現裡面有塊小蛋糕，蛋糕上用葡萄乾漂亮地排出「吃我」兩字。「好吧，我會吃的，」愛麗絲說：「如果它讓我的身體變大，我就可以搆著鑰匙；如果它讓我變小，我就可以爬過門縫。」[5]

非此即彼的思考一點用都沒有，因為它排除了其他可能。這

裡，愛麗絲未考慮到這麼一種可能：吃蛋糕既不會讓她變大，也不會讓她變小。她未考慮到吃蛋糕最合理與最符合預期的結果：身體大小不會有立即或戲劇性的變化。

她吃了一小口，焦慮地自言自語：「變大還是變小？變大還是變小？」她用手摸摸自己的頭，感覺到底是變大還是變小；她相當驚訝地發現，她還是跟原來一樣大小。6

　　當然，吃蛋糕一般的結果就是如此。

　　愛麗絲此時剛剛結束《愛麗絲夢遊仙境》中十二次身體大小改變中的第一次。首次變化發生在她遵照瓶口標籤上寫的「喝我」之後。但她錯誤地認為，既然喝下瓶中物會讓她變小，那麼吃蛋糕或許能改變她身體的大小。她的結論以不適當的證據為根據，而這個不適當的樣本數只有一個。這幾乎不足以反駁每個小女孩都應該知道的經驗事實：人身體的大小不會因為吃蛋糕而產生立即的變化。如果吃太多蛋糕，你在一段時間後會變胖，但身高不一定會改變。

　　她的思考也是一種錯誤類比：她的身體大小因為「喝我」而改變，不表示她有理由認為「吃我」也一樣。喝與吃，雖然在某些方面類似，在其他方面卻相異。喝與吃確實分享相同的性質，如經由嘴巴攝取食物進入身體之中，但這並不表示它們也分享其他性質。

　　若 X 有 a 與 b，而 Y 有 a 與 b，不表示若 X 有 c，則 Y 有 c。「喝我」與「吃我」是否在身體大小變化的問題上分享相同的性質，必須以更多的證據來證明，而非僅靠嘗試過一次的「喝我」。

　　「在此之後」的推論通常有瑕疵，如同這段插曲所證明的。愛麗絲知道她在「喝我」之後身體的大小起了變化，但她並不真正瞭解「喝我」是不是引起身體變化的原因。可能需要其他的資料才能建立起因果關係。只因為一個事件在另一個事件之後發生，不一定表示第二個事件是由第一個事件所造成，或兩個事件之間具有因果關

係。當然，我們後來得知「喝我」以及愛麗絲經歷的其他十一次變身的古怪事件，有著更合理的解釋：她在作夢。

眼淚池塘

她說話的同時，腳底一滑，突然間啪地一聲整個人掉進鹹水中，水面馬上淹到她的下巴。此時她腦子裡浮現的第一個念頭，是她大概掉進海裡了。她自言自語地說：「如此，我可以搭火車回家。」[7]

愛麗絲糟糕的地方，在於她的思考過於簡略。也就是說，她說的話與推論過程遺漏了許多東西。她無法搭火車回家，因為她不是掉進海裡。她所在的地點不是海濱渡假勝地，因此沒有火車。

第一個想法或印象如果是以情感為基礎而非源於推論，則通常是錯的。這類錯誤如果連結上從第一個事件推導而來的一連串觀念，將變得非常複雜。愛麗絲的推論充滿漏洞；如果她的思緒是循序漸進的，我們可將它表述如下：「我掉到水中，水是鹹的。因此，我在海裡。既然我在海裡，我必定離海濱渡假勝地不遠。海濱渡假勝地總有火車經過。因此，火車必在附近。上次我就是搭火車回家。因此，我這次也能用相同的方式回家，就是搭火車。」

這類骨牌理論的推論，必須針對每個項目以及項目間的每個連結關係個別地加以證明。否則的話，結論將會不合理。愛麗絲的確到過海邊一次，並因此得出一般性的結論，就是不管到英國哪個地方的海邊，總會看到幾個更衣間，幾個小孩在海灘鏟沙，岸邊有排房屋，屋子後面就是火車站。所以，對愛麗絲的思考來說，這裡有一些證據（雖然極為不足）可以滿足她想回家的情感需求。

然而，愛麗絲很快理解到，這是從她自己有限的海濱經驗中過度概括出來的結論。她不在海中，而是在淚水匯聚而成的池塘裡，這些淚水全是當她高達九英尺時流下來的。

熱身賽跑和漫長的故事

她與鸚鵡洛里（Lory）爭論了好一陣子，最後洛里終於生氣了，只
說：「我的年紀比妳大，一定懂得比妳多。」對此愛麗絲並不同
意，她不知道洛里年紀有多大，而洛里也堅決透漏自己的年紀，於
是爭論不了了之。[8]

　　洛里的年紀是否比愛麗絲大，與論證不相關，因為年齡無法決
定論證是否正確。年紀較大的人可能對也可能錯。因此，年齡與眞
理不相關。顯然，洛里試圖訴諸權威，在這裡，所謂的權威是年
長。訴諸權威不相關，因為這與證據無關。眞正重要的是證據的相
關性、充分性、數量、種類與重要性，而非提出證據的人的年齡。
　　愛麗絲搞錯重點。她想根據洛里的年紀來評價洛里的論證。愛
麗絲的陳述顯示，她不加批判地接受洛里未受支持與未經證實的假
定：年紀越大，就懂得越多。愛麗絲不該接受未被證明且未受支持
的陳述。
　　另外要注意的是，洛里其實可以說出自己的年紀來贏得論證。
我們該怎麼解釋洛里的憤怒以及她為什麼不願意說出自己的年紀？
　　難不成洛里的年齡早為愛麗絲所知。假使洛里是愛麗絲夢中對
她姐姐洛里娜（Lorina）的再現，則不難理解。事實上，我們可以斷
定，書中的鴨子德克（Duck）代表德克沃斯（Robinson
Duckworth），道道鳥代表道奇森自己，因為道奇森經常在說自己的名
字時結巴（「道—道—道奇森」）。正因如此，牛津人稱道奇森為「道
道鳥」，一種已經絕種的不能飛的鳥。關鍵證據：卡洛爾在將《愛麗
絲夢遊仙境》送給德克沃斯時，上頭的題字是：「給鴨子，道道鳥
敬贈。」透過這樣的分析，愛麗絲的妹妹伊蒂絲（Edith）就成了故
事中的小鷹伊格列（Eaglet）。若眞是如此，就不難理解為什麼伊格
列抱怨大家使用無法理解的難字。

　　還要注意的是，洛里的陳述完全是為了轉移焦點，因為我們無法從洛里的論點知道任何訊息，也因此無法做出任何判斷。兄姐總是如此，這一點我很清楚。這可能也是卡洛爾的一個重點：他袒護愛麗絲反對她的姐姐，這可以討真實的愛麗絲的歡心，因為大多數人會在沒有證據支持的情況下相信，敵人的敵人就是朋友。

　　卡洛爾可能也是在戲仿維多利亞時代對孩子的態度。洛里就像賣弄學問的學究，拒絕適當地討論議題，也拒絕告訴孩子事物何以如此。這類學究堅持，我們應毫無疑問地接受他所說的一切，原因完全只在於他說了算。他宣稱自己最明白事理，卻提不出任何證據支持他的主張。這種學究的作法顯示出一個單一、固定、利己、嚴謹、不利於孩子但卻專屬於學究心靈的標準。

「咳！」老鼠故作慎重地說：「大家準備好了嗎？這是我所知道最乾燥的事。可以的話，請大家安靜！『教宗所支持的征服者威廉收到英格蘭人的請求，說他們需要領袖，因為他們早已習於接受支配與征服。』」[9]

　　這段諾曼人征服英格蘭的歷史不可能弄乾愛麗絲，她在淚水中泅泳之後，仍然全身濕透。在這裡，引發混淆與趣味的，是 dry 這個字的兩個意思：「枯燥」與「乾燥」。

　　時代沒有改變多少。即便到了今日，許多荒謬的解決方案仍以「故作慎重」的方式呈現在我們面前。接著老鼠又說：

「梅西亞伯爵艾德溫與諾森布里亞伯爵莫爾卡宣布效忠威廉；就連愛國的坎特伯里大主教斯蒂坎德也發現此為明智之舉……」
「發現什麼？」鴨子說。
「發現『此』，」老鼠相當固執地回答：「當然你知道『此』指的是什麼。」

「當『我』發現一件東西，我當然很清楚『此』是什麼，」鴨子說：「通常是青蛙或蟲子。問題是，大主教發現什麼？」

老鼠不理會鴨子的問題，又急著說下去……

「還是跟之前一樣濕，」愛麗絲憂愁地說：「看來一點也沒有把我弄乾。」[10]

　　愛麗絲說得好。她證明枯燥的談話對溼透的衣服沒有效果。愛麗絲有完全的權利認真看待自己的經驗，有些人甚至會說是義務。她表達對結果的關切，使她置身於皮爾士（Charles Peirce）、詹姆斯（William James）、富蘭克林（Benjamin Franklin）與愛默生（Ralph Waldo Emerson）的實用主義（pragmatism）陣營中。實用主義是美國第一個本土哲學，它認為現實才是最重要的。

　　愛麗斯告訴我們，現實比言詞更重要，而且勢必對結論有著持續的影響。老鼠的枯燥故事未能弄乾她。

　　卡洛爾運用了許多英文字詞上的混淆：knot（結）與 not（不）；draw 的雙重意義「畫畫」與「汲水」；axes（斧頭）與 axis（軸）；bite的雙重意義「啄」與「刺激」；mine 的雙重意義「我的」與「礦場」。在《愛麗絲鏡中奇緣》（*Through the Looking Glass*）中，青蛙無法理解為什麼有人會應門，除非門會詢問事情。相當愚蠢！對吧？但也相當有趣，特別是對小女孩而言，同時也充分說明語言對人類思想的限制。

　　然而，什麼才是真正的重點？卡洛爾的邏輯重點又是什麼？

　　他的重點是在推論時，當中出現的詞語必須從頭到尾維持相同的意義。它們不能像赤郡貓一樣一直變來變去，否則將造成混淆。

　　論證若要清楚而令人信服，所使用的詞語在每次出現時，就必須維持固定的意義、有相同的名稱，並以相同的指涉架構指稱相同種類的客體或觀念。在既定脈絡中，字詞的使用方式必須相同，這個要件稱為**同一性原則**（principle of identity）。當字詞的同一性改

變，混淆就會發生。

艾博特（William Abbott）與科斯蒂洛（Lou Costello）的短劇也運用了雙重意義與指涉不清楚的問題。艾博特藉此「證明」科斯蒂洛不在錄影現場：

> 艾博特：你不在舊金山，對吧？
> 科斯蒂洛：對，我不在舊金山。
> 艾博特：你不在芝加哥，對吧？
> 科斯蒂洛：對，我不在芝加哥。
> 艾博特：好，如果你不在舊金山，而且也不在芝加哥，那麼你必定在別的地方，對吧？
> 科斯蒂洛：對！我在別的地方。
> 艾博特：看吧，我就說嘛！[11]

這裡的混淆，在於脈絡的變動，使得「別的地方」一詞的同一性喪失。「別的地方」一詞絕非運用在真空中，它總是表現在一定的指涉架構中。沒有人能在「別的地方」，因為根本沒有這種地方。「別的地方」有兩種意思：第一種是指不是這個地方（而「這個地方」已被明示或默示地界定）；第二種是指已經明確提及的地方以外的地方。艾博特一開始先提到舊金山與芝加哥，所以他在這裡用的是第二個意義。但在最後一句話裡，他卻轉而使用第一個意義，因此在脈絡中改變了「別的地方」一詞的同一性。

科斯蒂洛連連稱是，並不表示他不在錄影現場；事實上，他就在錄影室裡。他只是表示自己不在舊金山或芝加哥。

毛毛蟲的建議

「但我告訴你，我不是蛇！」愛麗絲說：「我是……我是……」[12]

　　愛麗絲之所以吞吞吐吐，是因為她突然理解到，證明是一件相當困難的事，而證明否定的陳述更困難。舉例來說，在這個世界上，有什麼方式可以讓你證明自己不是共產黨員？證據的闕如，不能成為否定的證據。這是為什麼伊拉克難以證明自己並未擁有大規模毀滅性武器。或許這正是法律規定直到證明有罪之前，應推定無罪的原因。應該由檢察官以超越合理懷疑的程度來證明有罪。應該由美國來證明伊拉克擁有這些武器，而非由伊拉克證明自己未擁有這些武器。

　　所以，愛麗絲意識到證明自己不是蛇有多困難，於是她退回來用肯定的方式主張自己是誰。她希望這麼做足以證明，若她是小女孩，則她不會是蛇，因為從來沒有既是小女孩又是蛇的東西。

　　然而就整體來看，愛麗絲其實是自問：「我到底是誰？」因為畢竟她是作夢者，而這是她的夢。啊，這是個大難題，而且是最大的哲學難題之一：人格同一性的問題。鴿子進一步探討這個問題：

「好吧，妳到底是誰？」鴿子說：「我看得出來妳正試著編故事！」
愛麗絲說：「我⋯⋯我是個小女孩。」她想起今天經歷的一連串變化，語氣中帶著濃厚的懷疑。
「聽起來就像真的一樣！」鴿子說，而且語調充滿輕蔑：「我這輩子看過不少小女孩，像妳脖子這麼長的我還是第一次見到。不，不！妳是蛇，再怎麼否認也沒用。我猜接下來妳會跟我說，妳從來沒嘗過蛋的味道！」
「我當然嘗過蛋的味道，」愛麗絲說，她是個非常誠實的孩子：「而且你知道，小女孩吃的蛋跟蛇一樣多。」[13]

　　鴿子的思考很貧乏。顯然，小女孩可以有長脖子，也可以有短脖子。所以脖子的長度不相關，因為它並非判別女孩的判準。因此，鴿子的結論是錯的，不該藉此來判斷愛麗絲是不是女孩。

　　讓我們檢視鴿子的三段論法，看看鴿子如何得出愛麗絲是蛇的結論。這個三段論法可表述如下：

1. 蛇吃蛋。
2. 愛麗絲吃蛋。
3. 因此，愛麗絲是蛇。

　　回想三段論法的內容，其中有兩個斷言，稱為「前提」，結論必須遵循這兩個前提。在三段論法中，結論的述詞包含大詞，而結論的主詞包含小詞；因此，「是蛇」是大詞，而「愛麗絲」是小詞。含有大詞的是大前提，含有小詞的是小前提；因此，「蛇吃蛋」是大前提，而「愛麗絲吃蛋」是小前提。同時出現在大前提與小前提的詞是中詞，而這裡的中詞是「吃蛋」。

　　現在讓我們來檢視前提與結論的真實性，先用形式邏輯的方式，再用非形式邏輯的方式。大前提是否為真？蛇吃不吃蛋？

　　答案：是的。

　　小前提是否為真？愛麗絲吃不吃蛋？

　　答案：是的。或許。

　　愛麗絲承認自己嘗過蛋的味道。雖然嘗蛋而不吃蛋是可能的，但她應該吃過蛋。愛麗絲在這裡可能刻意使用模稜兩可的說法，好消除對話中的火氣，讓對吃蛋議題相當激動的鴿子冷靜下來。

　　然而，假使大前提與小前提都正確，為什麼結論會錯誤？愛麗絲不是蛇，她是小女孩。

　　答案：在形式邏輯中，這個三段論法是無效的，因為中詞並沒有至少周延一次。也就是說，不只蛇會吃蛋，其他的動物也會。因此，愛麗絲吃蛋，並未排除她不是蛇的可能性。大前提說「蛇吃蛋」，卻沒有說凡是吃蛋的動物都是蛇。愛麗絲對鴿子所做的反駁相當正確：「你知道，小女孩吃的蛋跟蛇一樣多。」這個反駁本可讓

鴿子的論證出局，但鴿子不承認失敗：「我不相信……若眞是如此，那麼我只能說小女孩也是一種蛇。」[14]

　　鴿子不打自招：爲了使結論合理，必須修改大前提。若凡是吃蛋者皆爲蛇，則愛麗絲是蛇。但是改變大前提卻使得結論爲僞。鴿子的修改可表述如下：

1. 無論是什麼，只要吃蛋就是蛇。
2. 愛麗絲吃蛋。
3. 因此，愛麗絲是蛇。

　　先前中詞未周延的問題已經更正。現在中詞已經周延並包含所有吃蛋的類別。藉由重新周延中詞，鴿子的確更正了中詞未周延的問題。但鴿子更動了大前提，卻使大前提爲僞，並造成積非成是的定義。因爲「無論是什麼，只要吃蛋就是蛇」是概括，所以只要一個例外，就能證明它爲僞。由於例外爲數甚多，因此前提明顯爲僞，而結論亦爲僞。

　　因此，鴿子仍然是錯的。眞理再次獲得勝利：愛麗絲不是蛇。藉由正確思考的力量，我們證明愛麗絲不是蛇。此外，我們還知道愛麗絲是小女孩。沒有小女孩會是蛇，這是事實。因此，鴿子是錯的。悖逆事實的主張，使得鴿子在面對眞理時屈居下風。

　　附帶一提，你能不能猜到爲什麼鴿子如此執著於蛇的問題？根深柢固的恐懼與焦慮通常是思考貧乏的源頭，鴿子就是典型的例子。鴿子過去想必有蛋被吃掉的經驗。非理性會影響我們的知覺能力，使我們遠離眞理走向錯誤。

小豬與胡椒

就在此時，房子的門打開了，一枚大盤子對準僕役的頭飛了過來，

剛好擦過鼻尖，並在後面的樹幹上砸個粉碎。僕役繼續用相同的聲調說話，彷彿什麼事都沒發生。

「我要怎樣才能進去呢？」愛麗絲提高音量再問一次。

「妳真這麼想進去？」僕役說：「妳知道，第一個問題應該是這個。」15

　　的確，這才是第一個問題，愛麗絲的問題假定自己可以進去。她迴避問題，而僕役提醒她這一點。

「這實在很討厭，」她自言自語地說：「這些生物討論事情的方式，足以把人逼瘋！」16

　　愛麗絲，我們瞭解妳的痛苦。但是，親愛的，妳能對牛津名士筆下的角色抱著什麼樣的期望呢？他的專業生涯終究是教授邏輯！

「你能不能告訴我，從這裡該走哪一條路？」

赤郡貓說：「這要看妳想去哪裡。」

愛麗絲說：「去哪裡我倒不是那麼在意……」

赤郡貓說：「這樣的話，妳走哪一條路都無所謂。」

愛麗絲補充說明：「……隨便到哪個地方都好。」

「哦，這當然沒問題，」赤郡貓說：「只要妳走得夠遠就行了。」17

　　赤郡貓這段著名的邏輯陳述，是愛麗絲故事中最常被引用的一段話。其中蘊含的深刻意義，牽涉到科學與倫理學的關係。赤郡貓的答案精確表達出科學與倫理學的截然二分。科學無法告訴我們往哪裡走，但基於其他理由（社會、政治、環境、倫理、美學等等）下決定之後，科學能告訴我們最能達到目標的方式。

　　在凱魯亞克（Jack Kerouac）的小說《旅途上》（On the Road），我們聽到赤郡貓說話的回聲：

「我們必須出發，絕不能停下，直到我們抵達那裡爲止。」
「那麼你說，我們要去哪？」
「我不知道，但我們必須出發。」[18]

《塔木德》（*Talmud*）中有句類似的話：「如果你不知道前往何處，任何道路都將帶你前往。」

雖然赤郡貓在這裡顯現出優秀的邏輯性，但這不能推而廣之：

「『那個』方向，」貓咪說，揮舞著右腳掌：「住著一個帽子師傅。而『那個』方向，住著一隻名叫三月的兔子。妳要拜訪哪一家都行，反正他們都是瘋子。」[19]

（錯誤資訊很常見，特別是本地人爲外地人指明方向時。三月兔住在左邊，而帽子師傅住在右邊，但當他們一起喝下午茶時，人們不可能在他們各自的屋裡找到他們。赤郡貓的肢體語言模稜兩可，因爲「揮舞」腳掌無法指出明確的方向。然而赤郡貓的言行與《愛麗絲夢遊仙境》這部分的主題一致：天馬行空。）

愛麗絲說：「但是我不想跟瘋子在一起。」
「哦！這可由不得妳，」貓咪說：「這裡的人都是瘋子。我是瘋子，妳也是瘋子。」
愛麗絲說：「你怎麼知道我是瘋子？」[20]

太棒了！愛麗絲要求證據。她知道，她只需要一個反例，就能證明赤郡貓的概括「這裡的人都是瘋子」是錯的。如果愛麗絲能顯示她沒瘋，或者如果赤郡貓無法證明她是瘋子，則赤郡貓的陳述將被證明爲僞。讓我們複習之前談論過的部分，並看看聰明的赤郡貓如何面對愛麗絲的挑戰。

「妳當然是瘋子，」貓咪說：「不然妳就不會來這裡了。」21

　　就某個意義來說，如我們之前討論過的，這是循環論證的典型例子。它是套套邏輯。然而就整體來看，既然赤郡貓與愛麗絲都在夢裡，那麼赤郡貓當然知道自己在說什麼。

　　精神科醫師告訴我們，夢裡的思考類型（初級思考過程〔primary process thinking〕）就算不完全相同於精神病人，至少也有些許近似。卡洛爾在 1856 年 2 月 9 日的日記裡提出相同的疑問：「我們有時不也將瘋狂定義為無法區別清醒與夢中世界嗎？在夢裡，我們通常對非現實的世界沒有一絲懷疑。」22

　　蘇格拉底在柏拉圖的《特埃特圖斯》（Theaetetus）中提出相同的問題：

特埃特圖斯：我當然不認為瘋子或作夢的人的思考是真實的，當他們想像時，有些人覺得自己是神，有些人認為自己能飛，而他們也確實在夢中飛翔。

蘇格拉底：你有沒有發現這些現象，特別是關於作夢與清醒，可能引發另一個問題？

特埃特圖斯：什麼問題？

　　現代精神醫學認為，夢裡的初級思考過程是正常的。但未能區別清醒時的真實與不真實，卻是精神病特有的自我崩解症狀。撇開這個問題不談，讓我們檢視赤郡貓的邏輯：

　　項目：這裡的人都是瘋子。（未受支持的斷言）

　　項目：我是瘋子，妳也是瘋子。（與第一個項目一樣，是未受支持的斷言。不僅如此，第二個斷言其實是直接從第一個項目推導出來的下位命題主張。如果這裡的人都是瘋子，則在這裡的兩個人〔包含於第一個項目的範疇中〕也會是瘋子。就某方面來說，項目一

與項目二之間的內部關係顯示出各個下位命題主張之間的通常關係。下位命題是隱含的，直接推導自上位的範疇主張。因此，若所有 S 是 P，則有些 S 必定也是 P、許多 S 必定是 P、少數 S 必定是 P、特定 S 必定是 P 等等。）

項目：因為妳在這裡，妳一定是瘋子。（未受支持的結論）

「我希望你不要不斷地突然出現又消失：你讓人暈頭轉向！」[23]

愛麗絲訴諸人身攻擊論證，為自己爭取時間，以思考如何回應赤郡貓的循環論證。她的陳述攻擊了赤郡貓的行為，卻與討論的議題（這裡的人是否都是瘋子）毫無關係。轉移焦點的論證不相關。

赤郡貓說：「好吧。」這一次，貓咪緩慢地消失，先從尾巴的末端開始，最後消失的是露齒的微笑，而這抹微笑在身體的其他部分消失之後又持續了好一陣子才不見。[24]

我們可以注意到，赤郡貓不公允地揀選出愛麗絲的其中一部分要求，並且不適切地重視這個部分的要求。赤郡貓緩慢變化，但這並非愛麗絲真正要的。她希望貓咪停止變化與維持不變。當然，她對自身想法的不精確陳述，使赤郡貓有了詮釋空間。我們該學著以準確的語詞來說出自己的想法，好讓自己的話有明確的意義，才不會造成誤解。

「天哪！我常常看見沒有笑容的貓，」愛麗絲想著：「但沒有貓的笑容！這真是我這輩子看過最奇怪的事。」[25]

這顯示，如果某個陳述為真，則該陳述倒轉過來不一定為真。同樣的狀況在下午茶時得到更進一步的證明：「我想的就是我說的」

不同於「我說的就是我想的」；「我看到我吃的東西」不同於「我吃我看到的東西」；「我喜歡我得到的東西」不同於「我得到我喜歡的東西」。

「妳也可以這麼說，」睡鼠邊睡邊說地添上一句：「我睡覺時呼吸，與我呼吸時睡覺是一樣的！」

帽子師傅說：「對你來說是如此。」談話到此打住。26

　　下面這句話出自卡洛爾的教材：「所有蘋果都是紅的，但無法以此推導出任何紅色的事物都是蘋果。」這類針對倒轉不等值而做的強調有其重要性，而且與三段論法及條件陳述的形式有關：

若 A 則 B。

　　「若」開頭的陳述稱為**前件**，「則」開頭的陳述是**後件**。在形式邏輯中，這類陳述可表述如下：

若 A 則 B。
A，
因此，B。

　　在實際形式中，條件陳述可表述如下：

如果你吞下氰化物，你會死。
你吞下氰化物，
你會死。

　　身為邏輯學家，卡洛爾知道理解倒轉不一定為真的重要性，所

以他才舉了這麼多例子證明這一點。事實上，忽視這些觀念，會導致一些常見的思考錯誤。例如：

如果你吞下氰化物，你會死。
你沒有吞下氰化物，
因此，你不會死。

　　或者：

若 A 則 B。
非 A，
因此，非 B。

　　這裡的混淆，在於氰化物本身即是死亡的充分原因，它會造成代謝的中止。但這並不表示不吞下氰化物，就永遠不會死。除了氰化物外，還有許多造成死亡的原因。氰化物只是諸多致命毒藥的一種，而致命毒藥又只是諸多致命事物（車禍、癌症、中風、心臟病等等）的一種。在形式邏輯中，這種錯誤稱為**否定前件**（negating the antecedent）。
　　下面是另一個從類似的瑕疵推論中導出的問題：

如果你吞下氰化物，你會死。
你會死，
因此，你吞下了氰化物。

　　或者：

若 A 則 B。

B，

因此，A。

　　這個謬誤稱為**肯定後件**（affirming the consequent）。從必要與充分條件的觀點來看，這裡的錯誤就跟否定前件的錯誤一樣：它犯了假定充分條件是必要條件的謬誤。氰化物是致死的充分條件，卻非必要條件。

　　我們再把話題拉回到赤郡貓身上：所有的貓都獨來獨往，但赤郡貓比絕大多數的貓更獨來獨往。赤郡貓或許直接象徵著理想中超然獨立的思想。他能消失，因為他能將自己從環境中抽離出來。他能只以一顆頭顱的樣貌出現，因為他幾乎已是毫無形體的智慧。他能只以笑容的形式出現，因為他能在不用完全現身的狀況下，攪動起不安的氣氛。

　　根據《科學人》前編輯葛登能（Martin Gardner）的說法，對純數學來說，「沒有貓的笑容」這句話或許不算是個壞描述。雖然數學定理通常可以有用地適用在外在世界的結構中，但定理本身是立基於假定的抽象物，而這些假定屬於另一個「遠離人類熱情」的領域。羅素曾說：「遠離可憐的自然事實……秩序井然的宇宙是純粹思想居住的地方，也是它的自然故鄉，在此，我們較為高貴的衝動至少可以從真實世界的陰鬱流亡中跳脫出來。」

　　有關赤郡貓角色來源的討論多到令人厭倦，其中比較特別的是笠井勝子。我最喜歡她的一個有趣推測，赤郡起士曾經製作成露出笑容的貓的形狀販售。人們總是從貓尾巴開始切起士，最後盤中留下的就是露出笑容的貓臉。

　　不過，關於赤郡貓，我想討論一個更基本的觀念：卡洛爾或許是故意在各類別的主要關係中，以貓為例來進行邏輯討論。若欲把生物世界區分成貓與非貓，邏輯學家可使用「X ∈ 貓」這個定義形式來定義貓類。這種定義形式也能用來定義非貓類，例如「X ∈ 非

貓」。如果這種定義形式可以用來表示非貓類，而如果非貓是 ~C，則「貓」是 C。接著我們可以製作真值表，檢視沒有笑容的貓與沒有貓的笑容在邏輯上是否存在：

令 C = 貓
令 S = 笑容
& 是表示邏輯連接的連言，指「且」。
∨ 是表示邏輯連接的選言，指「或」。

因此，~C 指非貓；~S 指非笑容；（C & S）指有笑容的貓；（C & ~S）指沒有笑容的貓；（~C & S）指沒有貓的笑容；（~C & ~S）指沒有貓也沒有笑容。這些簡單與複合陳述的真值表如下。

	C	S	~C	~S	（C & S）	（C & ~S）	（~C & S）	（~C & ~S）
事例一	T	T	F	F	T	F	F	F
事例二	T	F	F	T	F	T	F	F
事例三	F	T	T	F	F	F	T	F
事例四	F	F	T	T	F	F	F	T

真值表列出 C 與 S 的所有可能組合。它們可以分成四組：（1）有笑容的貓；（2）沒有笑容的貓；（3）沒有貓只有笑容；（4）沒有貓也沒有笑容。第三欄是非貓欄，它的真值與第一欄相反。第四欄是非笑容欄，剛好相反於第二欄。緊接著是複合陳述。例如，（C & S）在事例 1 為真，因為只有在事例 1，C 與 S 才同時為真。在事例 2、3 與 4，分別是 C 為偽、S 為偽，或 C 與 S 均為偽。若 C 或 S 為偽，則連言（C & S）也必為偽。

所以呢？稍安勿躁，讓我們再看看幾個複合陳述〔（~C & S）&（C & ~S）〕與〔（~C & S）∨（C & ~S）〕。

	(~C & S)	(C & ~S)	〔(~C & S) & (C & ~S)〕	〔(~C & S) ∨ (C & ~S)〕
事例一	F	F	F	F
事例二	F	T	F	T
事例三	T	F	F	T
事例四	F	F	F	F

根據這個表，可以證明沒有笑容的貓與沒有貓的笑容不可能**同時**為真，因為該連言在所有事例中均為偽。但最後一欄證明沒有貓的笑容**或**沒有笑容的貓可以同時為真。反映這類斷言的複合陳述〔(~C & S) ∨ (C & ~S)〕，在事例 2 與 3 均為真。該陳述在有些事例中為真，在另一些事例中為偽，真偽與否取決於狀況的不同，但在邏輯上均為可能，這一點可從最後一欄看出。

同樣地，在相同的真值表上，可以證明沒有笑容的貓或有笑容的貓都是貓，而沒有貓的笑容或有貓的笑容都是笑容。卡洛爾或許曾製作過這些真值表，而這是為什麼極具邏輯性的愛麗絲會提及〔(~C & S) ∨ (C & ~S)〕真值的緣故，雖然她悖於事實地宣稱自己從未看過沒有貓的笑容。

我認為，卡洛爾這裡的重點，在於證明在小說的類比矩陣中，笑容可以在沒有貓的狀況下存在，而在邏輯的類比矩陣中，同樣的笑容也能在沒有貓的狀況下存在。在自然界，這樣的事物也有可能出現，例如，將非貓類直接定義為貓以外的一切事物類別。至少我認為這種說法為真。我確實知道我太太有著貓般可親而美麗的笑容，掛在她臉上真是再適合不過。以我太太的例子來說，E!（S & ~C）可得證，因為在這裡，笑容是依附在人而不是貓身上。

在數學中，√-1 存在，但在自然界卻不存在。

沒有貓的笑容與脫離現實的數學：兩者之間的區別具有一定的差異，不應掉以輕心。數學是一回事，真實世界是另一回事。只有在少數時刻，這兩個廣大領域才會出現交集，至於其他時刻，這兩

個領域可說是渺不相涉。數學證明能否描述真實世界，取決於假定（數學證明總是以假定為根據）與真實世界的關係的密切程度。

　　數學或許是科學之后，但數學史證明這位科學之后經常出錯（但人們很少因此懷疑數學），因為它與現實矛盾。數學史是過去一連串推論「證明」的長眠之所，這些證明曾一度被視為完美，日後卻發現有瑕疵。

教訓：不要過度重視數學證明。數學證明與其賴以成立的假定並無不同，它們全都無法反映現實或真理。

　　例子：不久以前，技術人員引用美國電話電報公司科學家卡爾森（John Carson）的數學分析作為證明，來支持調頻無線電乃屬不可能的結論。這些技術人員顯然犯了錯誤，遺憾的是，這樣的錯誤迄今仍一再發生。有些人根據某些假定來證明陳述，但後來人們卻忘了假定的存在，只記得結論。於是人們輕易將結論適用在所有事例上，連那些無法滿足原初假定的事例也囊括進去。這就是調頻當初遭遇的狀況，如同是專門針對調頻而來的偏見。

　　哥倫比亞大學教授阿姆斯壯（Edwin Armstrong）一直對「調頻無線電乃屬不可能」的數學證明感到懷疑。他決定挑戰這項說法，結果他成功了：他製造出比當時任何一部調幅裝置都要來得優越的調頻接收與發送器。因此，阿姆斯壯說道：唯一會短暫減緩進步的，是「那些看不見的力量，它們多半是人為的，來自既得利益、習慣、為偽的數學證明、風俗與立法」。[27]

瘋狂的下午茶

三月兔用勸誘的語調說：「喝點酒吧。」
愛麗絲環視整張桌子，卻只看到茶在上面。

(愛麗絲,妳應該再看一次。桌上還有牛奶。我們之所以知道,是因
為之後三月兔打翻了牛奶。未能仔細觀察,會產生不正確的結論。
忽略顯而易見之事是常有的事,原因往往與觀察者本身的心態有
關。在本例中,愛麗絲找的是酒,而不是牛奶。她找不到酒,但她
也遺漏了牛奶。牛奶原是適合七歲半小女孩喝的東西,但愛麗絲或
許對酒更有興趣。)

她說:「我沒看到酒。」

三月兔說:「根本沒有酒。」

愛麗絲生氣地說:「那麼你請我喝酒,豈不是相當失禮。」

三月兔說:「妳不請自來還擅自坐下,更是失禮。」[28]

　　事實上,三月兔這麼說,是因為愛麗絲自己也做了她批評三月
兔的事(也就是失禮),因此她的論證不完善。三月兔藉由反擊愛麗
絲來規避解釋自己失禮行徑的責任,這違反了相關性的判準。其他
人做出可質疑的行為,與這類行為是否能被接受不相關。兩個錯誤
相加不會變成正確。你的立場的缺點,無法藉由指出對手的錯誤或
缺點而得到辯護。「你也一樣」是一種謬誤。

　　「你也一樣」是一種常見的心理回應,絕大多數人從孩提時代起
就曾有這樣的經驗。在這種狀況下,我們常覺得自己沒有義務回應
對方的批評。由於這種思考頗能打動一般人的情感,因此它的謬誤
性格經常被人忽略,除非有人明確地提醒大家注意。當然,親愛的
讀者,你必須負責這個提醒的工作。

三月兔十分誠懇地對愛麗絲說:「再喝一點茶吧。」

「我什麼都沒喝到,」愛麗絲語帶不滿地回答:「所以我無法『再喝
一點』。」

「既然還沒喝,要再喝一點是很容易的,」帽子師傅說:「如果要比
完全沒喝再少喝一點,就非常困難了。」[29]

　　確實，這是對於無物的空集合（不具任何元素的集合）所做的完美解釋。比無物更少很難，比無物更多卻很容易，因為無物是物質真實世界中事物所能達到的最少程度。關於無物的問題，後文會續做討論。

「既然可以從水井裡汲水，」帽子師傅說：「當然也可以從糖漿井裡汲糖漿，是不是呢，笨蛋？」
「但她們在井裡耶。」愛麗絲對睡鼠說，不理會帽子師傅的話。
「當然，」睡鼠說：「她們就在裡面。」
這個答案太令愛麗絲困惑，於是她讓睡鼠繼續說下去。
「她們在學畫畫，」睡鼠繼續說，一邊打呵欠一邊揉眼睛，看起來相當睏了：「而且她們畫了各種事物……各種以 M 開頭的事物……」
愛麗絲說：「為什麼是以 M 開頭？」
三月兔說：「為什麼不是？」[30]

　　這裡的意義混淆是「在井裡」（in the well）與「就在裡面」（well in）、「畫圖」（drawing pictures）與「汲糖漿」（drawing treacle）。值得注意的是，回答愛麗絲問題的不是睡鼠，而是三月兔。三月兔在這個事情上有個人的既得利益，因為他的名字三月是 M 開頭。如同十九世紀的英國貴族，三月兔希望有人能為他繪製肖像。
　　就像絕大多數需要為自己的既得利益辯護的人一樣，三月兔的辯詞缺乏相關性。在本例中，他的辯詞完全缺乏理由，因此是不相關的訴求。不知道理由或缺乏理由來證明陳述（如三月兔說的「為什麼不是？」），並不能作為支持陳述的理由。缺乏證據、無知或缺乏理由，不管是什麼，絕對無法證明任何事。
　　接下來，讓我們簡單談一下大胖墩在《愛麗絲鏡中奇緣》中慶祝的非生日：從開始有哲學探討以來，矛盾的概念一直縈繞著哲學家的心靈。「非生日」是卡洛爾對「生日」做的邏輯延伸。若「生

日」存在，則生日的否定是「非生日」。凡不是你出生的那一天，就是你的非生日。在這個脈絡中，「非」只是另外一種否定方式。「非生日」是對生日的否認或否定。它是「不是生日」的另一種說法。這個概念微不足道，但它的影響不容小覷，事實上，它是西方文明追求邏輯確定性的基礎。你每年都有一天生日，其他日子是非生日。這句話可以用 B 與非 B 來表示，或是 B 與 ~B。

顯然，當陳述爲眞，則其否定爲僞，而當陳述爲僞，則其否定爲眞。B 與 ~B的眞值表如下：

B	~B
T	F
F	T

眞值表告訴我們，當某日是生日時，該日就不是非生日，反之亦然，這與大胖墩告訴我們的一樣，不同的只是眞值表以符號的形式表現。這種眞值表深深影響了電腦資料處理，並成爲絕大多數電腦邏輯的基礎。今天是你的非生日的機率是 364/365，是生日的機率則是 1/365。因此，非生日與生日的機率比是 364：1。從眞值表可以明顯看出，B 的任何陳述皆與它的否定（~B）不一致。換言之，B 與 ~B 互斥。若某日是 B，則該日不會是 ~B；若某日是 ~B，則該日不會是 B。

順帶一提，大胖墩的說法並不全然合理。他認爲慶祝非生日比慶祝生日好，因爲非生日的日數比生日多。這段推論假定慶祝生日是人人夢寐以求之事。從大胖墩或小孩的觀點來看或許是如此，但對其他人，尤其是成人，則未必如此。任何曾經受到小孩生日宴會摧殘的父母，都能理解我的說法。

王后的槌球場

警告！我們接下來要介紹紅心王后，這個角色或許代表當權者的盲目憤怒。她就像希特勒或史達林（Joseph Stalin）一樣，不斷下令要砍人家的頭，此舉嚇壞了童書的評論者，他們覺得兒童讀物不該出現暴力情節。就我所知，還沒有任何經驗研究指出兒童對這類場景有何反應，以及它們是否會對他們的心靈造成傷害。然而，證據缺乏不能用來證明事物不存在，因此我們必須對這個問題保持開放的態度。

我的猜測，是正常的孩子會覺得這樣的情節很有趣，一點也不會受到傷害。不過，我倒覺得這種內容不完全適合成人觀賞。那些用來展示皇室尊貴、專斷與威望的描述，只是為了支撐無能領導人的荒誕虛偽，這些場景可在現代找到回響，特別是當我們聽到「元首萬歲」或讀到英國王室的種種欺騙伎倆時。

紅心王后以及隨後對紅心武士的審訊，之所以會讓成人極為驚恐，是因為絕大多數人可從中領悟到，自己原來生活在鬧劇般的現代世界裡，面臨著無來由的死刑。他們試圖揣摩當權者的想法，在口齒不清的官員間探聽聲息，卻得不到合理的答案。

我相信卡夫卡（Franz Kafka）的《城堡》（*The Castle*）受到《愛麗絲夢遊仙境》的啟發。《城堡》描繪出一個階層化、組織化、官僚化的社會，在這種社會裡，個人只是數字，喪失了個人尊嚴、人格、自由及特質。是的，卡夫卡說的一點也沒錯，但通常我們未能體會他的說法，因為當我們實際經歷卡夫卡式的歷程時，我們會掙扎求生、多方嘗試，但就是不會去讀他的書。

除了恐怖外，獨斷而嗜血的紅心王后給人的印象是毫無能力、極為愚蠢。然而，她擁有權力。她的毫無重點才是重點。紅心王后的胡言亂語，向讀取隱藏訊息的我們傳遞了無庸置疑的意義。不過，我承認，有時候這當中毫無意義可言，只是荒謬中的荒謬。有

時，荒謬只是那些自以為了不起的小人物予人的笑柄。或許成人應該對故事中隱含的圓滿結局感到安慰，畢竟，根據愛麗絲的說法，這些為了控制我們而日夜審訊的當權者，不過是一副撲克牌。

　　不少評論者認為，卡夫卡的另一本書《審判》（*The Trial*）與紅心武士的審判有著類似之處，而《城堡》則與《愛麗絲鏡中奇緣》的棋局頗為相似：有生命的棋子不知道整個棋局的走向，也無法判斷自己的行動是出於自己的意志，還是受制於看不見的手指所牽動的隱形絲線。權力的荒謬與愚蠢令人不安，而對於熟悉歷史的人來說，感受更是深刻。

王后氣得漲紅了臉，她怒視愛麗絲，宛如愛麗絲是野獸一般，並且大吼：「砍了她的頭！」[31]

　　轉移焦點的嘗試不相關，暴力以及暴力威脅也不相關。砍頭無法取代邏輯論證，也無法取代對爭議的審判。比起私人暴力，官方暴力與壓迫要來得更危險且難以控制，因此必須要有強大的箝制力量，好防止政府因權力過大而造成重大危害。這是為什麼我們要制定憲法，也是為什麼憲法必須明確受到遵從。華盛頓說：「永遠警醒是自由的代價。」它或許也是我們其他珍愛事物的代價。

假龜的故事

「沒錯，」公爵夫人說：「紅鶴與芥末都會咬（bite）。這件事的教訓是『物以類聚』。」[32]

　　注意，這段話的結論與前提無必然關係，其判斷的依據是 bite 的雙重意義「啄」與「刺激」，既然芥末與紅鶴都會「咬」，那麼紅鶴是鳥，芥末也一定是鳥，所以物以類聚。

「但是芥末不是鳥。」愛麗絲説。

（聰明的愛麗絲！她藉由陳述事實而駁倒錯誤類比。）

公爵夫人説：「對，就跟以往一樣。」她似乎隨時可以同意愛麗絲説的任何事。33

　　天哪，好一位公爵夫人！她是《愛麗絲夢遊仙境》中最特別的角色之一，尤其在回顧當時標準的育兒方式時，更能看出這一點。當讀者看到她的行爲，不免對她教養子女的方式產生反感。卡洛爾對於孩童必須牢記與背誦的訓誡詩所做的戲仿，是對當時的教育方式的訕笑與批評。

　　在玩槌球時，公爵夫人的座右銘是「每件事都有教訓，只要你能發現」。當然，這句話迴避問題，而且無所不包，它是過度概括，也是需要證據支持的斷言。接著，公爵夫人越來越荒謬地將各種定理與諺語套用在所有事物上。愛麗絲很快就得到教訓：大人——得了吧！他們前後不一致，而且不公允。

　　的確，日常語言絕大部分是獨斷且不負責任的，但公爵夫人使用語言的方式令人困惑，重要的是，它描繪出成人的霸凌與卑躬屈膝。我相信，這是愛麗絲故事最根本的訊息之一：拒絕成人的權威，爲兒童的權利辯護，當中包括自我主張、接受清楚教導與進行邏輯思考的權利。

公爵夫人繼續説：「這附近有一處大芥末礦（mine）。這件事的教訓是『我的（mine）越多，妳的就越少』。」34

　　mine 這個字再次使結論與前提無必然關係，同時也出現脈絡的變化。在後半句中，公爵夫人描述的是零和賽局，支付給勝者的報酬恰恰等於輸者的損失：「我的越多，妳的就越少。」

　　撲克牌是多人參與的零和賽局，因爲贏得的金額總數等於輸掉

的金額總數。相對地，負和賽局贏得的總金額少於賭注總和，例如賽馬時的贏家分成法（pari-mutuel betting）。賭金總額要比付出的賞金多出兩成，因為政府從賭金中抽成了 15%，而賽馬場拿了 5%。股票與債券是正和賽局，因為在債券的賭金池中額外多了利息，在股票的賭金池中額外多了股利。但股票與債券主要仍屬負和賽局，因為裡面有傭金與交易費、市場作手、市場時機，與法人透過詐欺的手法出貨獲利了結。

劊子手的理由如下：要砍頭，頭必須先長在身體上，而後才能把頭砍下來。他說他以前從未砍過沒有身體的頭，這輩子也不可能做這樣的事。[35]

　　事實：你無法砍掉一顆已經與身體分離的腦袋。劊子手的論證基於現實、聰明、有效而健全。為什麼他不在這裡停下？為什麼他還要繼續發表高見？

　　劊子手提出無可反駁的論點之後，並未就此罷手，他又繼續提出不相關的連續體論證：因為我們過去從未這樣做事，所以我們現在不應該這樣做事。

　　基於謹慎，事物不該因為微不足道而短暫的原因而改變，但經驗告訴我們，如果事實要求事物必須改變，則事物必定要做改變，否則將造成停滯不前。

「好吧，我們在海裡的學校上課，妳大概不相信……」
「我絕對沒有說我不相信！」愛麗絲打斷他的話。
假龜說：「妳說了『我不相信』。」[36]

　　假龜告訴愛麗絲，她才剛說了「我不相信」。絕對不要說絕對，而愛麗絲才剛說了「我不相信」。因此，她自稱絕對沒說過自己才剛

說過的話的陳述，一定是錯的。這是為什麼假龜要提醒她的緣故。

　　對卡洛爾來說，這類言詞上的陷阱具有強烈的轉移焦點效果。在《愛麗絲鏡中奇緣》中，大胖墩用類似的言詞陷阱捉到愛麗絲的小辮子，他指出愛麗絲說了自己未說的話。假龜繼續說：

「我們擁有最好的教育……事實上，我們每天都到學校去……」
「我也上過通學學校，」愛麗絲說：「你不需要那麼趾高氣揚。」
（另一個混淆：每天上學與通學學校實際上是兩個不同的意義，不過愛麗絲假定兩者是相同的。）
假龜著急地問道：「有額外的課程（extra）嗎？」
「有，」愛麗絲說：「我們學法文與音樂。」
假龜說：「有洗衣嗎？」
愛麗絲氣憤地說：「當然沒有！」
「啊，那麼你的學校就不是真的好學校，」假龜鬆了一口氣：「在我們學校，在帳單的末尾寫著『法文、音樂與洗衣——額外收費（extra）』。」[37]

　　引用脈絡外的資訊既不公允，也會造成誤導。它們片面揀選觀念或證據，並經常造成錯誤的結論。「法文、音樂與洗衣——額外收費」經常出現在寄宿學校的帳單上。當然，它的意思是指法文、音樂以及由學校洗衣必須額外收取費用，不是指洗衣是課程之一。

　　在我住所附近，有家醫院的招牌寫著「神經學、疼痛與頭痛控制中心」。疼痛與頭痛也許需要控制，但我很懷疑神經學是否需要控制。

　　「假龜」的名字也一樣構成混淆。這個不正確的推論認為，如果有假龜湯（就是嘗起來與聞起來像烏龜湯，卻是用烏龜以外的食材做的），那麼一定有假龜這種生物。如果有烏龜湯，那麼一定有烏龜這種生物，同樣地，如果有假龜湯，也一定有假龜這種生物。

　　這個類比是錯誤的，因為雖然烏龜湯與假龜湯共有某種性質，也就是它們都是你從碗裡喝到的熱液體，但它們的不同之處，在於它們不是同樣源自兩億年歷史的爬蟲類動物，這種動物有著稱為甲殼與腹甲的保護外殼。事實上，假龜湯是小牛肉做的。《愛麗絲夢遊仙境》的插圖顯示丹尼爾（John Tenniel）把假龜畫成長著牛頭與牛蹄子的烏龜，恰恰反映出維多利亞時代假龜湯的實際成分。

　　從較深的層次來看，此處處理的是人類思考中一個根本的瑕疵，稱為**實體化謬誤**，也就是人有一種將抽象概念轉換成堅強信念的傾向。我們能指稱某事物或為某事物命名，不代表該事物確實存在。它可能存在，也可能不存在。它可能只存在於想像界，而非實在界。有人認為耶和華是用來協助組織走出埃及的猶太人的社會政治觀念，使得原本僅是隱喻的猶太人成了實際存在之物。

　　至於假龜故事裡的其他混淆之處只是純粹好玩的文字遊戲。

「對了，還有神祕學，」假龜一邊回答，一邊用前肢數道：「又分古代的與現代的，還有海洋學與……緩慢、伸展和捲曲昏厥。」[38]

　　神祕學（mystery）的發音近似歷史（history）；海洋學（seaography）近似地理（geography）；緩慢（drawling）、伸展（stretching）和捲曲昏厥（fainting in coils）近似繪畫（drawing）、素描（sketching）與油畫（painting in oils）。

「他教我們笑與悲傷。」[39]

　　學拉丁文（Latin）會不會讓人笑（laughing），這一點令人懷疑，但當時教授的希臘文（Greek）確實很有可能讓人感到悲傷（grief）。

誰偷了餡餅

十二位陪審員忙著在石板上寫字。「他們在做什麼？」愛麗絲低聲對獅鷲說：「審判都還沒開始，他們能有什麼東西可記。」

「他們在寫自己的姓名，」獅鷲低聲回答：「他們擔心審判還沒結束，自己就忘了自己叫什麼名字。」

「蠢東西！」愛麗絲的聲音變得高亢而憤慨……愛麗絲可以看到，彷彿她能從他們的肩膀上往下望，所有的陪審員都在石板上寫下「蠢東西」三個字，而她甚至看出有人不知道該怎麼寫「蠢」這個字，因此不得不問隔壁的陪審員「蠢」該怎麼寫。[40]

這裡，卡洛爾玩弄「寫下蠢東西」這句話的雙重意義：你可以寫下「蠢東西」這三個字，你也可以寫下讓人覺得很蠢的事。在陪審員的例子中，你可以同時寫下這兩件事。這段敘述顯示卡洛爾對於陪審團制度表達了某種看法。箇中真意我無法得知，你是怎麼想的呢？

「傳令官，念出指控！」

「紅心王后製成幾張餡餅，
大白天裡發生一件怪事：
紅心武士偷盜全部餡餅，
明火執仗不顧王室法律！」

國王對陪審團說：「考慮你們的判決吧。」[41]

等等！這是不對的。國王的程序有問題。應該先審後判才對，他主持的是哪門子的法院？

　　在具備正當性的法院中，被告有接受審判的權利。光是指控無法證明有罪。陪審團必須評估證據以得出完整的真相。紅心國王的行為流露出領導人的典型急躁，認為答案已經出爐，不需要進行討論、評估證據，或是詢問當事人。之後，國王在質問帽子師傅時再次展現他的不耐：「把證據交出來，不用緊張，否則我當場處死你。」42

　　我們曾經說過，在脅迫或拷問下得出的證據不是證據。根據麥凱（Charles Mackay）的《異常流行的妄想與群眾瘋狂》（*Extraordinary Popular Delusions and the Madness of Crowds*），數千名婦女在宗教裁判期間招認自己是女巫，並因此遭受火刑。她們在供詞中表示，她們能飛行、與魔鬼性交，還可以變成黑貓──凡是拷問者要她們說的，她們都會和盤托出。現在我們知道這些事是不可能的。就算女人再怎麼善變，也無法變成黑貓。

　　柯斯勒（Arthur Koestler）的《正午的黑暗》（*Darkness at Noon*）討論史達林時期的俄國為什麼會有這麼多無辜的共產黨員俯首認罪。夏伊勒的《第三帝國興亡史》詳細處理納粹德國時期發生的相同問題。歐威爾的《一九八四》描述三個極權主義社會，它們可以從任何人取得任何供詞，它們這麼做通常沒有真正的理由，只是為了施展權力與控制，或維持自身的權力與控制。

「我是個可憐的人，」帽子師傅繼續說下去：「在那之後，大部分的東西都變得閃閃發亮，只是三月兔說……」
「我沒說！」三月兔很快打斷他的話。
「你有說！」帽子師傅說。
「我否認！」三月兔說。
「他否認，」國王說：「這部分跳過去。」43

　　帽子師傅是不是可憐，與他提出的證據不相關。訴諸憐憫是以

情感爲依據，因此不相關。凡是情感訴求都不合理。

　　三月兔搶著否認，但我們永遠無法知道他在否認什麼。然而國王並不在乎，他還要求陪審團把「這部分跳過去」。不過這是件不可能的任務，因爲陪審團並不知道該跳過「哪個部分」。

　　尊重證據是依法審判的礎石。但在這裡，尊重蕩然無存。國王認爲自己是特殊的，法律不適用於他，或者，他可以基於特定目的任意立法。顯然，國王的想法是錯的。

　　否認反面證據與忽視證據產生不適當的評價，而且會遠離眞理走向錯誤。身爲法官與領導人，紅心國王這種遺漏證據的作法絕對不適當。

有隻天竺鼠歡呼起來，但隨即被法庭官員制止。官員有個相當大的帆布袋，袋口用細繩綑住；他們將天竺鼠從頭朝下自袋口塞進袋內，然後整個人坐在袋子上。[44]

　　他們爲什麼選擇天竺鼠而不選擇其他在法庭上喧鬧的人士，理由不得而知。這也許是另一個獨斷運用權力的例證，也可能是對天竺鼠的偏見使然，或者兩者皆是或兩者皆非。天曉得？

　　愛麗絲對於整件事的確有她的想法，但既非同情也非贊同：「我很高興自己能看到這個場景……我常在報紙上讀到審判結束時的狀況，果然百聞不如一見。」[45]

「餡餅是什麼做的？」
「大部分是胡椒。」女廚說。
「是糖漿。」女廚身後傳來充滿睡意的聲音。
「揪住睡鼠的衣領！」王后尖叫道：「砍了睡鼠的頭！」[46]

　　忽視、否認與排除反面證據將導致偏頗的評價，而偏頗的評價

很可能是錯的。女廚在這裡的證言是假的。睡鼠向法庭說了實話，但受懲罰的卻是睡鼠，不是女廚。阿克頓（John Dalberg-Acton）爵士說：「權力使人腐化，絕對的權力使人絕對地腐化。」權威可能是錯的。國王可能是暴君，王后亦然。

愛麗絲的證詞

就在這個時候，一直忙著在筆記本上寫字的國王，突然大喊：「安靜！」他看著筆記本念道：「第四十二條：凡身高超過一英里的人必須離開法庭。」
每個人都看著愛麗絲。
愛麗絲說：「我沒有一英里高。」
國王說：「妳有。」[47]

　　這裡出現了事實爭議。愛麗絲有沒有一英里高？要解決這個爭議很簡單，只需要客觀測量。愛爾蘭詩人葉慈（William Butler Yeats）在《最後的詩集》（*Last Poems*）說得沒錯：「測量開啟我們的力量。」數字很好，我也喜歡數字。如果數字正確的話，它往往通往真理。1984 年諾貝爾經濟學獎得主納許（John Nash）說：「我總是相信數字。」[48]
　　要曉得愛麗絲的身高，我們只需要測量。她的身高可能有四英尺，這要比 5,280 英尺（一英里）少得多，所以國王是錯的。
　　直接測量是一種檢證形式。檢證可以導出真理，因為它是設計來確認或否認已陳述之現實觀點的程序。因此，檢證是科學研究的核心，也是實驗的理由。檢證也是伊拉克與聯合國之間爭議的核心。伊拉克表示，它沒有大規模毀滅性武器。但伊拉克不願接受全面檢查以證明自己的說法，這不禁使人懷疑它是否隱瞞了什麼。
　　如果紅心國王允許測量愛麗絲的身高，就會證明說謊的人是

他。無法藉由測量以確認現實處境，我們只好仰賴機率。紅心國王出錯的機率很高。我們從未聽過有人身長一英里。國王知道這一點，愛麗絲也知道這一點。然而讓官方承認這件事實是另一個問題。多年以來，主張婦女參政權的人認為，美國「獨立宣言」顯示婦女應該有投票權，否則她們將面臨繳稅卻無代表權的窘況。他們還認為，「獨立宣言」清楚表示，政府的權力源自被治者的同意；婦女受到統治，卻在政府中沒有發言權，因此限制婦女參政的作法證明政府是錯的。經過許多年的努力後，美國憲法修正案第十九條終於承認了這個簡單的事實。

關於愛麗絲身高的錯誤事實陳述，當然是國王自己造成的。他才剛寫下第四十二條，而條文的內容實在太過火，因而暴露了自己的動機。在潛意識的祕密運作下，國王寫下露骨而荒謬的條文，其不理性的根源昭然若揭。

王后附和道：「差不多有兩英里高。」[49]

否認顯而易見之事，就像水門案一樣，不會帶來任何好處，因為真理終將浮上檯面。如果身高一英里是荒謬的，那麼身高兩英里就是加倍荒謬。王后是錯的，而且是加倍錯誤。她錯在支持一個明顯犯錯的人，也錯在未能看出事實。

「無論如何，我是不會走的，」愛麗絲說：「此外，這也不是正規條文，它是你剛剛編出來的。」[50]

做得好，愛麗絲！

有沒有可能，愛麗絲在夢遊仙境的過程中，也獲得某種程度的「改善」？有沒有可能，是紅心王后、赤郡貓、帽子師傅以及其他人挽救了愛麗絲？她看起來道德、誠實而正直，相較之下，她周遭的

人是如此不道德、不誠實而不正直。

愛麗絲還變得很有邏輯，充滿顛覆與革命的精神，而且破壞力十足，無情地對待特權、既有制度與習慣。現在的她，漠視權威，對長者千錘百鍊的智慧視而不見。她毫不畏懼地否定國王！

愛麗絲望著通往地獄的孔穴，心中沒有一絲害怕。她知道自己是兒童，是小女孩，是不起眼的塵埃，在她四周充斥著無數權力與控制的象徵。然而她自豪地端正自己的行為，心智堅定宛若宇宙的主人。

我兩歲的孫女經常有著相同的表現。「不管你怎麼說，月亮跟著我們走。」「我不要午睡！我還要多玩一會兒。」「我生媽媽跟爸爸的氣，因為他們叫我暫時放下手邊的事，聽他們怎麼說。」我的孫女與愛麗絲懂得獨立思考，而且還思考得不錯。

雖然愛麗絲的確有這些優點，但不同的內在證據，仍讓我懷疑愛麗絲有著頑皮的「過去」。愛麗絲就跟我們所有人一樣，還有改善的空間。在《愛麗絲鏡中奇緣》中，我們看到她不僅改善，還發展出一種原始的社會良知：

「我比較喜歡那頭海象，」愛麗絲說：「因為他對可憐的牡蠣表示了一點同情。」
「但他吃得比木匠還多。」特威迪說。51

哇！跟過去比起來，愛麗絲這次的回答算是比較溫和的指控，帶有一點感傷的味道。

國王說：「這是筆記本上歷史最久的條文。」
愛麗絲說：「那麼它應該是第一條。」
國王臉色發白。52

　　愛麗絲戳破國王的謊言，他的反應可想而知。而這件事的教訓是「掌權者的確會立法來支持自己與親朋好友」。在西方文學中，第四十二條成了獨斷法律條文的象徵。

　　雖然獨斷的行為很普遍，但這類行為既不合理也不正確，因為它不是以增進眾人福利為基礎。紅心國王就像許多領導人一樣，他的理解力低得可憐。他也像美國總統柯林頓與尼克森一樣，因為對民眾說謊而顏面無光。

　　接下來，我們要討論對紅心武士不利的書面證據，並找出國王的思考錯誤。

「上面寫些什麼？」王后說。
「我還沒打開呢，」白兔說：「但它看起來像是一封信，是犯人寫給某人的。」
「一定是這樣沒錯，」國王說：「除非它是寫給無人的，但要是這樣，那就太不尋常了。」[53]

　　這又是空類（空集合）問題。從中古時代到現代，哲學家爭論著無人、無處、無物的存在問題。無是否存在，或無是否就是空無一物？卡洛爾的許多邏輯荒謬正源自把空類當成存在事物。

　　「無」產生的混淆，在文學上有著長遠而輝煌的歷史。尤里西斯欺騙獨眼的波里菲姆斯，說自己的名字叫「無人」。當波里菲姆斯大喊「無人要殺我！」時，不會有人把這句話當成真有人要攻擊他。

　　那麼，對於空集合問題，卡洛爾的立場是什麼？卡洛爾是唯名論者。唯名論者認為，有些詞語的存在只是為了思想的必要或語言的方便。唯名論者認為這類詞語不具有外在的真實存在。名稱固然為真，但更重要的是事物本身。有時候，名稱只是為了填補空白，指出真實事物的闕如，並表示該闕如。語意學最基本的原則，是在促成人與人之間的溝通上，在符號使用上取得一致的看法要比符號

本身來得重要。因此，**無人**只存在於名稱。**無人**只是一種方式，一個捷徑，用來說明沒人。**無人**只是一種速記法，說明討論中沒有眞正的人。

　　同樣地，**無物**指沒有事物，而**無處**指沒有地方。因此，**無物**不具存在。**無物**只是用來表示不存在。**無處**表示在任何地方都不存在，或沒有任何地方是存在的。能理解這點，就能避免白棋國王的混淆：他之所以混淆，是因爲他把事物名稱與事物本身搞混了。

「路上無人（nobody）啊。」愛麗絲説。
「我眞希望我的眼力跟妳一樣好，」國王説話時語氣有點焦急：「可以看到『無人』（Nobody），而且是在這樣的距離！在這樣的光線下，我頂多能看到眞正的人。」54

　　注意，當國王提到**無人**時，N 是大寫的，這表示他將**無人**實體化。當愛麗絲提到無人時，n 是小寫的。之後（或之前，因爲在鏡子的另一面，一切都是反過來的），國王問信使：

「你在路上趕過什麼人？」
「無人。」信使説。55
「沒錯，」國王説：「這位年輕的女士也看到他。所以『無人』一定走得比你慢。」
「我已經盡力了，」信使的語氣有些不高興：「我很確定無人能走得比我快！」
「他不可能比你快，」國王説：「要不然他早就比你先到這兒。」56

　　注意這裡有個明顯的矛盾：無人能走得既比信使慢又比信使快嗎？另外還要注意脈絡的變化。國王談「無人」時，是把「無人」當成眞正的人，而信使談「無人」時，是把「無人」當成沒有眞正

的人，因此產生了混淆與趣味。這個窘境的產生，乃是卡洛爾喜愛娛樂兒童、玩弄文字與展現語言的局限與困難的結果。

無的概念有其應用面：印度人發現了無，並用 0 來表示它。空類（0）可以藉由否定任何宇類（1）的界定形式而得到界定。因此，宇類與空類互補。未被包括在「一切事物」中的元素就是「無」。「無」包括了《愛麗絲夢遊仙境》中所有有趣的角色，也包括方形的圓形、世俗的教會、已婚的單身漢等等。

「這封信寄給誰？」一名陪審員說。
「它並未寄給任何人，」白兔說：「事實上，外面什麼也沒寫。」他一邊說一邊打開紙條，然後又說：「這根本不是信，是一首詩。」
「是犯人的筆跡嗎？」另一名陪審員問。[57]

注意這兩名陪審員決定著手取得一些真實證據。他們想知道這封信要寄給誰，以及它是否為紅心武士所寫。這兩個問題也許與信件的意義與重要性有很大的關係。結果，這封信原來不是信，而是一首詩，唯有扭曲分析才可以將它聯結到餡餅偷竊上，更甭提可以證明犯人是紅心武士。

「不是，」白兔說：「這真是件怪事。」（陪審團看起來困惑極了。）
國王說：「他一定模仿別人的筆跡。」（陪審團這才又出現笑容。）[58]

這裡，國王並未依據證據來假定事實。武士是否偽造別人的筆跡，必須以相關而適當的證據加以證實。到目前為止，這項斷言當然尚未證實，因此僅是國王的斷言，而我們已經知道他是個騙子。此外，國王也太快做出未經證實的結論。急於下定論，會使我們無法周詳而完整地評估複雜處境。美國 2000 年的總統大選就是一個遽下判斷的例子：人們宣稱國家正處於危難之中，或正遭遇某種不必

要的動盪，因爲大選結果遲遲未能底定。在決定選舉的眞實結果上，正當的程序遠比速度重要得多。

「陛下明鑒，」武士說：「這不是我寫的，而且也無法證明是我寫的：末尾並沒有署名。」[59]

呵，這眞是太有趣了，讓我想起「此地無銀三百兩」這句話。如果武士沒有寫那張紙條，他怎麼知道紙條上沒有署名？此外，署名可能出現在別的地方，爲什麼一定要在末尾？這些事實當然無法證明武士沒有寫那張紙條，但也無法證明他寫了。武士急於爲自己辯護。他必須解釋他怎麼知道詩沒有署名。如果他的解釋不相關且不適當，陪審團可以假定是他寫了那首詩。

「如果你沒有署名，」國王說：「只會讓事情更糟。你一定想惡作劇，否則你就會像個誠實的人簽上自己的名字。」
此時法庭內響起了掌聲：這是國王當天講的第一句聰明話。[60]

國王的論證是合理的，但卻離題。問題是武士有沒有寫那首詩。而且，如果武士的確寫了那首詩，那又如何？這與本案又有什麼關係？國王大可質疑武士何以知道詩沒有署名。但他沒有這麼做，而是就匿名紙條做一般性的討論，認爲它表示惡作劇，也反映作者的性格。匿名紙條是否表示惡作劇與反映作者的性格，必須評估上頭的內容才能決定。我的分析如下：紙條上的詩，只是純粹的荒謬之語，目的是爲了讓我們覺得有趣。

「這就證明他有罪，」王后說：「所以，砍下……」
「根本不能證明他有罪！」愛麗絲說：「你們連裡面寫了什麼都不知道！」

……「不，不！」王后說：「先處刑，再宣判。」[61]

　　《愛麗絲夢遊仙境》最後一章的主要問題，完全濃縮在王后最後一句話。沒有讀過我這本關於清楚思考的書的國王與王后，沉湎於自己的權力與地位，不知道如何評估證據的相關性與適當性。結果他們提出的證據沒有一項與罪名有關。即使有關，要以此來判決武士有罪也不適當，因為沒有任何直接證據，這個道理連七歲半的小女孩愛麗絲都能理解。

　　另一個相當正確的觀點認為，七歲半是個恰當的時機，讓像愛麗絲這樣的小女孩開始質疑成人世界的組織、思考、習慣、倫理與程序。每個世代都會做這件事，也必須做這件事，因為每個世代都必須找出屬於自己的自救之道。

　　隨著愛麗絲的心智逐漸成熟，她會開始採取批判性探究的思維模式，而這種思維模式是人類進步所必需的。愛麗絲已經抵達英雄之旅的終點，從無知到閱歷，從無意識的接受到有意識的質疑。在申斥國王與王后的過程中，愛麗絲搖身一變成了兒童法官。身為法官，在她獨立思想的摧枯拉朽下，國王與王后等人全成了撲克牌。面對原始而威脅四伏的世界，愛麗絲提出自己的存在權利的合理性，並起而反叛將一切反對其瘋狂法令的人處死的社會秩序。愛麗絲認定，成人是愚不可及的，成人的文化不過是荒謬的高論。

　　這引發了與卡夫卡《城堡》相同的問題：為什麼我們要接受這些無用的法律？為什麼我們要順從地隨低能的政府與政客起舞？為什麼我們要遵守我們這個時代的第四十二條？

　　但是注意，愛麗絲的怒火是由國王要她離開法庭（也就是離開成人團體）所點燃的。兒童不喜歡這樣，尤其當此舉意味著早點上床睡覺。兒童的忍耐有其限度，超過臨界點時，他們通常會像愛麗絲那樣大發雷霆。

　　但從比較宏觀的角度來看，不要忘了愛麗絲碰見的生物以及整

個夢境，都是她的心靈產物。這些事物反映愛麗絲的心理，因爲她是作夢的人。它們是愛麗絲人格的變形，同時也反映出她的師長、家人與寵物在她面前出現時的言詞與態度。《愛麗絲夢遊仙境》之所以栩栩如生，是因爲卡洛爾充分理解兒童心靈對學院訓練會有什麼樣的反應，特別是邏輯與數學課程，這些科目的書籍經常令人難以理解，與你手上這本書大相逕庭。

在這樣的脈絡下，愛麗絲的反應似乎相當合理，因爲完全本於現實，而且也因爲這些全是卡洛爾基於趣味而從課堂上所取材的喜劇與悲劇。就像所有的好作家，卡洛爾寫下自己所知的一切，就像所有的好老師，他了解並深愛自己的學生。

再會

　　雖然卡洛爾隨即指出，他的故事不同於童話，像是《格林童話》或《安徒生童話》，因此不帶任何教訓，但我認為他還是隱約指示了方向，這可以從《愛麗絲夢遊仙境》末尾混亂的審判場面看出。

　　當思考停止，情感如脫韁野馬狂奔之際，這場鬧劇是我們可以預期的結果。混亂與無政府，完全相反於卡洛爾珍視的事物：清楚而理性的思考以及正確的行為。若要說卡洛爾想告訴我們什麼教訓，也許就是壞的思考導致混亂。不過，這是否真是他故事的教訓，並非特別重要。

　　重要的是，那的確是真理。

名詞解釋

雙重論證（amphiboly）：雙重意義，多半來自瑕疵的文法結構。例子：「行人等不得在此大小便。」或是德爾菲神諭的忠告：「如果克里蘇斯（Croesus）發動戰爭，他將毀滅一個大帝國。」克里蘇斯攻擊波斯，於是，一個大帝國果然毀滅了，就是克里蘇斯的呂底亞。

論證（argument）：原本指「證明」或「證據」。現在通常指支持或反對某事的理由。本書採取的是傳統意義的論證。

訴諸武力的論證（argumentum ad baculum）：訴諸武力是一種嚴重的錯誤，論證因此淪為打鬥。強權不是公理，儘管格言與此相左。人們以武力擊敗他人，並不表示其對或錯、高貴或不高貴、受上帝支持或受魔鬼支持等等，而只表示其贏得戰爭。訴諸武力不是理性論證，而是理性論證的反面。

人身攻擊的論證（argumentum ad hominem）：一種錯誤，人本身成了攻擊的對象，而非論證。

訴諸無知的論證（argumentum ad ignorantiam）：一種錯誤，論證訴諸無知。也就是說，因為某事尚未被證明為偽，就斷言某事必定為真。

訴諸群眾的論證（argumentum ad populum）：一種錯誤，藉由訴諸民眾情感來進行說服，像是愛國心、忠誠、傳統、習俗等等。這是轉移焦點的作法，因為團體怎麼想，並非決定某事是否正確的理由。團體可能對也可能錯，其對錯必須由證據決定，而非共識。在大多數的例子裡，訴諸群眾的論證甚至無法反映被引用團體的觀點，反倒是反映出說話者的觀點。

訴諸權威的論證（argumentum ad verecundiam）：拉丁文的意思是

「以尊敬爲根據的證明」。這種論證引用權威作爲說話者可信的理由。以權威爲根據的論證不是合理的論證，因爲沒有任何特殊理由可以說明權威是對的。事實上，訴諸權威的論證通常是一種轉移焦點的技巧，使人遠離事實走向錯誤。

迴避問題（begging the question）：清楚思考與非形式邏輯的錯誤，指某事被斷言爲眞，但仍有待證明。

奇想（conceit）：奇想是相當引人注目但卻獨斷的隱喻，是更嚴重的錯誤類比。

矛盾（contradiction）：在所有可能狀況下均爲僞的陳述。哲學家喜歡的說法是矛盾必然爲僞。句子 S 在邏輯上爲僞，因此矛盾，若且唯若它在眞值表上每一列的眞值均爲 F（僞）。兩個彼此矛盾的陳述不可能同時爲眞。舉例來說：

下雨。

沒下雨。

第一句與第二句彼此矛盾。我們可以拿**相反**與矛盾做比較。

相反（contraries）：邏輯上，兩個陳述彼此關聯，以致於其中只有一個陳述爲眞，但也有可能兩個陳述均爲僞。舉例來說：

現任法國國王是禿子。

現任法國國王不是禿子。

如果法國現在有國王，則陳述一與二無法同時爲眞。然而事實上法國沒有國王，所以這兩個陳述均爲僞，因此，陳述一與二是相反而非矛盾。

演繹（deduction）：從概括推導到特定以得出受證據支持的結論。

周延（distributed）：若且唯若某個詞語指涉（不是主詞就是述詞）其所指稱的所有類別，則該詞周延。

謬誤（fallacy）：爲僞或錯誤的觀念或意見、推論錯誤，或是論證瑕疵，特別是看似健全實則不健全的論證。

否證（falsify）：顯示某事物爲僞。

概括（generalize）：推論所有已知例子中為真之事在所有例子中亦為真，甚至包括那些尚未觀察的例子。科學家在進行科學推論時，總是在特定與概括之間進行「信仰的跳躍」，這是科學假說暫定性質的基礎。然而，不是所有的概括都能加以反駁，特別是當概括涵蓋了所有已知與可能的觀察時。舉例來說，當我說我的核心家庭的所有成員都是醫生時，我是在概括。我的妻子、兒子、女兒與我都是醫生，而除了這些人以外，我的核心家庭再也沒有其他成員，因此我的斷言在各種可能的例子中均為真且無可反駁。因此，對真實特定所做的概括可以且通常絕對為真，並且應該絕對能辯護為真。

歸納（inductive）：從特定推導到概括以得出受證據支持的結論。

邏輯（logic）：科學地研究論證前提與結論間證據關係的強度。在本書中，邏輯有時寬鬆地用來表示正確與合理思考的技藝。這兩種定義都認為邏輯是一種證據形式，而證據的定義是指出真理的指標。然而，在當代學院的邏輯領域中，邏輯與真理已經在基礎層次上脫勾。根據學院的觀點，邏輯告訴我們的，是若前提為真，我們可以對論證結論的真實性有怎樣的合理信心。邏輯無法告訴我們前提是否為真。因此，邏輯是一種真理保存理論，它告訴我們真理如何透過推論連結而獲得最佳保存，而不是告訴我們如何決定什麼為真。因此，學院人士不稱論證為真，因為他們相信論證不可能為真（或為偽）。以此來看，論證只有有效或無效、健全或不健全。

邏輯演繹（logical deduction）：從概括推導到特定個別例子或特定事實，或從前提推導出邏輯合理的結論（與邏輯歸納相反）。

邏輯歸納（logical induction）：從個別例子或特定事實推導到概括結論（與邏輯演繹相反）。

大前提（major premise）：包含大詞的前提，大詞是三段論法中結論的述詞。

中詞（middle term）：三段論法中，同時出現在大前提與小前提的詞語。

小前提（minor premise）：包含小詞的前提，小詞是三段論法中結論的主詞。

誹謗（obloquy）：針對人或事的言語辱罵，特別是當散播於眾時。

祈願（optative）：希臘文的文法形式，用來表達欲望或希望，因此是一廂情願的思考。

冗言（pleonasm）：表達觀念時使用了遠逾必要的字詞。例如「非常獨特」：如果一個事物是獨特的，則它在定義上是種類中的唯一，不需要「非常」來強調它的獨特性。

實證主義（positivism）：一種只根據感官經驗資料來建立知識的哲學體系。由孔德首倡，以可觀察的科學事實以及事實與事實間的關係為基礎。實證主義哲學堅決反對對終極根源進行玄思與探討。孔德最著名的，是他的「三階段法則」：神學、形上學與實證主義。在第一階段，人類認為過程是超自然力量的作用。在第二階段，人類以抽象觀念來解釋過程。在最後一個階段，人類累積資料（觀察到的事實）並決定資料間的關係。孔德相信，天文學、物理學、化學與生物學已經歷經這三個階段。

前提（premise）：前提是論證時作為基礎的先前陳述，或是三段論法中用來推導出結論的兩個命題的任一個。當論證以標準形式表述時，前提總是在結論之前。在三段論法中，大前提包含結論的述詞，小前提包含結論的主詞。

連鎖三段論法（sorites）：源自希臘文 soros，意思是「堆」。由一連串前提導出結論，組成方式是第一個前提的述詞是下一個前提的主詞，以此類推，結論結合了第一個前提的主詞與最後一個前提的述詞。

健全的論證（sound argument）：當論證有效且其前提均為真，則該論證是健全的。當論證有效，但至少有一個前提為偽，則該論證不健全。理想的論證是健全的論證，因為這種論證最有可能出現符合現實的結論。

片面辯護（special pleading）：當論證支持我們的成見時，我們使用它，而在另一個脈絡下，當相同的論證不支持我們的成見時，我們拒絕它。

陳述（statement）：提出明確主張的句子。例如：「蘇格拉底是禿子」主張蘇格拉底存在且他是禿子。「蘇格拉底是禿子且蘇格拉底是智者」這句陳述提出一個同時包含禿子與智者的主張（以及存在主張）。

下位命題（subaltern）：某些事物以某種方式排序在下位或劣位，通常指地位、數量或兩者。「有些 S 是 P」是下位定言特稱陳述，其真理主張直接推導自全稱定言肯定陳述「所有 S 是 P」。「有些 S 是 P」排序在較具全稱性的主張的下位，是因為它包含的較少。

超義務（supererogation）：遠逾必要或期望。

三段論法（syllogism）：論證或推論形式。在這種論證中，兩個陳述或前提（通常是概括）被提出，從而導出結論。古典邏輯有三種類型的三段論法：定言、假言與選言。

套套邏輯（tautology）：循環論證，通常是重複相同的事物兩次。如果循環論證發展到極為詳盡的程度（如第三章討論的避碰規則），則循環論證會變得更為合理（或看似更為合理）且較不易辨識。總是為真且並未說出任何新事物的陳述也是套套邏輯。句子 S 在邏輯上為真，因此是套套邏輯，若且唯若其真值表上每一列真值均為 T（真）。

真理（truth）：是什麼（與不是什麼相反）。

你也一樣（tu quoque）：這個謬誤是藉由指控批評者或他人也做出類似的思考或行動，來規避對方的論證或批評。

不健全的論證（unsound argument）：當論證有效但至少有一個前提為偽時，該論證不健全。

有效的論證（valid argument）：未違反邏輯規則的論證，也就是並非無效的論證。必須說明的是，學院邏輯是以一種高度特定且具技

術性的用法來使用「有效性」一詞，與日常用法不同。從技術定義來看，有效性是論證的性質，是一套內在相關的命題的性質，而非單一或多個命題本身的性質。因此就技術意義來看，認爲某個主張、前提或結論有效其實是荒謬的。前提、主張、陳述與結論可以爲眞或爲僞，但無法有效，因爲唯有它們的內在關係才能有效。邏輯學家認爲這些內在關係若非無效，即爲有效。內在關係的管理是邏輯保存眞理職責的一部分，相反地，科學的職責在於發現眞理。

檢證（verify）：顯示爲眞。

謙遜（verecundiam）：源自拉丁文 verecundia，意思是「謙遜」、「缺乏自信」或「羞怯」。屬格時意指「尊重」或「顧忌」。

注釋

導論

1. 現在，這片海洋稱為墨西哥灣，過去又稱佛羅里達灣。它的存在並不是由它的名稱所決定。

2. 《哈姆雷特》（*Hamlet*）第三幕第一場。

3. Bertrand Russell, *The Basic Writings of Bertrand Russell 1903-1959*, ed. Lester E. Denonn and Robert E. Egner (New York: Simon and Schuser, 1961), p. 411.

第一章

1. Robert Frost, *The Poetry of Robert Frost: The Collected Poems* (New York: Henry Holt, 1979), p. 17, line 13.

2. 兩句引文出自 Anthony Flew, *How to Think Straight: An Introduction to Critical Reasoning* (Amherst, NY: Prometheus Books, 1998), p. 37。

3. 轉引自 Louis Rukeyser, "There Is No Magic Key: Only Knowledge and Consistency," *Louis Rukeyser's Mutual Funds* (February 2001)。

4. Martin J. Medhurst, *Dwight D. Eisenhower: Strategic Communicator* (Westport, CT: Greenwood Press, 1993), pp. 78, 167。原引文出自 March 27, 1970, *Life* article by John K. Jessup。

5. 引自 Don DeLillo, *White Noise* (New York: Penguin, 1985), pp. 114, 117。

6. 出自 Paul H. H. Schoemaker, "Disciplined Imagination: From Scenarios to Strategic Options," *International Studies of Management and Organization* 27 (1997): 1。

第二章

1. Aristotle, *Politics* 3.15-16.

2. Anthony S. Fauci et al., eds., *Harrison's Principles of Internal Medicine*, 14th ed. (New York: McGraw-Hill Health Professions Divisions, 1998).

3. Ibid., p. 1874.

4. Leo Tolstoy, *Anna Karenina* (New York: New American Library, 1961), p. 323.

5. *Houston Chronicle*, July 1, 2002.

6. 引文轉引自《紐約時報》對國會聽證的報導，全文見國家檔案館 http://www.archives.gov/。

7. *New York Times*, April 8, 2002, p. C5.

8. 引自 Eric R. Kande, James H. Schwartz, and Thomas M. Jessell, eds., *Principles of Neural Science*, 4th ed. (New York: McGraw-Hill Health Professions Division, 2000), p. 1260。

第四章

1. 引自 Eric Fromm, afterword to *Nineteen Eighty-Four* by George Orwell (New York: Penguin Putnam, 1950), p. 263。
2. Bunsby in *Dombey and Son* quotes Marcus Tullius Cicero, "Paradox 3," in *Familiar Quotations* by John Bartlett, 13th ed. (Bostion: Little, Brown, 1955), p. 34, column a.

第六章

1. 本書有關豬玀灣慘敗的資訊，全部出自 Irving L. Janis, *Groupthink*, 2nd ed. (Boston: Houghton Mifflin, 1982), pp. 14-47。詹尼斯引用了會議紀錄、日記、回憶錄、信件與提交調查委員會的陳述。很神奇地，他的敘述居然與 1999 年才解密的檔案若合符節。解密的薩帕塔作戰（Operation Zapata，豬玀灣作戰代號）文件現在已能在國家安全檔案館（簡報資料第二十九號）查閱，並且有一部分已經電子化，刊載在國家安全檔案館網址上 http://www.gwu.edu/~nsarchiv/NSAEBB/NSAEBB29/。甘酒迪總統任命泰勒（Maxwell Taylor）將軍調查豬玀灣事件的眞相。史列辛格的作品《甘酒迪總統的一千天》（*A Thousand Days: John F. Kennedy and the White House*）也涵蓋相同的範圍與引用資料。對豬玀灣事件有興趣的人，我大力推薦中情局的《豬玀灣口述歷史》（*Oral History of the Bay of Pigs*）與安能堡基金會（Annenberg Foundation）的《探索心理學系列》（*Discovering Psychology Series*）。後者收錄了心理學教授辛巴杜（Phil Zimbardo）對詹尼斯的訪談、幕僚會議紀錄，以及兩位社會心理學者對思考錯誤的評論。
2. Robert W. Balch, "Waiting for the Ships; Disillusionment and Revitalization of Faith in Bo and Peep's UFO Cult," in *The Gods Have Landed: New Religions from Other Worlds*, ed. James R. Lewis (Albany: State University of New York Press, 1995), p. 163.

第八章

1. Lewis Carroll, *Alice's Adventures in Wonderland*, illust. John Tenniel and colored by Fritz Kredel (New York: Random House, 1946), pp. 72-73.
2. Ibid., pp. 73-74.
3. Ibid., p. 74.
4. Ibid., p. 3.
5. Judge Holbrook, quoted in an article by Kevin Moran, *Houston Chronicle*, March 26, 2002.
6. 這句話不是直接引自卡洛爾。它實際上是 Martin Gardner, ed. *The Annotated Alice* (New York: Norton, 1990), pp. 228-29 的誤引。這句話出自 *Through the Looking Glass and What Alice Found There*, chapter 7。
7. 改述自 Carroll, *Alice's Adventures in Wonderland*, pp. 9-10。

第九章

1. 「情操宣言」全文可參閱 June Sochen, *Herstory: A Woman's View of American History* (New York: Alfred, 1974), pp. 415-25。

2. Robert H. Rimmer, *The Harrad Experiment* (Amherst, NY: Prometheus Books, 1990).

3. George Orwell, *Nineteen Eighty-Four* (New York: Penguin Putnam, 1950), p. 69.

4. Lewis Carroll, *Alice's Adventures in Wonderland*, illust. John Tenniel and colored by Fritz Kredel (New York: Random House, 1946), p. 132.

5. Ibid.

6. Robert Mindlin, "Boy Killer's Fate Up to the Jury," *Long Island Press*, June 24, 1958, p. 1.

第十章

1. Lewis Carroll, *Symbolic Logic*, in *Mathematical Recreations of Lewis Carroll* (New York: Dover, 1958), p. xv.

2. Lewis Carroll, *Alice's Adventures in Wonderland*, illust. John Tenniel and colored by Fritz Kredel (New York: Random House, 1946), p. 3.

3. Ibid.

4. Ibid., p. 5.

5. Ibid., p. 12.

6. Ibid.

7. Ibid., p. 19.

8. Ibid., p. 25.

9. Ibid., p. 26.

10. Ibid., pp. 26-27.

11. 我的記憶力一向不錯，我記得這齣戲是這樣。

12. Ibid., p. 59.

13. Ibid., p. 60.

14. Ibid.

15. Ibid., p. 64.

16. Ibid.

17. Ibid., pp. 71-72.

18. 引自 Martin Gardner, ed. *The Annotated Alice* (New York: Norton, 1990), p. 65。

19. Carroll, *Alice's Adventures in Wonderland*, pp. 72-73.

20. Ibid., p. 73.

21. Ibid.

22. Lewis Carroll, *The Diaries of Lewis Carroll*, ed. Roger Lancelyn Green (London: Cassell, 1953), p. 42.

23. Carroll, *Alice's Adventures in Wonderland*, pp. 74-75.

24. Ibid.
25. Ibid., p. 75.
26. Ibid., p. 78.
27. 原故事出自《今日的哥倫比亞學院》(*Columbia College Today*)。
28. Carroll, *Alice's Adventures in Wonderland*, p. 77.
29. Ibid., p. 84.
30. Ibid., pp. 85-86.
31. Ibid., p. 93.
32. Ibid., p. 106.
33. Ibid.
34. Ibid.
35. Ibid., p. 101.
36. Ibid., p. 112.
37. Ibid., p. 113.
38. Ibid., p. 114.
39. Ibid.
40. Ibid.
41. Ibid., pp. 129-131.
42. Ibid., p. 132.
43. Ibid., pp. 133-134.
44. Ibid., p. 135.
45. Ibid.
46. Ibid., p. 137.
47. Ibid., p. 141.
48. 出自電影《美麗境界》(*A Beautiful Mind*)。
49. Carroll, *Alice's Adventures in Wonderland*, p. 141.
50. Ibid.
51. Gardner, *Annotated Alice*, pp. 187-88.
52. Carroll, *Alice's Adventures in Wonderland*, p. 141.
53. Ibid.
54. Gardner, *Annotated Alice*, pp. 222-23.
55. Ibid., p. 225.
56. Ibid.
57. Carroll, *Alice's Adventures in Wonderland*, p. 142.
58. Ibid.
59. Ibid.
60. Ibid.
61. Ibid., pp. 143, 146

國家圖書館出版品預行編目資料

是邏輯，還是鬼扯？／伯納・派頓（Bernard M. Patten）著；黃
煜文譯.   初版.——臺北市；商周出版：家庭傳媒城邦分公
司發行, 2008.03
　　面；公分.——（哲學人；10）
譯自：Truth, knowledge, or just plain bull: how to tell the difference
　　ISBN 978-986-6662-31-7（平裝）

1. 邏輯   2. 思考

150   97003680

哲學人 10

是邏輯，還是鬼扯？

原 著 書 名／Truth, Knowledge, or Just Plain Bull: How to Tell the Difference
作 　 者／伯納・派頓（Bernard M. Patten）
譯 　 者／黃煜文
總 編 輯／楊如玉
責 任 編 輯／李尙遠、夏君佩

發 行 人／何飛鵬
法 律 顧 問／台英國際商務法律事務所羅明通律師
出 版／商周出版
　　　　城邦文化事業股份有限公司
　　　　台北市中山區民生東路二段141號9樓
　　　　電話：(02) 2500-7008 傳眞：(02) 2500-7759
　　　　blog：http://bwp25007008.pixnet.net/blog
　　　　E-mail：bwp.service@cite.com.tw
發 行／英屬蓋曼群島商家庭傳媒股份有限公司城邦分公司
　　　　台北市中山區民生東路二段141號2樓
　　　　書虫客服服務專線：02-25007718・02-25007719
　　　　24小時傳眞服務：02-25001990・02-25001991
　　　　服務時間：週一至週五09:30-12:00・13:30-17:00
　　　　郵撥帳號：19863813　戶名：書虫股份有限公司
　　　　讀者服務信箱E-mail：service@readingclub.com.tw
　　　　歡迎光臨城邦讀書花園 網址：www.cite.com.tw
香 港 發 行 所／城邦（香港）出版集團有限公司
　　　　香港灣仔駱克道193號東超商業中心1樓
　　　　電話：(852) 25086231　　傳眞：(852) 25789337
　　　　E-mail：Ghkcite@biznetvigator.com
馬 新 發 行 所／城邦（馬新）出版集團 Cité (M) Sdn. Bhd.
　　　　41, Jalan Radin Anum, Bandar Baru Sri Petaling,
　　　　57000 Kuala Lumpur, Malaysia.
　　　　電話：(603) 90578822　傳眞：(603) 90576622　Email: cite@cite.com.my

美 術 設 計／黃聖文
排 版／極翔企業有限公司
印 刷／韋懋實業有限公司

■ 2008年（民97）3月27日初版
■ 2022年（民111）10月6日二版9.3刷
定價 360 元

Printed in Taiwan

城邦讀書花園
www.cite.com.tw